文學叢刊之九十

無名氏全集第七卷上冊

創世紀大菩提

卜寧（無名氏）著

文史哲出版社印行

獻給這一時代為真理而受苦難，
而不屈，而掙扎，而戰鬥，
而終將獲勝的各民族純潔靈魂！

—無名氏

「無名書」修正定本共六卷

鳴謝

這許多年來，寶島的經濟起飛及其所衍生的繁榮，似漸漸影響社會生態及風氣。芸芸衆生中的相當多數（特別是不少青年），日益競逐物質生活的調適及享受，遠過於追求精神生活的性靈調劑及欣賞。流風所及，加上第四臺與網路的衝擊，純文學閱讀市場乃日趨萎縮，以致陷入極不景氣。這種不太正常的現象，雖尚不致如有心人士憂慮文學行將死亡，但至少它確實已漸面臨嚴重的市場危機。我們一貫堅信：文學是一個民族的生命活力的創造源泉，更是民族大靈魂探索並通達眞善美偉大境界的原發性的力量直如長江大河。儘管純文學市場日漸險惡，我們仍堅持優秀文學作品應繼續出版。因而社會諸碩彥遂發起成立「無名氏全集出版基金籌募委員會」，籌劃印行「無名氏全集」二十巨册，五百餘萬字。這是一項很巨大很艱難的文化工程。在目前大不利的客觀環境下，不得不期冀社會有識有心人士及一些文化基金會的贊助。現在，已有一些素富正義感並熱心文化公益的機構及社會賢達們慨允支持「全集」出版，對他們無私的愛護文化愛護文學藝術的高尙精神，本會及卜寧（即無名氏、卜乃夫）本人特表示最深的謝意，並率先公佈首批鳴謝名單如下：（按其贊助出版的時間先後排序）：

國防部總政治作戰部（主任曹文生將軍）
聯合報系文化基金會
外交部（部長胡志強先生）
行政院新聞局（局長程建人先生）
行政院文建會（主任委員林澄枝女士）
行政院退除役官兵輔導委員會（主任楊亭雲將軍）
廣興文教基金會（董事長王廣亞先生）
世華銀行文教基金會（董事長何宜武先生）
僑務委員會（前委員長祝基瀅先生）
國防部總政治作戰部（前主任杜金榮將軍）
田家炳文教基金會
晨光文教基金會
中流文教基金會
中華民國團結自強協會（理事長白萬祥將軍）
柯明期先生
姚白芳女土
吳麗娟女士

無名氏全集出版基金籌募委員會
啓
卜　寧（無名氏）

告讀者

我的代表作二百五十萬字六卷「無名書」的最後一卷《創世紀大菩提》修正定本終於出版了。我不得不說一些話，用最簡單的言語，向親愛的讀者們公開有關本書的傳奇性的秘密。

此書從一九四五年寫到一九六〇年，一共寫了十六年。

大陸易幟前，我出版了此書前二卷。第三卷《金色的蛇夜》上冊殺青時，杭州上海已遍掛紅旗。一九四九年七月，我赴上海秘密出版此卷，在版權頁上，卻印「一九四九年四月出版」，以避可能發生的牢獄之禍。一九五〇年，紅色颱風尚未颳，我秘密寫完第三卷下冊，卻不能出版。次年，全大陸查禁我所有作品。直到一九五六年，鳴放運動開始，提倡百花齊放，我才開始寫第四卷，萬一被查到，可辯稱我的作品也是一花。但這到底危險，我便先寫一本「我怎麼養肺病」十幾萬字，又撰「工農兵作文入門」幾萬字。警察來查我成天寫什麼？我便給他們看上述二本書稿，他們稱讚我是「爲人民服務」。在這樣的煙幕彈的大霧下，我才秘密寫了後三卷，母親替我守門，一有人來，她大喊，我就趕快藏稿子。這種寫作過程非常艱苦，也很危險，因爲書中仍有嚴批評共產思想的文字，發現了，我會被逮捕，起碼判刑十幾年。而且我製造的煙幕彈大霧隨時可能被戳穿，我的秘密隨時可被發現，可以想見我當時的心情如何緊張，如何被恐怖所包圍。然而，我終於克服千困萬難，在一九六〇年五月三日，完成第六卷最後一個字。我在屋內大跳了三跳，低低喊著：「我勝利了！我勝利了！我勝利了。」但後三卷半廿年後才能在臺灣出版，文革期，稿子藏在朋友家裏，妻子在上海告密，終於被抄去。這時我已入杭州監獄。法官是之江大學畢業生，似乎有文化，也有點人性，我便在資料中說：「毛主席說過，毒草也可做肥料。我這些稿子如是毒草，請你保存了作肥料吧！」一九七六年，毛逝世，文革結束，一九七八年，爲我平反，吩咐我到派出所取東西，我一看，竟是「無名書」後三卷半的稿件，我喜極了，當夜高興得通宵失眠。

第二天，我把四個學生找來，他們大多數將爲我抄稿，說：「未來局勢也許會有新變化，這批稿子必須走私到香港，才獲得安全。一九四四年六月六日，美國艾森豪威爾將軍指揮百萬大軍在諾曼第海岸登陸，代號是 Over Lord 運動。我的這些近一五〇萬字的稿子現在準備登陸香港，代號也是 Over Lord，我們大家共爲 Over Lord 運動而奮鬥吧！」他們全熱烈支持我。我要香港哥哥告訴我當地十幾個友人地址，而從一九七九年元旦起，當眞開始實行 Over

Lord運動了。方法之一是：他們首先用複寫紙抄在極薄的白紙上，一個航空信封最多可裝四五張，再由我的一個學生從杭州出差到北京時發信。火車每停一個大站，就發一封信，可發幾十封。他如到四川出差，發的信更多。另外，我們又請十幾個城市好友代發信，因爲杭州上海發信太多，有時被扣，不能再寄信了。最後，每信只寄一張薄稿紙，較易過關，最困難時，連扣四信，要發到第五封，香港才能收到。我最感謝江西南昌師範學院一個繪畫教授（他現已過世），凡是他替我發的信，一封也未扣，說明南昌郵局最馬虎。第六卷大部份皆是南昌寄出的。經過一年另九個多月後，前後大約秘密寄了近二千封信，一九五〇年十月八日上午，我收到香港哥哥來信，說第六卷最後一頁，他也收到了。我狂喜，當晚把四個學生找來，他們全是我的助手，爲我抄稿或寄信，已一年多了，他們也了解當時走私寄稿是很危險的，查出後，不只我要坐牢，他們也會受懲罰。

我告訴他們：「Over Lord 運動」終於完全成功了，我十分謝謝你們的幫忙。今天我想起一件往事，一九三八年九月，英國首相張仁倫、法國總理達拉第在意國莫索里尼，德國希特勒的強大壓力下，在慕尼黑開會時，終於同意把捷克斯拉伐克的蘇台德區割讓給德國。當捷克總統貝尼斯在割讓文件上簽字後，希特勒拿起文件，一下汽車，就野獸一樣衝入德國駐捷克大使館，熱烈擁抱每一個職員，並瘋狂的大喊：「今天是我希特勒最偉大的一天！我爲我的神聖祖國帶來最大的光榮！平生我最恨希特勒這個魔鬼，但今天我不能不想起他的瘋狂。我花十五年完成這六卷江河小說，最後三卷幾乎是在死亡包圍中完成的，後來又被抄走，終於碰見好心法官拯救了此一稿件，沒有把它們燒燬。現在，經過一年九個月，我們秘密寄出近二千封信，現在它們連最後一頁也安全在香港登陸了。儘管我是一個平常人，卻想學希特勒瘋狂大喊：今天是我卜寧最了不起的一天！我要擁抱你們每一個人！」大家也喊：「今天是老師最了不起的一天。」我們熱烈擁抱，晚上我請他們上館子吃飯，痛飲勝利之酒。

以後兩年，直到一九八二年十二月十九日：我離開杭州止，又用近二千封信走私寄出另外約一百萬字稿件，基本也成功了。

一九八四年，《創世紀大菩提》終於在台北出版，卻非現在這個修正定本。

在中外古今作家寫作過程中，我這段經歷，恐怕是最艱苦也最富傳奇性了。

如有愛護我的讀者，願意賜閱此書，請他不要忘記，此書每一行、每一字，全隱涵那個大恐怖時代的夢魘，瘋狂末日魅影，以及我個人的眼淚、憤怒、良心與反叛。

談《創世紀大菩提》序曲

輔仁大學宗教系主任
宗教研究所所長 陸達誠

半個月來有關無名氏的消息和文章像龍捲風一般地不斷襲擊著台灣的讀者：他的情書、論著、小說……不一而足，令人目不暇給。由於他的長篇小說《創世紀大菩提》還在連載之中，因此大家都在等待著逐漸展露的無名氏之謎，不敢遽然論定，相信不久的將來，專家們會發表極有分量的剖析他的文章。筆者才力有限，不作妄想，僅就閱讀《創世紀大菩提》第一章第一節時所有感觸略予抒發。

在這篇五千字左右的散文詩中，無名氏在每一個字中都注滿了他洋溢的情感，這篇文章不是一篇「文章」，而是他整個靈魂的傾瀉，用文字的方式他表達了內心最強烈的渴望、信念、愛、力量。其勢之大猶如黃河之水，從天上滾滾而來，衝過山嶺、田野、茅舍、曲徑，直至把一切有形可見的變異淹沒乾淨，使最原始的宇宙本質呈現出來。更有進者，他讓這股洪流撲向太空星際，泛濫到大宇宙的整個存在面內，磅礡之氣不可限量，讀這篇文章之際，誠感到無限空間（借巴斯卡言）四面八方之力量都在凝聚，在上揚，在彌漫，從內到外搏躍跳動。每一個字都變成了活的符號，從字形和句架中跳出來，竄入讀者的心靈，敲擊每一根精神纖維，直至到使它膨脹的程度。這樣的文章不單罕見，甚至從未見過。寫到這裏，不禁要感嘆文字之功，要感謝給我們創造文字的文化功臣了。因爲在這篇大樂章式的小說序中，我們不斷地受到震憾，幾乎可與千人，甚至萬人大合唱所帶來的震撼相比，這是超乎人的語言，是洞徹奧秘之後陣發的空谷跫音，是睿智和摯情結合之產物。它一點不像言語，像酣醉後的吶喊，像詩仙的狂囈，是貝多芬第九交響曲大合唱尾聲的永恒延長。這篇散文詩實在不是觀察這個有形世界的成果，而是超越了時間和空間，浸泳在永恒世界之中帶回來的光明和智慧。如果缺乏精神境界的體悟和慧根，絕無可能領會箇中玄妙。筆者在閱讀時一震撼，與友分享時再震撼，與一群學生（約五十人）誦讀時大震撼，因此，不能不把這份稀有的感觸訴諸文字，能引起共鳴則額手稱慶，皆大歡喜，不然，也藉之安頓個人的靈覺，但求心安亦足矣。

「創世紀」是舊約第一章的名字，是猶太教和基督宗教共奉的信念。「菩提」是佛語，表示大澈大悟，智慧明覺。以這兩個名字爲小說之名，作者在暗示他對兩大宗教的依重，他要從這兩大宗教的知識和靈感中擷取他個人對人生及宇宙觀的詮釋。這是一篇不同凡響的小說，透過人物及情節，作者要宣揚他的哲學，指點迷津，使人獲得大解脫。

在〈略論人類未來理想與信仰〉一文（聯合報71.12.20）中，無名氏論及一種新信仰時說：

「……你得澈底理解各種信仰的精華或核心意義。這不只指理智了解，更重要的是感情的體驗。坦率說吧，誰能深味希臘羅馬精神，基督教與佛教的精義，以及中國文化體系的主要精神，再加上對現代文化的了解，這才能談得上從各派創造出一種新的信仰。沒有這樣一種宏大基礎，任何一種時髦新信仰必然經不起時間的考驗。

在綜合上述各種精神時，以同時深入接近基督教與佛教最爲困難。因爲，在風格上，二者完全是對立的。你必須有足夠的智慧觸角，同時觸及兩個極端。……」

無名氏理想的新信仰包括比宗教更多的文化傳統和文化生命，但最有攸關的是兩大宗教的深刻體驗。關於這份要求，讀過他前一本小說《死的巖層》的朋友都知道他本人對這兩大宗教的認識和躬行工夫實在不淺。那本小說的主角印蒂做過天主教修士和佛門弟子多年，最後都拂袖而去，繼續尋找能滿足他的眞理。從他描述印蒂修道過程中發生的內外事故來看，無名氏對這兩大宗教實在具有深刻的了解，無論從宗教儀式或道理內容來看，今天無名氏還在尋找嗎？還在企圖超越已有宗教之藩籬嗎？我們不得而知，但是當我們細讀「創世紀大菩提」的序言時，覺得無名氏在聳入一切文化一切宗教之後的原始最高境界，這裏是沒有殊相的渾然一體，包含了形上和形下，星群和人類。它既不屬於猶太人和基督徒傳統，也不依據佛理，然而兩者的靈感都吸入其中。無名氏從二大宗教中啜取了甘露而譜出自己的生命誦。這是一杯由宗教濃液中蒸發而出的純酒，香醇可口，清香撲鼻。讓我們選幾段來品味一下吧！

「啊，生命！生命！生命！你的大地充滿這樣豐富的生命！到處是生命！生命！生命！

河裏是生命！山上是生命！天空是生命！海底是生命！森林是生命！海邊是生命！沒有一樣生命不泅泳著色彩。沒有一個形體不盪漾著光輝。沒有一根線條不抖動著魔幻的節奏。」

從生命中透出一道道光，使世界通體透明：

「啊，這個地球上，沒有一樣不美，一草一木，一瓦一石，都琥珀樣放光。一花一木，一蟲一魚，全瑪瑙般發亮。最美的夢不再是稀有品，是最通俗的陽光，披在萬事萬物上，彷佛無一物不正在結婚，披著閃亮的白色紗衣……沒有一個肉體不浸透光明，沒有一種形相不由最亮的光子組成。一山一樹，一人一羊，無一不注滿幸福……」

人是全宇宙奮鬥的成果，那麼。

「不讓生命永遠熄滅，不讓地球死亡，就是人類對那萬萬千千年千千萬萬黑暗苦辛的唯一回報，我們既被帶到宇宙星雲島嶼上，就該熱愛這島嶼。人類一經存在，就該永遠存在。」

因此，努力吧，弟兄們！銳利我們的意志，不讓自己向頹廢的人生觀投降：

「其實即使我們最絕望時，再抓不住生命意義，自以爲它已經停止時，也是我們最接近它時。一個人越覺得不需要生命時，也是他血液裏生命燃燒得最狂烈時。一個落在大海裏的人，當他無法從身邊最後一塊木片得救，憤恨地把它推開時，也正是他最愛它時，愛得無法再表現愛了，才用恨代替愛。

啊！愛生命！愛生命！愛生命！生產能紅我們，綠我們，熱我們，光我們，火我們，閃我們，超於一切的，是那一電、一閃！」

這些是從飽受戰爭、離亂、貧病、清算，忍受過絕望痛苦者的口中說出的話，還是先知式的希望迴響！聽了豈不叫我們自由世界的居民慚煞。

再一次，無名氏把我們帶到最透明最精粹的愛的洪流之中：

「啊，熱吻大地吧！熱吻這片泥土吧！熱吻一切能吻的吧！……狂吻地心吸力吧！在每分每秒的狂吻裏，全迴響著、震鳴著整個銀河系的歡樂、運動、呼吸、生命，以及星球與星球的擁抱——那萬有引力是星球與星球偉大愛情的唯一言語，那不朽的星光是生命愛情最永恒的思想、幻覺。

只有火才能淨化一切。火是宇宙間最眞正的火，能洗滌一切。比一切重要又重要的，最後是人間眞火。

啊！主！讓我最後最永恒的一切，投入這片地球的眞火吧！」

在祈禱聲中，這片傾洩情感的洪流終告結束。

這裏，我們似乎又聽到了他給趙無華「一封永不投遞的信」末的低迴情訴：

「暫別了！親愛的！祝福你永遠與主同在！希望有一天，我們能在天上再相會……」

信中的「主」與小說序言中的「主」應該是同一位吧！那麼雖然我們不敢斷言，至少可以窺出無名氏內心某種強烈的傾向。那股巨大的萬光之光，那片燃燒天地的永恒之火，還有那狂撼宇宙的愛，構成了《創世紀大菩提》序曲的靈魂，這裏有取汲不盡的新能源，只要我們接近它，我們就不再消沉，不會墮落，也不會見到死亡，更好說，在死亡之刻擁抱大愛，直見光源——萬光之光，而投入那永不熄滅的眞火中，讓自己燒毀，作爲世界共同復活的代價。

七十二年一月五日深夜

創世紀大菩提 目錄

第一章

一

啊，地球！你的棕櫚樹爲甚麼這樣綠？表現出這樣強烈的向光性？你的菩提樹葉子爲甚麼這樣剔空透明？它的金剛子這樣奇異的堅固不朽？你的玫瑰花爲甚麼這樣紅？每一粒色素都沉醉於初夜巔峰極樂？你的海水爲甚麼這樣藍？每一條藍色短波溢滿濃郁的蛋白質？你水中的魚爲甚麼笑得這樣媚？你樹上的蘋果爲甚麼這樣香？你的楊柳枝條爲甚麼這樣跳霓裳羽衣舞？你的白鴿子在天空的華爾滋爲甚麼舞得這樣美？你的地殼爲甚麼旋轉得這樣均勻、壯麗，飽和著音樂節奏？你的球面爲甚麼這樣色彩斑斕，像無數扇巨大綢緞店櫥窗？啊！一切這樣美，像海底世界一樣瑰艷，動物就是植物，植物就是動物。所有生命都以花的姿態出現。這一朵鮮緻的米白色菊花，不是花，是魚：海菊。那一朵綺麗的淡紅色葵花，不是花，是一尾魚：海葵，不能游泳卻能在海底吃喝的魚。你大地上的少女不是動物，是植物，是白色杜鵑花、銀紅色杜鵑花。你的紫牛角辮子的女孩子，不是女孩，是魚，游泳在草地上的魚。你的袒裸紅色胸膛的莊稼漢，不是莊稼漢，是羽扇槭。你的美人蕉不是植物，也不是動物，是一種光，一片火。

啊，生命！生命！生命！你的大地充滿這樣豐富的生命！到處是生命！生命！生命！河裏是生命！山上是生命！天空是生命！海底是生命！森林是生命！路邊是生命！沒有一個生命不泗泳著色彩。沒有一個形體不蕩漾著光輝。沒有一根線條不抖動著魔幻的節奏。啊，我看見了：紅色三角楓——情感的火。一棵日本雪松的搖擺——少女的腰肢。那片洋槐樹的嫩綠——她的語言的顏色。一片河流波浪——她的靈魂震顫。那一座高高岫峰——希望向天穹昇華。這一朵白雲——生命的詩篇。鳥翅掠過——人類夢幻撲入藍空。一條鳳尾珍珠金魚游泳於玻璃缸內——永恆的明天。這雙眼睛——星雲的視覺。那一對蝴蝶——不朽的愛情。穿過樹林的風——地球旋轉跳舞時的伴舞音樂。啊，這個地球上，沒有一樣不美，一草一木，一瓦一石，都琥珀樣放光。一花一水，一蟲一魚，全瑪瑙般發亮。最美的夢不再是稀有品，是最通俗的陽光，披在萬事萬物上，彷彿無一物不正在結婚，披著閃光的白色紗衣。大地是藝術宮、是天堂、集象牙之大成，集一切星星之大成。沒有一個肉體不浸透光明，沒有一種形相不由最亮的光子組成。一山一樹，一人一羊，無一不注滿幸福。從南冰洋到北冰洋，從巴拿馬海峽到帕米爾高原，沒有一隻飛鳥不沉醉在幸福中，沒有一只貝殼不在幻境內發光，沒有一尾魚不浸透海水的藍色，沒有一條海藻不膏沐在愛情裏。到處是生命，到處是幸福，到處是音樂！白晝，我聽見太陽的聲音。黑夜，我聽見月亮的聲音。黎明，我聽見星星的聲音。

啊，地球！地球！我的夢！我的畫！我的風景！今夜，你爲甚麼這樣魅？你的夜不是夜，是最最光明的時辰！是神話裏的千年睡美人！不，現在她醒了，睜開她透明的眼睛，舒展她透明的身子，她站起來，伸展美麗四肢，開始跳一個最透明的舞蹈。整個地球這時是一個燈火輝煌的狂歡舞會，我沉睡了一千年，此刻也投入這片歡樂的狂流。

啊，地球！你的白晝太媚太艷了！簡直媚死人！迷死人！萬象萬物燃燒於五彩光合作用中，蛋白質燃燒成短波的藍色，碳水化合物燃燒爲長波紅色、橙色、赭色。沒有一種見過太陽的植物，不燔燒出綠色。太陽在開花，開最紅的花、最紫的花，展貓眼綠的、檸檬黃的、孔雀藍的、天青色的花。萬事萬物在開花。蘋果紅放少女臉上的花。雪白色綻老人頭上的花。海葵從海邊浸水的岩石上吐花，談愛情。大麗菊在林蔭處展花，談情話。綠色鳧鴨於小河裏翻筋斗。長耳兔在山間箭走。松鼠沿樹枝吱吱叫。彩色野雞穿森林飛馳。果子狸在樹幹間疾行。田鼠在隴畝內歡跑。蜘蛛愉快的兜屋角織網。螞蟻沉酣的甯飲著蚜蟲汁液。蜻蜓悠閒的打旋旋。文蛤躺在岸邊快樂的曬太陽。蚱蜢出沒草叢歡騰的玩馬戲。螺旋貝坐海濱納涼。蝴蝶魚游泳於海底。麋鹿捷騁在深山。萬事萬物沐浴於歡樂中。歡樂是花，是夢，是光，是熱。連地球自己也在歡樂、開花。地球是宇宙大海底的鮮艷大海菊，是植物又是動物，它無窮的運動著，也無盡的瑰美著，以運動為瑰美，以瑰美為運動。在獝幻的運動中，發射最爆爆的光華，最熒燦的閃彩。

啊，亮極了！璀瑋極了！斑斕極了！到處是亮，太亮了！太亮了！到處是光！太白山的光！秦嶺的光！雲彩的光！巖谷的光！谿溪的光！流水的光！游魚的光！樹葉子的光！電線的光！船錨的光！甲蟲的光！肉體的光！敦煌飛天像的光！超於一切一切的，是那萬光之光，像鯨魚大噴霧一樣的陽光！沒有一條生命不發光，萬紅千紫的光！沒有一根線條不放光，各式各樣的光！沒有一個形體不游泳在光裏。沒有一滴聲音不游泳在光裏。沒有一塊顏色不游泳於光裏。蜀錦葵泅泳著光輝。大鳳蝶泅泳著光明。光是水，華麗的泛濫於地球。光是夢，瑰艷的洶湧於大地。啊，我找了四十三年的光，四十三年來，每分每秒，我追逐光，捕捉光。我是光的集郵者，蒐集各式各樣的光。每個千分之一秒，我希望在光裏！每個萬分之一秒，我思想在光裏。現在，我終於虜獲到巨大的光，神奇的光。啊，這個地球是如此妙異的盈滿光，沒有一顆石頭不充滿光。沒有一株小草不洋溢光。沒有一隻果子不泛濫光。我歡樂的走在地球上，光是我的歡樂，光是我的衣服，光是我的行動，光是我的思想，光是我的視覺、聽覺，——光是我一切感覺的感覺。

即使在夜裏，不但我的醒覺是光，我的睡眠也是光，我的夢更是光。我在最光輝的夢空間想像光，擒捉光，接受光。一切生命必須在光中活動。

一切形體必須與光擁抱，才能有偉大色彩。一切靈魂必須深深浸透於光層，才能燏燁輝煌。沒有光，地球是沒有形體的球，人是沒有形體的人。縱使在最黑的午夜，黑暗也應該是另一種光，它必須是光，黑色的光，爲了讓靈魂浸沒更深更沉的光，爲了叫思想在最神秘的光明裏發射最雄麗的太陽光。

萬事萬物都發光。夜明魚在海底發光。蚰蜒沿牆壁留透明痕跡。菩提葉子從樹上閃爍。珊瑚在海中發光。石頭於高峰頂放光。玻璃在窗子上射光。金剛石自地腹底明耀。眼睛在肉體上吐光。龍蝦就流水閃亮。星星在宇宙深處燃燒。上帝在最永恒中發光。沒有一樣不光、不亮。沒有一樣不能變成光源、炬火。光從山間來。光從海底來。光從窗外來。光從血液來。光從靈魂深處來。那永恒的日輪，萬光之王，光亮我們的肉體，叫每一條肌纖維華麗燏煌，連每一座地獄也噴射美麗的火光。光的瀑布，狂烈沖洗我。光是氯化鈉，流在我脈管裏、淋巴液中。光是塞拉色特的提琴曲，猛叩我的耳鼓。光是夢中夢，沉澱於我記憶最深淵底。我是光人，幻化成萬萬千千年前最原始的光形，一個閃電光分子。我必須走在光裏，睡在光裏，夢在光裏，思想在光裏。讓光像風，永遠穿透我的肉體纖維。

一切最偉大的光，最偉大的風，是那透明的慧覺！那雄麗的永恒意志！那最透明的愛！

超於一切的，是對生命無比的愛！最狂猘的愛！最頑固的愛！最本能最透明的愛！

是的，愛生命！愛生命！最壯麗的愛生命！像形成水的氫和氧一樣相愛。像紫外線愛太陽一樣愛。像星球愛萬有引力一樣愛。生命太值得愛！太應該愛！太必須愛！啊！愛！愛！愛！愛！愛！愛！愛！爲甚麼不愛生命？爲甚麼我們不愛生命？生命爲甚麼不愛生命？有甚麼理由不愛？當我們還是一片黑暗，一個阿米巴單細胞時，生命早已存在了。千千萬萬年來，這顆單細胞經過多少萬萬千千次變形：圓形、長形、多角形、斜狀形，又經過多少千千萬萬次分裂，無絲分裂，有絲分裂，減數分裂，分裂與集合，染色體和紡錘體的萬萬千千運動。又經過多少萬萬千千年的變化，從阿米巴單細胞、一直變化成直立猿，最後，才變成今天的我們。沒有這無窮無盡的掙扎、努力，那種極度頑強的鬥爭力和前進力，怎麼會形成今天的我們？能統治地球，飛向月球的我們？——人類——無數萬萬萬萬萬年衝鬥的結晶。

我們終於出現在地球上了。

當一雙愛人沉醉於極樂中時，我們來了。

當一個女人在生死線上翻滾時，我們來了。

生命沒有辜負我們。它用太陽光照我們，以水洗我們，憑土地托我們，借藍天提高我們，藉黑夜隱藏我們。它用千百種形式教我們開始爬、立、走、跑、跳、發聲、說話、思想，終於叫我們覺悟，——猶如納薤思臨流自鑑：「啊，這就是生命！」生命永遠是我們的給予者，我們永遠只取不予，——只在萬萬千千又千千萬萬年接受給予後，現在才開始回報一點，——但萬千次給予中，只要有一次，我們覺悟到：「啊，這就是生命！」這就是回報了。生命只要如此回報，再不需要其他。它早擁有全部銀河宇宙系的財富，它庫藏裏唯一需要補充的，是這一醒覺，人必須加工給它。生命是一個偉大的有時卻盲瞎的神，人必須給它以視覺。不，生命也不是絕對缺少視覺，卻需要更多更亮的靈魂視覺。——那些納蕤思在河邊的透明迴聲。

最透明的醒覺與肯定——這就是我們唯一的迴聲。

幾萬萬萬萬年來，在怎樣無量數的黑暗與危險中摸索、掙扎、鬥爭，靠怎樣的偶然（又是命定的必然），生命才開放今天的玫瑰——人類。又靠怎樣的幸運，它才創造出今天的太陽——人類。在大醒覺中，我們應該意識到，這個偶然性或幸運，也是生命的最大危險性。今天，人類可以偶然生存，明天，也可以偶然毀滅。地球可以幸運的冷凍、成長、運動，也可以偶然死亡，正像過去萬萬千千星球的生與死一樣。在銀河系宇宙大城市中，一個星球的死亡，等於窗內一盞燈熄滅。不讓生命永遠熄滅，不讓地球死亡，就是人類對那萬萬千千年千千萬萬黑暗苦辛的唯一回報。我們既被帶到宇宙星雲島嶼上，就該熱愛這島嶼。人類一經存在，就該永遠存在。地球既已開始運動，就該永遠運動。銀河系宇宙既已形成今天的光輝城市，這城市就該永存，人類必須保存人類。地球必須保存地球。說「地球該毀滅！」「生命該滅亡！」的人，應該用雨點樣的非洲巫咒詛咒他，這是一些忘恩負義的奴才的奴才！這是一些不知萬萬千千年來生命歷盡怎樣艱辛的蠢材！這是一些斷奶後立刻要殺死母親的兒子。他們應該想想：地球是怎樣偶然從太陽火星飛出來？阿米巴單細胞又怎樣偶然在地球上出現？它又經過極難想像的多少萬萬年苦辛與鬥爭，才能變化成今天的我們？

其實，即使我們最絕望時，再抓不住生命意義，自以爲它已經停止時，也是我們最接近它時。一個人越覺得不需要生命時，也是他血液裏生命燃燒得最狂烈時。一個落在大海裏的人，當他無法從身邊最後一塊木片得救，憤恨的把它推開時，也正是他最愛它時，愛得無法再表現愛了，才用恨代替愛。

啊，愛生命！愛生命！愛生命！生命能紅我們、綠我們、熱我們、光我們、火我們、醒我們、電我們、閃我們，超於一切的，是那一電、一閃！

一個盲女人，腦視覺中心通一根金屬絲，另一頭連接儀器和電眼，只要電眼一見光，她的盲眼也會感覺閃光，生命正是這偉大電眼，以無量數的閃電照亮我們靈魂視覺，一切無上智慧是集閃電之大成。人類的精神視覺必須是電眼，不只是X光射線，能感應萬象最纖細的變化。明日的靈魂視覺、嗅覺、聽覺，必須像更敏感許多倍的貍貓，在最深黑暗中，能光亮的燭見形體；像更靈化的獵狗，能嗅出踐踏在任何一根草上的腳步的氣息；像更神化的蝙蝠，午夜能用皮膚聽見黑暗中的物體；像更機伶的蝴蝶，能看見現代人眼不能見的紫外顏色——紫外光；像奇妙的蜂，能從另一隻蜂身上最細微的香味，找到飛向花朵的路。比一切更重要的，是像最「人」的人——明天最星球味的星球人，日日夜夜，靈魂感覺隨星球旋轉而旋轉，隨宇宙銀河系運動而運動，聽到地球的舞蹈、音樂，感覺到萬有引力的巨大愛情，反應著地殼的擁抱，熔岩和沖積層的振顫，洞見彗星的彗核和彗髮，沐浴在它光輝的蒸發物雨點裏，追逐造父變星的亮度曲線，讓整個肺葉呼吸沉醉於宇宙鈣和宇宙塵裏。

人必須像夢中火箭一樣，大飛翔、大超越於一切星球以外，又飛機樣再俯衝投入地球。既要最高最遠的飛出大地，又能最深最沉的重返大地，把大超越與大擁抱熔鍊成最透明最堅實的鋼——一個最新鮮的鋼魂，鋼視覺，亞當夏娃第一次在天堂裏剛醒來時的視覺，無比燦爛的視覺。當地球萬象、一切最微妙的閃光、一電電的閃過我們肉體時，我們每一個細胞核，每一條肌纖維、肌小束，便會迅速鐫鑄它們的印跡，以萬分之一秒的速度，敏捷反射出相應的火花。

啊，愛生命！愛生命！愛生命！要最眞理式的愛！最美學式的愛！最透明的愛！要超越一切再回返大地的愛！要毫無沾滯、最羚羊掛角、最精粹的愛。

啊，熱吻大地吧！熱吻這片泥土吧！熱吻一切能吻的吧！這裏面有牧夫座星雲分子，有船艫座、羅盤座星雲分子，有太陽分子、月亮分子、光分子、電分子，有我們祖先的肉體、臉、手、腳、蹤跡、記憶、歡樂、苦痛、花朵。啊，狂吻這旋轉的地球吧！狂吻它的橄欖形運動吧！狂吻地心引力吧！在每分每秒的狂吻裏，全迴響著震鳴著整個銀河系的歡樂、運動、呼吸、生命，以及星球與星球的擁抱——那萬有引力是星球與星球偉大愛情的唯一語言，那不朽的星光，是生命愛情最永恒的思想、幻覺。

只有火才能淨化一切。火是宇宙間最眞正的水，能洗滌一切。比一切重要又重要的，最後是人間眞火。

啊，主！讓我最後最永恒的一次，投入這片地球眞火吧！

二

一九四五年八月下旬，一個艷陽天上午，印蒂抵達西安，立刻走訪鄭天遐。他把那缸金魚和那盆蘭花歸還這位老農。他說明，馬上要赴四川蓉城，去找一個人。

「誰？」

「一個老朋友。」

「男的女的？」

「暫不宣佈。等找到了，再告訴你。」

「那麼——」鄭懷疑的笑著，挪挪黑玳瑁大眼鏡。

「是的，我已結束舊的高峰生活，開始新的高峰生活。我結束了舊的蘭花與金魚的生活，開始一種新的花與魚的生活。這一切，將來有空細談。現在，我只要求你三件事。第一、今夜我必須住在你這裏。第二、林鬱假如把我最近一筆版稅滙來，請暫替我保存。過一個時候，我會給你信，告訴你把這筆款子滙到甚麼地方。第三、我這些行李、書籍，暫存你這兒，將來告訴你地址後，再請你設法轉運給我。費心費心……明天下午，我動身到寶雞，轉乘公路汽車。」

「怎麼？分別這麼久，你連一點敘敘契濶的時間也不給我？」

「對不起，我的時間雖不迫切，但我心情很迫切。我心頭這件事未辦好之前，——至少，在水落石出之前，我還沒有一種悠閒情緒和你談閒話。我相信，將來我們有的是閒談時間，通信，或見面，都行。」

「你在華山五千仞上，修了那麼久的道，做了那麼久隱士，難道紅塵魔火還未滌盡，竟顯得這樣緊張，迫不可待？」鄭微微諷刺的凝望印蒂泛紅的臉。

「這不是紅塵與魔火問題。這些，說來太複雜，一時無法和你細論。剛才我不已經聲明，我將開始一種新的高峰生活？自然，在舊的與新的高峰之間，自有它們的連貫性。你早清楚，我追求的是甚麼？凡我追求的，全有它們整體連貫性。現在，我所以顯得有點迫切，是因爲，我希望，在我新高峰生活中的那張底牌——那個謎底，早點揭曉。儘管我對它已有一種預感和自信，然而，我既重新回到現實，就得尊重現實的規律。」

鄭微笑道：「或多或少，我已猜到一點：你正在找誰？」

「那麼，老朋友，我們就不必說明了。我希望你寬恕我的不禮貌，不能在這裏多勾留幾天。好在抗戰總算勝利了，今後聚會不難。」

「用禮貌來綁縛你這樣的人，那是對你這位老朋友的褻瀆。我完全諒解你的心情。」

印蒂緊握住大學教授的手，表示感激。

午飯後，印蒂進城，到拍賣行買一套九成新的米灰色法蘭絨西服、又去商店購兩件白色新府綢襯衫、兩條新領帶，和一些零用物件。翌日上午，他們同訪鄭天漫，在他那裏午飯。唐鏡青因事到咸陽去了，印蒂託他們代致意，來不及等他回來了。

「老印，我看你是樂園思凡，不做華山天堂神仙，卻再度迷上人間煙火。你這種風格，倒弄得我有點不懂了。」午餐席上，鄭天漫張大那雙千年神龜的小眼睛，微笑著望印蒂。

「不，你將來總會懂的。他是按照他的哲學行事。你的話只接觸他表皮層，不能透入他的靈魂核心。」哥哥替印蒂解釋。

「這樣說來，不管他做甚麼，都是對的、有理由的、合乎哲學原則的？」

「天漫，我很抱歉，我現在沒有時間向你們解釋。將來，遲早我總會讓你看到一些書面解釋的。」

「你準備寫長信給我？」

「不，你聽錯了。他將來打算寫書。」

「現在，我只能用前人最簡單的一句話答覆你，『凡存在的都是合理的。』自然，有各式各樣『存在』，也有各式各樣的『理』，這些，說起來，三天三夜也說不完。我只能說，我的『存在』痕跡，也屬於上述的『存在』之一，而『理』卻是我自己的。當然，須補充一句，凡合理的不一定都存在——至少，不是此時此刻都存在。……好了，不談這些了。讓我罰我自己一大杯酒，表示我的最大歉意：不能在這裏多留幾天，陪你們談談。……等等，同去看良弼後，我這就打算上火車了。」

他們全知道這位老朋友的怪脾氣，決定一件事，就馬上做，常很突然，很神秘。

「好吧！祝你一路順風！祝你的理想圓滿實現。」弟兄兩個舉杯站起來。

「謝謝！謝謝！謝謝！」印蒂也站起來：「希望抗戰勝利這陣信風，也能把你們的白帆送到光明彼岸！」

這天下午，弟兄兩個和佘良弼送他上火車。

在火車站上，佘良弼拍拍印蒂肩膀，興奮的道：

「老朋友，你總算又回到人間，希望你也像我一樣，享受點人間的眞正溫暖。不管怎樣，這個地球，是我們大家的共同地球，球面上的一點火光，也是我們大家的共同火光。」

「良弼，我很高興，你終於獲得幸福。祝你永遠幸福。」

汽笛嗚響時，三個送行者不斷望著窗邊印蒂那張滿面紅光的淡咖啡色臉孔，他在揮手。

第四天上午，印蒂從寶雞搭公路汽車赴四川。

三

一坐上汽車，他立刻變成另外一個人，彷彿玫瑰花是他的視覺，海棠花是他的聽覺，海水是他的血液，波浪是他的肉體，他不是顛簸於一條崎嶇險惡山路上，而是蜜蜂樣游泳於千花之間，夜明魚樣舞動於海底。他愉快極了，也自由極了。因爲，他終於接近到達三十年來所追求的精神歷程的終點，而抗戰也終於勝利了。他前面充滿鮮花般的希望與光明。所有希望中的最大光明是，終有一天，他能稍稍彌補對他所最敬重的一個生命的歉疚了。

川陝公路不是一條平凡路。大巴山脈不是一座平常山脈。這是他第三次投入巨巖絕壁間。那些嶮峭的峰巒，嶒邃的谿谷，滾滾的流水，獰惡的岩石，連最猛悍的兀鷹也要哭泣，而一振翮九萬里的大鵬可能也要流淚。可這時他卻充滿豪笑。他笑，因爲這條路再不可能把生命擲入萬丈深淵，卻可能把他帶到樂園。四天後，車一停，他可能會覿見樂園大門，以及那伸出園牆外的春藤和薔薇。

時間飛得多快！無窮希望如巨大噴氣動力，把時間化爲火箭，筆直射出去。

這三、四天，幾乎像三、四分鐘。五丁開關飛去了。陽平關越過了。牢固關過去了。朝天關消逝了。車子又從岩石鱷魚嘴內穿行，他又看見崛岉壯麗的劍門關。又是那岭深幽邃的大峽谷。黑夜，他們在劍閣鎮上吃晚飯。除司機外，一車人都喝了麯酒。他飲得特別多。謝謝天，明天這時候，就抵蓉城了。午夜，他觀賞劍閣一帶夜景與月光，流連徘徊，不忍入睡。一切深刻的思想，似映現天空，閃爍於星宿間。這一分，這一秒，我看見它們，聽見它們，又把它們譯成大地文字，翻爲我的嗅覺，我的口渴，我的臂膀。生命的變化多大！僅僅一星期前，還沒有作這樣重大的決定。兩星期前，可能作夢也未夢到。可這些同樣的星球光輝，此刻卻照亮我這個決定，也照明這片劍閣，以及一千年前曾在這兒散過步的臥龍先生。據說，那位猛張飛也曾在這一區馳馬惡戰過[1]。

「啊，新都到了。再有一點鐘，就到蓉城了。」翌日下午，一個旅客的聲音在他耳畔響。從沉思中，他猛抬頭，瞥見這座幽靜小城。他想起城外寶光寺，佛像與長明燈、寶蓋和幢幡、方丈妙一與那些參禪僧，以及他在那片陰暗空間消磨的一部分生命。可惜他不能下車，舊地重遊了。

他點起一支煙。

黃昏，車抵蓉城，他找了一家中檔旅館。一頓簡單晚餐後，他理髮、沐浴，接著是一場充滿怪夢的睡眠。他睡得不頂好。午夜，常常甦醒，彷彿聽見有人輕輕叩擊他的窗子。那是風聲。

黎明，終於又是黎明。

黎明跪在窗子外面，現在，它站直了。

他整個生命希望，都隨玻璃上的光輝閃熠著。有誰在黑夜與焦渴中等待過黎明麼？每一聲鳥叫，每一喔雞啼，每一線曙色，每一扇晨風，都盈滿幸福。光亮多一分，幸福也多一分。白晝濃度多一度，希望也多一度。他四十三年一生中，或許，這是他最命定的一天。天沒亮，他早醒了，躺在黑暗中等待。這個早晨，無論他穿衣、洗臉、漱口、結領帶，他全感到，自己在做一件極幸福的事——不，應該說是又幸福又不安的事。然而，幾年修煉，早淨化一切人間不安因素。哪怕這場旅行是個最大失敗，他也絕不感痛苦或失望。因爲，他是按照高度理性與理想來完成這次旅程。即使失敗，並不影響他理性與理想的完整性。他自有保持完整的力量。

已經有多少年未作這樣打扮呢？他面對一扇舊穿衣鏡，繫著大紅領帶，笑著想。那還是八年前的事，在莎卡羅壽辰最後一夜後，他再未結過紅領帶。

也許，像這條領帶一樣鮮紅的希望，三十分鐘後，就會粉碎。可他不管。海船未沉沒前，白帆總得展開。更何況在他目前心靈中，根本就不存在船升船沉這類感覺。這次旅行，不僅是一種「完成」，也是一種「彌補」。

可能，這雖不是一場輕鬆的訪問，但也不一定就是絕望的訪問。

六點鐘，吃完早點，走到大街上，一陣燦鮮的朝氣，刺激得他暈眩了。這樣新鮮的空氣！他在「五千仞上」，天天呼吸，可今朝四周那些氣分子、氧元素特別迷人，和近兩年他享受的高峰大氣有點不同。他沒有時間分析這些，他只拚命張開肺葉，深深的貪饞的呼吸著。它是那樣純潔、清冽，彷彿地球上的清氣，還沒有第二個生命呼吸過，他是它們的處女呼吸者，連多吸一口也是幸福的。他恨不把全世界仍在沉睡的人都喚醒，共同啜飲這片帶葡萄酒香味的鮮氣。啊！這檸檬色的朝陽光，我的色素！這片天藍，我的思想！這些樹影、花影，我的頭髮……

「今天是拜日。早飯後，說不定她要出門，我得儘早去。」

他看看腕錶，長針正指六點三十分。從此刻起，在這個星球上，他是最充滿希望的人。他不是往蓉園大學區走去，是向眞正「未來」行進。

一跳下人力車，看見金碧輝煌校門，像發現「天國」大門，不管怎樣克制，他渾身仍有點抖顫。

這是蓉城大學區，總稱蓉園。華西幾個著名大學、專科學校，和高等學府（包括抗戰期間從京滬遷來的），多半是教會學校，全雲集園內，範圍很大。一道青磚實叠的矮矮長牆，四周繞匝，拉直了，約有好幾里長。校舍裔皇，中西合璧，映以林木蓊鬱，花草璀璨，草地翠綠，幽徑曲折，倒是一個世外桃源。論它的樓宇華麗，風景秀雅，只有重慶南岸汪山高等住宅區差能媲美。這也充分說明，基督教會在斯土的潛在偉力，正像二十世紀前半紀原始非洲的一些絢爛建築，大多屬於教會，或那些基督徒資本家。

左尋右覓，印蒂總算找到C大學附屬師範中學。一排精緻的米黃色洋房，呈現一片空寂。他正發怔，內裏出來一個少女，上穿紅色襯衫，下著草綠色裙子，一張蘋果似的紅紅臉龐，一片甜蜜的表情：

「您找誰？」

「請問瞿縈小姐在這兒麼？」他全身有點沸騰起來，眞怪，這種沸騰是這樣突然，事先連準備壓抑的時間都沒有。不，這不僅是沸騰，也是一種幸福感侵襲他。天知道，有多少年，他沒有聽見這個美麗名字從自己嘴裏吐出來了。

「您是她甚麼人？」一聽到這個名字，少女立刻有點興奮起來。她好奇的上下打量他。

「我是她的親戚。」

聽見這句話，紅衣少女對他的打量，更仔細了。她臉上的好奇神色，也更濃厚了。

這個兀立在她面前的中年人，有一副高大魁梧的身材，一張微微清癯的淡咖啡色臉，帶了點黧黑，黑中瀰溢紅光，血色鮮美。他過分端正的五官，增加了他渾身的雕像風格。他那雙又深邃又強烈的濃黑大眼睛，電炬樣輻射她，使她感到震駭。他新理過的豐密的長長黑髮，整齊的直梳到腦後，分外加強了他面部刺人的濃重色調。但他那套全身的米灰色法蘭絨西服，配上他和藹而誠懇的舉止，卻沖淡他形貌上的刺激因素，使他顯得一派瀟灑、超逸，與安詳。

她望著，越望越覺得奇怪，彷彿這是另一個星球上的來客。無論從他神態、舉止、聲音，或風度上說，都與她平常接觸的男人迥異。她有點迷惑了。在這個人身上，既有一種比醇精或咖啡精更濃的原始調子，那種幾乎是野性的精力，卻又有一種像德布西音樂或瑪拉梅詩篇一樣精緻的斯文和寧靜。

她正被深深吸引的端詳著，一個聲音驚醒她。

「請問，瞿小姐在這裏麼？」

「哦，她現在不在這裏。」像從夢中驚醒似地，她迷迷糊糊回答著。

「她在哪兒？」他渾身有點涼了。

「瞿老師在C大學兼課，她住C大教授宿舍，錦字十號樓下靠右一排四個房間，都是她的。」她詳細告訴他路線，似乎非常關心他。

東問西問，終於，他站在一幢精緻的假三層樓洋房前面，是一座青灰色建築。多美麗的空間！多幽靜的場所！門前有如茵草地，髹漆成白色的薔薇花架。架子兩側，火紅的美人蕉、銀紅的大麗花，正怒吐奇葩。二樓窗臺上，安置幾盆玲瓏的石竹與月月紅。青磚牆面，則爬滿春藤和凌霄花的枝葉。整幢樓舍像一座葱綠的古味建築，彷彿不是青磚實疊，是用無數綠葉築成的。

樓上下大約四套房間，每排四間，每層共兩排，全是一家獨住。一看見右排第一間門上釘著一張「瞿縈」名片，他的心不禁「トト」跳起來，不是在胸口跳，簡直是在嘴裏跳、在耳邊跳。一下子，心、嘴，和耳朵都長在一起。

他想凝神斂氣，不行！

一陣炸彈式的暴風，突然從四周捲起來。

他輕輕舉起右手中指關節。

「篤！篤！篤！」

「……」

「ト！ト！ト！」他用手掌前部敲門。

「……」

第三次，他敲得稍重一點。

門內依然沒有聲音，沒有反應。

「您找誰呀？」

對面房門開了，出現一個中年婦人，戴無邊蛙形克羅米眼鏡。一看她那文質彬彬風度，他登時就猜出，大約是個女教授。他說明來意。

「眞不湊巧，瞿老師到峨嵋旅行去了。」

他的心又涼下去了。「請問，她甚麼時候回來？」

「不知道。」

像剛才那個蘋菓紅的少女一樣，上上下下，她極好奇的打量他，連每一根汗毛似乎也不放過。她厚厚唇邊掛了點微笑。

「對不起，我是從西北特地來看她的，我希望知道她的確實行蹤。費心您能不能多告訴我一點？」

她同情的盯著他，文雅的道：「她是日本投降第二天去峨嵋山的，已經一個多星期了。按行程說，她應該回來了。也許她很快就回來。也許她已經回來了。她說過，回來後她暫住郊區蓉西壩，那是我們夏季避暑地，有學校的休養所。您可以試試，到那邊問一問。」

她告訴他詳細路線，公共汽車的站名、班次，大約一小時，就到了。

半點鐘前，他充滿希望，現在，卻開始有些失望了。萬一她沒有回來呢？可他又寬慰自己：「管他呢！即使未歸，我等幾天，也行！反正，我已抓住她的蹤跡了。凡事總得往好處想。假如，她此刻遷居他省，又怎麼樣？假如，她仍浪跡海外，在印度、巴黎，或瑞士，或倫敦，那又怎麼樣？就算她在峨嵋，離此也不過一天半路程！」

一個新的現實，迅速給他極大安慰。

「請問，瞿小姐還是單身住在這兒？她沒有家？」

「這幾年，她一直一個人，她還沒有結婚呢。」她笑著說，極感興緻的端詳他。

他透了一口氣，他暱愛的瞧著門上名片，反覆細觀好幾遍。那不是石印的，是她自己書寫的。那兩個娟秀的墨筆字，依舊是趙字❷，他已經十幾年沒有親炙了。他眞想吻吻它，假如不是身旁另外有人的話。

一點鐘後，他趕赴蓉西壩。下車時，他看見一輛黃色大汽車剛開出去。他想，這裏車子眞不少，也開得快，看樣子，每一班不須久等。

他找到C大學休養所。那灰白頭髮的矮矮門房大聲道：——聲音像打雷。

「你眞不湊巧，瞿小姐剛剛出去。昨天，她從峨嵋回來，今天，她進城買點東西。才走了幾分鐘。眞可惜，你早來個幾分鐘，就遇見她了。」

印蒂想起剛剛駛出的那輛黃色公共汽車。

「不要緊，你馬上搭這班車回去，到校園找她，她總要回宿舍轉一轉，待些時候的。」

這時，一個女學生從裏面走出來，梳兩條長長黑辮子，一副白皙面孔，像西班牙女尼似的純潔。她聽見他們談話，登時問道：

「您找瞿老師麼？」她一雙圓而黑的眼睛，非常驚訝的端詳他。

他說明原委。她熱心而有禮貌的道：「您打算留字條麼？我等等進城，也許會看見她。我可以替您把字條交給她。」

他謝謝她，說自己這就返蓉園去找她。他有點納罕：她的神情爲甚麼如此友好？她爲甚麼如此關心我的拜訪？

希望已經看見了，而且快抓住了，卻又突然從手指間滑去。不要緊，再去抓，總會抓住的。

可是，正當他再度將要抓住希望時，一種說不出的戰慄，閃過他全身。不錯，她是一種希望，放射神奇的色彩、音樂、芳香。也許，一、兩小時內，他就可以看見、聽到、呼吸它們了。然而，直到此時止，他並不是活動在人間，他的思想與想像，仍飛翔於「五千仞上」雲霧中。他是用雲裏霧裏的幻想，加上哲學，來作這次旅行。他有沒有徹底想過：假如她不再是十四年前的她，完全變了形？或者，她不再保留對他的記憶、溫馨，用另一副形態面對他？或者，她即使未婚，情感卻已另有寄託——她終於有了朋友？這個尖銳的現實，他不能不考慮。他並不是波斯灣加爾底亞人，看見華山天空星光，就能預測一切未來命運。……啊，上帝，任何新的深淵，不可能再威脅他，他早已超越它了。即使重逢後，她把他當陌生人，他也不會苦痛。他僅僅爲了完成一種神聖使命而來的，這個使命，她如果不伸手合作，也沒有甚麼。人生既是複雜透頂的旅程，對各式各樣的現實反應，他早做好準備。他目前唯一需要的，是勇氣——接受偉大幸福或巨大失敗的勇氣。

一點鐘後，他又被黃色公共汽車帶回來。不久，他第二次穿過蓉園草地、薔薇架，站在那幢綠屋前面。這一次，他視覺內，再沒有那火紅的美人焦、銀紅的大麗花，和二樓窗臺上的洋石竹與月季花了。萬千種存在只化爲一種存在：她的名片——它後面的空間。

他隱約聽見房內有人走動。

一種極敏銳的本能告訴他，這是——

他渾身血液燃燒起來。

這是一種岩窟式的訪問。它本身就是一座又巨大又古老的岩洞，隨著每一秒嘀嗒，他越來越走進那洞窟最深處、最邃處、最底處。在最深邃的洞窟底，一種偉大的火炬正在燔燒，一種正接上引線的強烈炸藥，將要爆炸。

這眞有點像地球上第一顆靈魂原子彈的比基尼爆炸，恐怖極了。

一步一步的，終於，他走到深棕色樟木門口——那個可怕的爆炸點。

四

「篤！——篤！——」極輕輕的中指關節音。

「誰？」

「……」他的胸膛變成一片復活的火焰。他有二十顆心臟在跳。

稍稍過了一會。

「篤！篤！篤！」右手中指關節音略略重了點。

「誰——呀？」一個美麗的聲音——他如此熟悉的聲音。

他站在汗從他額上不斷流下來。他掏出手帕，拭拭臉。他太緊張了，簡直沒法動作了。他站在一邊，慢慢喘氣，讓自己微微平靜一點。

一瞬間，室內靜了，他也靜了。他掙扎了十幾秒鐘，於是，又輕輕舉起右手。

「篤！——篤！——篤！」他有五十顆心臟在跳。

「是誰呀？」

他忍不住臉輕貼著門，盡可能屏住呼吸，凝神斂氣，極低低的吐出聲音。

「是——我。」天知道，他要費多少噸力量，才能把這兩個字清楚的吐出來。

可怕的靜寂。室外的生命憑神秘的第八識，意識到室內生命似乎在經歷一種奇異的變化，可能是一種相當強烈的場面。

忽然，一個極嚴厲的聲音：

「您究竟是誰呀？」

「是——我。」他有一百顆心臟在跳。他的心臟要爆裂了。

那個「我」字還沒有說完——

突然，門砉然大開。——彷彿天崩地塌。

他——

人們如果極度誇張的說，假如有一秒，地球會停止旋轉，就是這一秒。假如有一秒，所有銀河系一千萬萬顆太陽同時停止發光，就是這一秒。這一秒，人就是過十萬萬年，也不會忘記。在這一幕類似靈魂熱核子反應大爆炸的場景中，他就是炸成粉碎，熔化為氣體，每一顆氣泡，每一個氣分子，也會記清她此時此刻的形相、姿態。

眼前一片天昏地黑，巨大日蝕，只有她的形態——她的臉，是一片無比光明。

她像遭遇魔法，睜著那樣一雙奇異的眼睛望他，彷彿不是望一個活人，而是望一個復活了的死人，不，絕不，她是望一百座就要爆炸的火山，望一千股就要衝天的海嘯。她也不是在聽他，是聽一場空前絕後的大地震、大洪水。她渾身每一層肌鞘，每一條肌纖維，每一滴淋巴液，每一顆腺細胞，都反應出：她眞正不是接待一個活人，是面對一個創世紀的奇蹟。她不僅震駭了、迷惑了，更叫他吃驚的是，就在這一分，這一刻，她竟猛然陷入那樣深沉的靜默。這靜默，不是肉體的，也不是人性的，而是上帝的。只當上帝創造世界完竣後，才有這樣一種偉大的靜默。

他看出來，僅僅在十幾秒鐘前，這張臉還像牡丹花一樣的平靜、鮮美，只在命定的這一秒，它才突然變形；一副跡近瘋人院形相的臉譜，一種怪誕的官能使它轉化為驚人的蒼白，彷彿這個女人生下來後，血管中從沒有過一滴血。一個沒有一滴血的生命！正是這樣一片變態蒼白色，在此時特異的靜穆中，才表現出一種神妙的光輝，幾乎像那最著名的M31號仙女座大星雲。這個神異星座，十五年前，曾致命的吸引他。這一刻，依舊吸引他。在這片燦爛光體上，他看得清清楚楚，依舊是那雙象牙黑的大眼睛，閃爍著三種迷人色素：深沉、黑暗、明亮。依舊是那片華麗的胸膛，新月形的肩膀，銀杏樹似的苗條腰肢。整個姿態交替著三種情調：印度紅瑪瑙、北極的雪、波斯的古巖窟。依舊是那繁密的黑鬒鬒長髮，長彎彎的黛眉，希臘造型的精緻鼻子，猩紅的菱嘴，鵝蛋形的白皙臉頰。在這許多「依舊」中，只一樣沒有「依舊」：她的風度。假如她從前的風韻，有時像蕭邦的音樂，像莫札特，像德布西，像比采，像白里遼斯，像孟德爾遜，現在，卻是這些大師風格的綜合體，還帶了點貝多芬式的溫柔：「月光曲」的寧靜，加上華格納的宏偉。眞正，她完全成熟了、豐富了。韋乘桴描畫過的，她在巴黎夜會上的那個壯麗鏡頭，她那優美的風度，即使在此刻這樣一種怪異背景下，他也能完全證實。十四年時間，在她身上，像十四分鐘，幾乎沒有留下甚麼特別痕跡。沒有人敢相信，這是一個三十四歲的女人。算她二十九歲吧，還嫌有點誇張呢！不過，時間終算在她形體上留下風度痕跡，不，是時間進一步完成她這幅由上帝和她自己合作創造的美麗畫像。

她穿一襲白地藍碎花絲織西式連衣長裙子，依舊是那樣鮮艷、瑰美、嫺雅、婷婷玉立，如一枝出水芙蕖，儀態萬方。

時間繼續在靜默。空間繼續在靜默。

他們怔怔互望著，不知說甚麼才好。如果他們是蜜蜂，能用跳舞或香味代表語言，假如他們是麋鹿，能用氣味表示觀念，那麼，他們將用一種微妙的動或靜，來交流這一刻的思想與情感。然而，他們不是蜜蜂和麋鹿，他們所有的語言、文字、符號，只是一雙眼睛。不，他們雖不是蜂與鹿，卻已變形如蝙蝠，能用面部皮膚的每一根纖毛，傾聽對方血管內最細的聲音，透感對方最內在的情感。不，他們不只是蝙蝠，也是魚，用魚的感覺來感覺。魚有耳朵在頭腦內，有時卻不用聽覺，它有眼睛，有時卻不靠視覺，牠藉另一種玄妙官能指示牠在水底的動作。他們此刻也有點如此。

他眞願他是蜂、是鹿，讓空氣代他說話。

他凝望著，等待著，等待她肌小纖維及肌紅素的變化，她眼渦裏水晶體和水樣液的轉形。漸漸的，他等待到了。緊接那可怕的奇異靜穆，一線最初的正常的山明水靜，開始回歸她騷亂的水樣液面、水晶體上，接著，又傳佈到她蒼白的肌鞘和肌纖維上——這是人類第一線希望，生命第一條光明。

不知何時，門砰然關上了。

像巫味的幽靈，她退縮一步，兩步，三步。他也幽靈樣前進一步，兩步，三步。終於，他聽見一個靜穆的聲音，極低低低低的，一個字一個字的：

「你——終於——回來了——」

「是的。」

一片嘆默。

她定定定矘視他。

「經過這一切又一切以後，你還是回到我這裏了。」

「是的。」

「經過十四年大追逐、大尋找後，你還是回到我這裏了？」

「是的。」

「十四年前，我早對你說過，人生的眞理，不只是一個數學答案，眞正的幸福，與「自我」不兩立，你還記得麼？人們爲了證實一個簡單命題，究竟還要流多少血呢？」

「這個，我以後還有話說。不過，我承認，眞的幸福與自我不兩立。」

「你相信麼？正因爲我知道你終會回來，所以等，等了十四年？」

「我相信。」

「是因爲我這裏擁有生命的最後圓全？最高的和諧？一切紛歧錯雜，只有在我這裏，才能形成最高的統一？一切最靈幻、最眞理的，只有在我這裏，才能眞有血有肉？」

「是的。」

沉默。

「你相信麼，一切通人生眞理的路，必先通過我，才能到達那最後的終點？」

「我相信。」

「你相信麼，那一切最不可能的，只在我這裏，才變成可能？那一切最矇矓、最模糊的，只有在我這裏，才一片清明純粹？那一切破碎的、殘缺的、不完整的，只有在我這裏，才塑成整體？假如你要獲得世界，首先必須獲得我？」

「我相信。」

「我的朋友，我的最親愛的旅行者，你走過全世界，找尋那最後的終點、頂點，卻還沒有先找到那最初的起點——我正是你的起點？」

「是的。」

「不管怎樣雄麗的高峰，你得先抓住山下石磴那第一級。不管怎樣偉大的金字塔尖，你得把握塔基最粗糙的第一塊岩石。然而，我還不只是你的第一級、你的第一塊岩石，我也不同時是那最高的塔尖、最高的頂點？我身上不閃耀著銀河系宇宙的星光？那最透明的、光亮的，不全滙集在我身上？……這是一扇最平凡的門，可也是一座最光輝的門？忘記這扇門，你不永遠被關閉在人間地球以外？」

「是的。」

突然，天旋地轉，飛沙走石，一個沉重的東西跌到地上。他匍匐在她腳下，跪在她膝前，眼淚雨水樣沖洗他的臉和她的腳。

「縈！……你能饒恕我麼？……」

她不開口，怔怔怔怔望著他，聽著他，一動不動，宛若一座石像。

猛然，石像又復活了，她野蠻的把他拉起來，瘋狂的抱他在懷裏，緊緊摟住他的脖子，暴風雨樣吻著他的嘴、他的眼睛、他的頭髮。他的眼淚變成她的眼淚。

五

「啊，蒂，我最愛最愛最愛最愛最愛最愛的蒂！這是你？眞正是你？是你在我懷裏？不是夢在我懷裏？不是花在我懷裏？不是流星、彗星，瀰漫星雲的雲霧在我懷裏？啊，這是蒂，我最親最親的蒂！這是他的濃密的黑髮，這是他的深邃眼睛，這是他的嘴，這是他的肩膀、胸膛、四肢。這是我最昵愛的生命和肉體在我懷裏，不是夢中夢在我懷裏。

「啊，蒂，你的瞳孔爲什麼這樣強烈？你的頭髮爲什麼這樣黑暗？你的嘴爲什麼這樣喘息？你的肉體爲什麼這樣抖顫？蒂，你爲什麼張大這樣一雙眼睛看我？它們彷彿是宇宙萬有引力的總和，把一切星球都吸到軌道上？啊，蒂，你是在看我？看我的眼睛？看我的嘴？看我十四年來的記憶？相思？啊，你的眼睛爲什麼這樣神奇，有那麼多駭人的光？它像兩條夜明魚，游泳在我肉體海底？

「啊，蒂，你爲什麼不說話？你的嘴唇爲什麼這樣沉默？你爲什麼除了吻，再沒有語言？除了擁抱，再沒有思想？你的手臂，爲什麼像章魚吸管，那樣死死纏住我，又滑膩、又緊張？啊，你抱得我喘不過氣了！啊，蒂，說一句話吧！說一個字吧！說一個最火焰的字，把我燒成灰。說一個最天堂的字，讓我上天堂。說一個最地獄的字，叫我下地獄。即使你現在把我帶到地獄煉火最紅最深處，我也是幸福的。

「啊，蒂，你不是夢吧？你不是魅影吧？你不是幻形吧？你不會像十四年前一樣，又摜下我，把我扔在生命北冰洋底，單獨游泳吧？啊，蒂，說呀！說一個字，說一個最輕最輕的字，說一個最細最細的字，讓我相信：你不會再翅膀樣飛走，你將永遠和我纏在一起，像藤蘿枝條與枝條相互虬纏？

「啊，蒂，把你的手給我，讓我再摸摸，這究竟是不是我的蒂的手？啊，蒂，再熱烈吻我一次，讓我嚐嚐，這究竟是不是你的嘴？啊，再緊緊抱我一次，再叫我透不過氣一次，讓我看看，這究竟是不是你的肉體？啊，蒂，你當眞回來了？你的靈魂，你的肉體，你的血液，你的思想，你的觀念，當眞又再回到我懷裏？當眞我們又要像十四年前一樣，再玫瑰花般地活著？月亮光般地活著？比一切顏色更鮮明的活著？比一切香味更芬芳的活著？比一切青山綠水更山明水秀的活著？

「啊，蒂，那時候，你爲什麼離開我？我是那樣愛你，我一切都交給你。我的靈魂、我的胴體、我的血、我的整個生命，都一古腦兒交給你。你為什麼離開我？那時候，我從未想過，我還應該為自己留下點什麼。我每分每秒只想，你還缺我點兒什麼——缺我最後一個肌小纖維？缺我最後一滴血？還是缺我最後一滴虔誠？我是那樣愛你，你為什麼離開我？你怎麼忍心離開我？你怎麼捨得離開我？捨得把這個星球上唯一最愛你眞愛你的人孤單單留在地球上？即使你明白向我說出信上那些理由，我依舊會愛你。我會同意你暫時孤獨，安靜一個時候。我可以等你一個月，十個月，一年，兩年，甚至十年，只要你給我一個肯定的希望、具體的明天。我會等你，直到你再需要我、再找我時，你為什麼不明說？像我們那樣的愛法，在我們之間，還有什麼不能明說的？你的痛苦不正是我的痛苦？

「啊，蒂，假如十四年來，我曾流過一滴虔誠的眼淚，現在它被一百倍酬報了。假如十四年來，我曾苦痛過一滴眞誠苦痛，現在，它被一千倍酬報了。啊，蒂，即使我曾流過十四年眼淚，受過十四年苦痛，現在，它卻被一百萬倍酬報了。我不是基督徒，我不信上帝，可這一刻，有生以來第一次，也是最後一次，我願意跪在地上，作一次禱告，感謝主對我們的仁慈！」

她傾訴這一切時，微笑著，沉醉著，臉上卻充滿眼淚。

他匍匐在她懷裏，兩頰也充滿眼淚。

不知多久了，慢慢的，他站起來，拉住她的手，輕輕道：

「縈，你這裏有盥洗室吧！我們洗個臉，好麼？這個樣子，萬一有人進來，——」

「我眞捨不得起來。這樣，我又要離開你了。現在，我一秒鐘也不想離開你。」

她拉他坐在她身邊長沙發錦墊上，把他的頭放在她懷內，溫柔的撫摸他的黑髮。

「這個幸福，來得太突然、太巨大了。我好像有世紀末日的感覺——那種最後的也是最致命的歡樂。……試想想，這一切，——多神奇！……我剛從峨嵋回來，本想在郊區休養所度這個暑假最後幾天，今天進城，是取樂譜，特別是，我需要莫札特與蕭邦。……當我正在找蕭邦『夜曲』時，突然，我聽見一個奇異的聲音，一個駭得我不敢相信的聲音，像通了魔術的電，我立刻石化了、冰化了，但這卻是冒出火光的石頭，能燃燒的冰塊。……我不敢相信，立刻極嚴厲的要求證實，於是……終於，啊，天，眞正是——你！」

她又笑又哭的說著，兩手又暱愛又沉迷的捧住他的頭，像莎樂美捧先知約翰的頭。

「那你爲什麼不立刻開門呢？爲什麼還要追問呢？」

「起先，聽見輕輕叩門聲，這是我的習慣，不問清來人，我是不開門的。後來，聽見那個奇異的聲音，哦，我太慌張了、混亂了，緊張得厲害，幾乎不知道怎樣才好，這一切太突然了。」

「兩星期前，我也沒有想到，這麼快會看見你。那時，我還生活在高空——很高的高空。」印蒂仰著臉，定定回望她。

接著，他微笑道：「連我自己也沒有夢想到，我終於回來了。現在，你對我有什麼要求呢？——不管你要求我什麼，我都答應。」

「現在，我千千萬萬要求，只變成一個要求。」

「什麼要求？」

「我要求你立刻做我的丈夫，——越快越好！」

他瞄望她：「立刻？」

「是的，立刻！」她看看腕錶。「現在是十點三刻，我們馬上買兩張結婚證書，去找本市一個著名律師。假如他許可你利用過去相片，——我這裏有你以前的許多照片，那麼，下午一點以前，我就可以正式做你眞正的妻子了。」她忽然緊緊抱住他的頭：「啊，蒂，我一秒鐘也不能等了。我必須立刻做你的妻子。你必須馬上做我的丈夫。再多等一分鐘，我會發瘋的！……法律形式是假的，但在現實上，卻能把我們更密切的緊纏在一起。凡是能把我們纏緊的任何因素，我絕不放棄。雖然我們曾瘋狂愛過，但我從不能在人前公開我們的關係。現在，假如我能對人們說：『這是我的丈夫。』多幸福啊！有些秘密字眼，必須撞擊到別人耳鼓上，才能發出更幸福的迴聲。啊，蒂，我們這就趕快動身吧！」

他不開口，緊緊抱吻她。

十幾分鐘後，雙雙從盥洗室內出來時，他們聽見敲門聲。

六

「瞿小姐，後天下午，蓉園各高等學校和其他學校，聯合舉辦一個慶祝抗戰勝利大會。會後，有一場茶舞，專招待盟國外賓。大會有獨唱，和鋼琴獨奏。李校長聽說你從峨嵋回來了，剛才和我商量，一定要請你幫忙。」

兩位女客，一個是中年婦人，戴無邊蛙形白色克羅米眼鏡，正是印蒂先前在門口遇見的；另一個，是蘋菓型臉孔的少女，曾在師範中學接待過印蒂，替他指過路。那少女道：

「瞿老師，你知道，我的嗓子很要不得，施教授一定要我參加獨唱，可把我急壞了。我說，一定找我唱，就得請瞿老師伴奏，好幫我定定心，換另一個人，我怪心慌的。」

「眞是抱歉，你們知道我的習慣，我從不參加任何集會。平日，我的琴也只能彈給熟人聽聽，見不得外人的。——特別是外國貴賓們。」

「我們知道你的習慣，也一向尊重你的習慣。可這回不同了。校長說，這次是招待盟友，慰勞並謝謝他們援助我們抗戰。目前，抗戰勝利，舉國歡騰，全球一片慶祝聲，我們也該對盟友表示一點謝意，是不是?而且，這還不只是抗戰勝利，也是全世界反法西斯戰爭的勝利，看在人類民主自由的面子上，也看在中華民族面子上，我們請你破一次例。行嗎？」施教授笑著端詳主人。「至於你的謙虛，我們絕不同意。在大學區，你的琴，是第一把手，再挑不出第二個了。」停了一下。「李校長又說，這個大會與茶舞會，主要是招待外賓，負責招待的人，必須外語說得流利，好陪他們談談。這裏能操英文的不少，法語講得流暢的，可沒有幾個。何況你能兼說英法德三國話（當然，會上不會有德國人）。李校長一定要你幫忙。假如我要拿什麼大帽子扣你，我就要說：『站在人類立場、民族立場、抗戰立場，這是你的義務。』對不對？」她笑了笑。「我個人還想：你是我們大學區一朵奇花，出來陪陪外賓，既叫他們長長見識，也給我們蓉園增光。這叫一石二鳥，是不是？」

說完，她又笑了。少女也抿嘴微笑。

女主人沉吟一下，笑著道：

「我還沒給你們介紹我的親戚呢。」

她穿過雅麗小客廳，走進隔壁書齋。剛才印蒂聽見有客人敲門，暫避此室，正翻著她白藤書架上一排精裝英文書，大都是十九世紀浪漫派詩人的集子。

他們雙雙再度出現時，她笑吟吟的，卻儀態萬方的道：

「這是我的表哥，也是我的未婚夫：印蒂先生。這是我們物理系施雲隱教授，也是我對門鄰居。她對英國文學很有研究。那位是許蘋芳小姐，幼兒園的教務主任。」她笑吟吟的道：

「我眞是抱歉，我表哥剛從遠道來，這幾天，我要陪他，實在抽不出空。」

「啊，恭喜恭喜！還不知道你有天大喜事哪！好呀！瞿小姐，你瞞得我們好緊呀！幾年來，那麼多人想做紅娘——包括敝人在內，都給你推到十萬八千里外，跌得個頭腫臉青，變成個青娘啦！好，這一下，秘密可揭穿了。原來你在等你的印先生哪！好呀！這太好了！」施教授兩隻眼睛，機關鎗似地掃射著印蒂。「今天早上，我就聽見園裏喜鵲叫，原來主你的喜事。剛才，印先生來找你時，我就直奇怪，這多年來，幾乎沒有一個陌生男人——而且從老遠西北——來找過你，這是怎麼回事啊？其中必有蹊蹺。我就有點懷疑，這裏必有文章。果然，竟被我猜中了。眞是雙喜臨門。抗戰勝利，是一大喜事，我們大學區的神秘女皇，居然要閃電結婚了，這也是一大喜事。印先生，您現在眞是世界上最幸福的人了。」她停了停，上下不斷打量印蒂，又感動又詼諧的笑道：「對不起，我現在要開開你們玩笑了。您知道，這些年來，這座大城，多少個體面紳士羨慕她、想追求她。多少羨慕的輕氣球，從四面八方放出來，一齊飄聚到她的天空，簡直有點像節日市場氣球展覽會。啊！多少封信從各個角落飛到蓉園，連我們傳達室老張都直喊冤，叫苦連天，說，有一天，幾乎本校全部老師的信，還沒有她一個人多。可她只望望信封，常常一眼也不看內容，就捆起來，扔到廢紙簏裏。她像海邊巖礁，一切男性浪花衝過來，只能化為碎沫。除了正式公事，與同事間必要的應酬，她從未接受過任一個男子的單獨邀請。不過，這兩年來，大家終於知道，她是阿爾卑斯山頂的一朵高山玫瑰，只能遠遠欣賞，不可能採擷。這樣，男士們也就不敢多騷擾她了。天知道，她是這樣虔誠、專一，靜靜等著您，印先生！您究竟是什麼三頭六臂人物？竟有這樣大的魔力，把她吸住了？您想悄悄把她搶走，我們可不答應呵！好了，不開玩笑了，我現在眞要套用莎士比亞幾句詩來祝賀您：

看呵！普照萬物的太陽在東方，
抬起了火紅的頭，人間的眼睛，
都來膜拜他這新出現的景象，
用注視的目光恭候他神聖的降臨。」

談到這裏，門響了，又進來一位客人，正是印蒂在蓉西壩邂逅的少女，梳著兩條長長黑辮。

「蓓莉，我告訴你一個驚人新聞，我們最敬愛的瞿老師，就要結婚了。」許蘋芳幾乎嚷著說。

「誰？」

「印先生！」

「啊，那太好了！太好了！」蓓莉笑起來。「我們早就認識了，……一路上，我還直嘟嚷，這位找瞿老師的先生，究竟是誰呢？我們從來不大看見一個本地男客來找瞿老師，不要說是外地客人了。原來——」

「謝謝您，剛才要不是您指點我，這會兒，我還看不見瞿小姐呢！」印蒂對她致謝。

蓓莉一雙亮晶晶眼睛，直盯著這位陌生男客。雖說剛才已見過，卻有點像坐船穿越三峽，雲裏霧裏的、觀巫山峰頂後面日出。此刻，那壓壓的重重雲霧陡然消散，三峽與船都沒有了，她是直立大地上，清清楚楚眺望地平線際日出。對於她這樣一個少女，從小就沐浴於教會學校氣氛，這個本質上帶強烈太陽味的男人，總嫌過分突出，映襯著米灰色西裝，他那副棕黑透紅的臉龐，他的魁梧身材，使他有點像印度人或阿拉伯人，表現出一種奇特風格。這種風格，在一般都會紳士身上，極其罕見。特別是，他那雙強猛而深邃的眼睛，那種比咖啡更濃釅的情調，只在中亞細亞阿拉伯人中間，才能發現。更怪的，它們不僅顯示兀鷹與巖獅的原始深沉，有時，也閃爍白鶴的天空色調：瀟洒、飄逸，使人一時很難摸得清，他究竟應該歸類於哪一型？拿年齡說，也是這樣。你可以說，他四十左右；你也可以說，他只有三十五、六。總之，這個遠道客人，是個不易捉摸的神秘生命。她正狐疑著，又聽見施教授的聲音：

「瞿小姐眞厲害，這些年來，一字不提，一張嘴關得比都江堰水閘還緊。這一下——好，所有洪水可全部洩出來了。我們是老鄰居了。現在，請賜我們三位客人以最高榮寵，給我們詳細介紹印先生吧！請原諒我坦率。從心底說，我非常渴望知道這位紳士。」

女主人笑盈盈道：「不，他絕不是紳士。我一句話就介紹完了。他是地球上最怪最怪的怪人。」

「和你一樣怪？」

「比我還怪十倍。」

「好，你們這叫以怪結怪，以怪治怪，兩怪相合，見怪不怪，其怪自敗，所以——哈哈哈哈。」

她這段話，引得大家都笑起來。

「瞿老師，您什麼時候大喜？日子定了嗎？」許蘋芳笑著問。

「你問他。」女主人指指印蒂，笑盈盈的說。

「你問她。」他也笑著回指她。

「好，請原諒我這個學生開老師玩笑。瞿老師，您們相互推諉，只想賴著不請我們吃喜酒，那可不行。天知道，這幾年來，我們這幾個人，一直禱告上帝，祝福您能有一個幸福的家庭呢！」蓓莉笑著說。

「這樣吧！你們猜，誰猜到，就有喜酒吃，猜不到，就沒有。」瞿縈笑盎盎的說。

「猜哪一天多難。」許蘋芳嘟噥著小嘴。

「就猜大約還有多少時候吧！」她笑著說：「蘋芳，你先猜猜看。」

「我猜在一星期後。」

「我猜在兩星期後。」

「我猜在三星期後。」施雲隱笑著說。

「你們等著吧！猜對了，準有酒吃，沒猜到的，可別怨我呵！」

「這樣說來，我們三個人，準有兩個沒喜酒吃啦！」許蘋芳笑著嘀咕。「您現在不能就宣佈麼？」

「天機不可洩漏。」施教授笑著代瞿縈說。

「不，過幾天，我一定宣佈。」

「好了，縈小姐，你的大喜事，我們送給你一大車喜話，說了這麼多吉利話，剛才要求你的事，總該答應了吧？」施教授笑著望望印蒂：「假如你捨不得單獨撇下印先生，就請印先生一道參加我們的大會和茶舞會，好麼？他既是你的貴賓，自然也就是我們大家的貴賓。印先生，您說是麼？」

「縈妹，既然施先生她們這樣說，你就去參加一次吧！」印蒂懇切的道。

「可有一樣，施教授，我既答應你們要求，你們也該答應我一個請求。」

「什麼請求？」

「在後天下午大會和茶舞會結束以前，我請求你們暫不宣佈我和我表哥的事情。」

「可以，可以。」施教授笑起來。「否則，後天不是歡迎盟軍了，那將是拿破崙的一場炮戰，千百雙眼睛，都要變成一排排榴彈炮，對準印先生，把他轟個粉碎了！哈哈哈哈。」

「是的，這個消息傳出去，會成爲蓉園大學區轟動一時的大新聞：我們的克理奧帕屈終於找到她的凱撒了！」蓓莉咕咕笑道。

「印先生，晚上您可得當心。」許蘋芳咕咕笑道。

「嗯？」印蒂微笑著望望她。

「當心有人對你扮演勃魯他。」

「不要緊，勃魯他不是爲了克理奧帕屈，才對凱撒動刀子的。」印蒂微笑道。

「那可不管。首先，我就要演勃魯他。」蓓莉咕咕笑著道。「印先生，說心底話，我可眞忌妒您死了。您把我最羨慕的瞿老師搶去了。這以後，她不會像從前那樣疼我了。」

「蓓莉、蘋芳，你們別胡說。瞿老師的好日子，你們卻拿悲劇主角克里奧帕屈打比方，眞該打手心。」

「不要緊，我只是瞿縈，不是埃及古代女人。雖說我兩次經蘇伊士運河，都曾上岸逛過開羅，可我連尼羅河水是紅的還是黃的，全弄不清楚呢？」瞿縈笑著說。「不過，我倒眞有個請求，請你們別再掉書袋、念臺詞，否則，我倒眞要學土耳其女人，蒙一層厚厚黑面紗來遮蓋我羞得飛紅的臉龐了。」

「這倒不是念臺詞，這是事實。」施教授瞧著印蒂，笑著道：「印先生，您不知道，蓓莉和蘋芳，兩個都是『瞿縈迷』，又是她最得意的學生，蓓莉從她學法文，蘋芳跟她學鋼琴，她們一向要好慣了。您這一來，把她搶走了，她們怎麼不急？」

「不要緊，將來和我們一道回南方去，好嗎？」印蒂誠懇的微笑道。

「瞿老師，您眞願意帶我們到南邊去麼？」蓓莉急忙問道：「我本來是蘇州人，這次抗戰，才隨家入川的。現在，抗戰勝利了，我一定要轉學回江南。瞿老師，您下學期，在南方哪個學校教書？」

「我原籍就是浙江富陽，和瞿老師大同鄉，假如瞿老師離開了，我也不想幹了。」許蘋芳說。

「我可以帶你們回去。可有一個要求。」

「又是『要求』。你今天左一個『要求』，右一個『要求』，哪像一個大學老師？倒像一個難民營請願代表，不斷要求改善生活條件似地。……你在這裏，平日，我們誰欺負你了？裝成這副委屈相，做給印先生看？」施教授笑著說。

兩個學生卻急忙問：

「什麼要求？」

「以後，不許當面再唸臺詞了，老是什麼埃及、羅馬的。要不，我要託人把你們送到開羅，讓你們成天坐在尼羅河邊，喝尼羅河的泥漿水，喝個一輩子。再不，把你們送上金字塔尖或者獅身人面獸脊背上，一輩子不許落地。」瞿縈笑著說。

大家聽了，都大笑起來。

七

律師簽完最後一個字，蓋完最後一次印章，把兩張淡紅色結婚證書，遞給他們時，閃電似地，就在這陌生中年人面前，他們熱烈抱吻起來。這個瘦瘦的嚴肅的法學家，不禁微笑了。

「我恭喜你們。祝你們永遠幸福。」他和他們緊緊握手。

「謝謝謝謝！」他們幾乎是同時說著。

付清手續費，一出辦公室，穿越那瑰麗庭園，在一棵臘梅樹叢下，她突然停下輕柔步子，做夢一樣的望著他。

「現在，我終於眞正是你的妻子了。」

「是的，我最愛最愛的妻子。」他也夢一樣的望著她。

他們怔怔怔怔的互瞪著，很快的，又一次抱吻著，不管旁邊會不會有人走過。

「我們到哪裏去呢？」

他們輕盈的走在大街上。

「到哪裏都好，只要在你身邊。」她緊緊挽住他的手臂。「現在，我是這個星球上最幸福最幸福的人了。我可以隨你走到地球盡頭——大地邊緣的邊緣。」

「要是你母親知道，她多高興呵！」

「我們就打一個電報給她，好麼？也讓她們分享我們此刻的快樂。」

她象牙黑的大眼睛，怔怔望著他，又沉醉又輕鬆的道：

「讓我想想看，我們該怎樣安排我們這一生中最幸福的一天。……首先，我要請我的丈夫好好吃一頓午餐。經過這樣一個緊張上午後，我相信，他現在一定餓得像隻胡狼了。……啊！天！（看腕錶）已經一點四十五分了！我們可眞把消化系統完全忘記了。我要陪你走進本市最有名的一家飯館。我們必須喝點酒，可不許喝醉。下午還有事情呢！飯後，打電報給我媽。接著，我們到這裏一爿最雅緻的浴室，有家庭房間的。然後，我們去理髮店。我要洗頭、做頭髮(看看他的頭髮)，你昨天剛理過髮，可以陪我。你必須在一邊乖乖坐著。不許你離開一步。隨後，我將披一頭小瀑布似的純潔的長長黑髮，像一個森林女神走到人間，經過一扇又一扇美麗玻璃櫥窗，替我的丈夫買塵凡物品。我要送我的新郎一點禮物。瞧你身上，什麼也沒有，簡直像貝加爾湖畔牧羊的蘇武一樣，簡陋可憐。我要給你買一套現成西服，買六條領帶、四件襯衫、三套內衣褲，還有襪子、手帕，另外，還得買一雙皮鞋。瞧你腳上這雙，眞可以送進故宮博物院展覽，送到養老院養老了。不過，由於一個原因，今天我還不能買得太多。——」

「什麼原因？」

「等等告訴你。」她瞅著他，有點神秘的笑了笑。「買好所有東西，我們全換上衣服，再到錦城飯店，這裏最豪華的一個旅館，訂一間最華麗的樓上套房。晚飯前，假如有時間，我陪你到附近錦城公園散步，讓我們手挽手的，像現在一樣，穿過那些美麗的義大利柏樹與法國梧桐樹。錦城飯店隔壁，就是著名的粵菜館嶺南酒家。我們訂半桌菜，就在自己房裏吃。我們一定要一份鴛鴦葫蘆鷄，這是一道很瑰麗的菜，色彩鮮艷極了，眞像一幅油畫，名字也美，挺適合我們今天這個好日子。必須買半打葡萄酒，痛飲一次。喝醉了，也不要緊。橫豎在我們自己『洞房』裏。我想，今晚我們怕不容易醉。醉也好，醒也好，終點總是一個最深沉的醉，是不是？親愛的！……這份節目單，你同意不？你要不要再補充點？親愛的？」

他不開口，懵迷迷的睇視她，緊緊攬住她的胳膊。

午餐時，在一個雅緻房間內，他們喝葡萄酒。他問起剛才路上她沒有說出的那件事。她喝了一口酒，笑道：

「你想不想聽海浪的聲音？」

「海浪？」

「你希望不希望，再讓海水滲透我們的歡樂？」

「海水？」他的眼睛有點亮起來。

「你忘記了：『在大海旁邊，你曾摘過我最初的菓子。也應該在大海旁邊，讓你摘我最紅熟的那顆菓子。』這是十四年前，我對你說過的話。但那時還不是最後的，此刻，才眞正是最後最紅熟的。」

「怎麼，你要帶我到T島重度蜜月？」

她一口氣喝乾杯裏的酒，點點頭。

「交通可能麼？現在輪船這樣擠？」

「我想坐飛機。我準備請施教授想辦法，或者託李校長。她（他）們在盟軍空運部隊裏有許多熟人，我們可以搭盟軍運輸機。大後天，我想請她（他）們和蓓莉、蘋芳吃飯——人數不超出一桌，算是一個象徵性的婚宴，也算謝謝她(他)們。實在不行，必要時，就買兩張飛機票，乘民航飛機算了。或者直達，或者先到S市，再坐船。正因爲這個，我目前給你買東西，不能多買，只買最必要的。其餘，到T島去買。到那裏，我再給你訂做兩套西裝，多製一些衣服，再買些別的用品。我準備把我所有行李、書籍、雜物，託一個最近要復員回江南的同事，代轉運到S市或杭州。（他和一家川江輪船公司經理是親戚。）這樣，到T島度完蜜月，我們儘可直接回家，你說好麼？」

他不開口，緊緊抓住她的手。

她又喝了一大口葡萄酒，沉醉的道：

「現在是夏末秋初，假如能在一星期內動身，趕往那裏，我們正好度最後的秋老虎時的

『處暑』。在星光下、月光下，我們又可以在海裏划船、游泳。我們可以到海邊散步，吹海風。啊，我多懷念那兒的海水，海的顏色，和三角白帆。每次偶然喝這種葡萄酒時，我就想起那裏海浪的顏色、聲音。」

「可是——」

「不許說『可是』。我知道你要說：『我現在是個窮光蛋，什麼也沒有。這些年做和尚、道士，做得我一身精光。』可我的錢口袋滿滿的，像個脹裂的番石榴。在海外，家裏寄給我的，其實我只花了三分之二，這幾年，斷斷續續，我又儲蓄了一些，不算多，儘夠買兩張飛機票，一次蜜月旅行，和替你置點東西了。好，不許談這個了。讓我們乾一杯，祝我們蜜月好運吧！」

他喝乾一杯酒，一手抱住她的腰，感激的用手撫摸她的雪白臉頰。接著，他忽然笑起來。

「笑什麼？」

他不響，從西服內袋取出一大疊印刷物。

「啊！這麼多美鈔？哪來的？在華山『五千仞上』，你能發掘到這些東西麼？」她很驚訝。

「我是笑你，剛才太誇口，好像只有你錢口袋是飽脹的石榴，別人卻是風乾石榴。請記住，在經濟上，我可從沒有你想像的那樣精窮過。假如我連這點本領也沒有，我還算『悟』

什麼『道』？」

她聽了，咕咕笑起來。「好了。這樣，我們這次蜜月旅行，將像印度王公那樣濶綽了。」

在理髮室，他的眼睛一直沒有離開她。他看著她長長的濃黑頭髮，一次又一次，被理髮師細細梳理，又當作藝術品一樣，編結、捲曲著。他坐在後面，正對她的一張椅子上，他的臉映現於巨大玻璃鏡內。鏡子裏，她看見他微笑的臉，他也瞧見她微笑的臉。這片透明大玻璃，彷彿是透明的語言，通過它，他們交談。鏡中的兩張臉平排。有時，他調皮的向右邊挪一寸，兩張臉正好相偎相依，臉貼臉，她笑了。他也笑了。

在服裝店，給他買衣服時，她笑著問：

「你歡喜什麼顏色？」

「你希望我穿什麼顏色？」

「不，讓你自己說，今天是你最幸福的日子。……你喜歡的，也一定是我希望的。」

「我希望穿T島海浪的顏色，——這樣，你在我身旁時，成天可以聽見你最喜歡的海浪聲音。」

她笑著，給他選了一套藍色凡勒丁西服。

晚飯前，他們全身新鮮。他穿上那套新製的天藍西服，她換了件專赴夜宴的長長白紗夜禮服。他們手挽手，在公園林蔭路上輕盈的散步，當洋槐樹一串串綠色枝條掠過她秀髮時，她像曉夢剛醒，迷迷惚惚的，輕輕道：

「今天，我才覺得，這個大地是我的，這條路是我的，它穿過我的心，從我的核心處，又通向你最核心處。……只當你的腳印，一步又一步，印在我旁邊時，我才覺得，這個大地充滿光與熱。……每一片樹葉子，都綠在我眼裏，綠在我心裏。每一朵牽牛花，都紅在我血液裏，紅在我靈魂深處。……只有你的手抓住我的手時，這片綠、這些紅，才眞綠、眞紅，充滿大自然的光輝，最生命的顏色。」

當她輕輕靠住他耳畔絮語時，他們完全沒有發覺——不，沒有注意：後面跟了一大串遊客。這些驚奇的眼色，像欣賞一幅「天使下凡」名畫，欣賞他倆形影。人們幾乎不大相信，人間竟還有這樣美麗而幸福的一對。

他們偶然回頭，發覺後面這麼一大群人，便迅速走進錦城飯店。

八

剛剛落過一場小雨，空氣涼颯，滿溢法國梧桐樹葉子的氣息，彷彿不是空氣，是一瓶瓶橘子酒，怪沁人的。他們換上睡衣褲和拖鞋。她把長長黑髮披灑開來，披散在白地紫點子長長綢睡衣後面，像一捲捲黑暗的海浪——充滿夜色的海浪。他穿新買的咖啡色長長綢睡衣，配著他的臉色，分外沾帶中亞細亞人的情調。

他們飲舶來葡萄酒。她勾住他脖子，不時吻他的臉，有一陣子，幾乎喝一口酒，吻一次。

「這不是你吻我，是葡萄酒吻我，是波爾多紫葡萄吻我。」❸他笑起來。「你為什麼吻我這麼多？」

「我要你把十四年來欠我的吻，一次還清。」她咕咕笑著，嫵媚而調皮的瞪著他。「來，吃一塊鴛鴦葫蘆鷄，不錯吧？」

她挾了一塊嫩黃色鷄脯子，塞到他嘴裏，他細嚼著，笑著道：

「太妙了！太妙了！」

「這一部分，烹調成黃色，像葫蘆；那一部分，是深棕色、淺紅色，再襯著綠色菜葉子，是鴛鴦。」

「這不是菜，簡直是畫，眞虧他們想得出的。——這是道地嶺南畫派的作風。」

「是過度幸福叫人創造這道菜！——這是嶺南十大名菜之一。」

「來，讓我們為那位偉大創造者乾一杯。」他一飲而盡。

喝完酒，她一隻手緊緊抓住他的，怕他會變成白鴿子飛走似地。這一天，從第一面起，她的肉體，就幾乎沒有離開過他的。在宿舍裏，她抱住他；在路上，她挽住他；在理髮店，他們影貼影，臉貼臉。連在律師事務所內、在商店裏，她的手，也有意無意的，常常拉住他的。一回到旅館房間，她的手更沒有離開過他。

「你眞怕我會飛走麼？」

「不，我要摸摸，這究竟是不是你？是不是一個眞實形體在我身邊？而不是幻影？」

他側過頭，深情的吻她的大眼睛：

「這是幻影吻你？還是眞實肉體吻你？」

她閉上眼，嫵媚的笑著道：「這，又有點像眞實肉體，又有點像幻影。它的觸感，是軟軟肉體的觸感，但它的甜蜜、它的夢味，卻又有點像幻影。——沒有一種人間肉體，有這樣的夢味。」

他喝了口酒，又吻了她眼睛一次。

「讓我全生涯的最幸福的夢，通過我的嘴唇，直透入你夢樣的視覺，……讓我們的夢也相互抱吻吧！」

她睜開眼睛，帶猩紅味的望著他，笑起來。「你杯中的酒，全注入我眼睛裏了。」

「你的眼睛，不是最美麗的酒杯麼？——象牙黑的酒杯？漢白玉的酒杯？……讓我再注滿一杯。」

她又一次笑著閉上眼。

他斟滿兩杯酒，臉色無比誠懇，似乎跪在一幅聖像前面，用祈禱的虔敬聲音道：

「這一杯，每一滴酒，代表我每一滴血，也代表我對你的感謝，對你的永恒忠誠。」

「哦，蒂，我杯子裏每一滴酒液，都充滿我對你的沉醉，以及永恒的記憶。」她也無比誠懇的道。

忽然，他停下酒杯，定定望著她的美麗大眼睛，望得深情極了。她被他注視得有點赧紅了。

「蒂，你爲什麼這樣老望我？」她媚緻的笑著。

「我想起韋乘桴在重慶對我說的那些話。(這使我整整失眠一星期。)他說，你這雙眼睛根本不是眼睛，人們不知道說它們像什麼才好。它們什麼都是，什麼都不是。一定要比擬，他只能說：它們是整整一個水晶世界的凝望。……」

她突然閉上眼睛，雙手蒙住它們。

「你這是幹什麼？」

她噘著紅嘴道：「你再這樣說，我可惱你了。」

「爲什麼？」

她把菱嘴湊到他耳畔，極輕輕輕輕道：「此時此刻，你應該活在我『裏面』，不是活在我『外面』。如果你整個人眞正呼吸於我『內層』，你應該看不見我，至少，看不清我。如果你還看清我，這說明，你是飄浮在我形相外層，沒有深深沒入我『內海底』。我呢，這一會，根本就看不清你，你對我只是一片煙雲嵐霧，一種朦朧的象徵。我像蝙蝠，單憑神秘的皮膚視覺、感知你的存在，並不是用我的眼睛。」

「啊，說得妙極了。」停了停，微微沉思。「可我總想回憶韋的那段話。因爲，這種回憶，將增加我更深的幸福。我眞有點孩子氣的想：在巴黎那一夜，你的美是那樣驚懾了許多人，而這一刻，這一分，這朵如此優美的玫瑰——卻悄悄偎傍我坐著。……啊，上帝！」

她調皮的笑著，放下雙手，右手搭住他的肩膀。

「可在任何人面前，我很少想到我的美。因爲，在這些人中間，我的美是沒有意義的。只在你面前，我才眞正感到自己美，因爲，它對你是有意義的，因而也對我有意義了。」

他溫柔的撫摸她的頭髮。「哦，你的頭髮眞濃。是這樣濃麗的波浪髮鬈，撫摸它時，我眞可以聽見海浪的聲音。」

「一個星期後，我們眞能聽見海浪了。我們將又一次在海底擁抱，像十四年前一樣。抱得緊緊的，和你一起沉到海底，餵最大最凶的鯊魚。」

「不要一星期後，今夜，——哦，再過兩點鐘，我們就可以沉到最深最深的海底。——可就沒有大鯊魚。」他的臉貼住她的臉。

「我就是大鯊魚。」她笑著說。

「好，讓我敬最美最凶的大鯊魚一杯酒，今夜希望她在海底，不要咬得我太凶。」

「我喝得太多了，有點昏眩了。」

的。」

「你答應過，今夜要大醉一場，讓我抱著你上床。……哦，不，你說過，你今夜不會醉

「我現在就有點坐不住了。」

「來，靠在我懷裏。」

「啊，我眞忘記了，今夜，我還沒有給我丈夫——我最可愛的新郎，正式敬過酒哪！」

她給他斟滿一杯酒：「現在，讓我爲你，我最親愛的丈夫，乾一杯。祝你永遠像今天這樣健康、結實，像一隻非洲野牛。」

「我再敬你一杯，祝你，我最美麗的妻子，永遠像今夜這樣美！這樣充滿夢幻！如一隻印度孔雀。」

「謝謝你！」

他們一飲而盡。接著，斜躺在他懷裏，兩手勾住他的脖子，她抱住他，臉緊緊貼住他的臉。

「啊，蒂，現在，我簡直不知道自己是在地上，還是在天上？是在你懷裏，還是在上帝懷裏？我是空氣？是雲霧？是細胞？是光？還是純粹感覺？啊，蒂，我此刻有成千成萬感覺，像成千成萬旖旎花朵。我是最豪華的紈袴子，肆無忌憚的揮霍這些感覺，猶如每分鐘換穿一件衣服。任何一種新感覺，穿不到一分鐘，我又換第二件、第三件，以至無窮件。一個

快樂尾隨一個快樂，像一個波浪連接一個波浪，千帶魚裏的一尾啣住另一尾。這些波浪、魚，游泳在我的血管——我的紅海裏。……啊，蒂，我眞有點恨人類語言了，它們完全不能表達我的感覺。」

他不開口，火熱熱的注視她，漸漸的，眼睛緊貼她的眼睛。他們簡直是暈暈迷迷的，忘記任何動作與聲音了。

這樣昏迷，不知多久了，他們忘記時間，忘記世界。

「親愛的，你累了，讓我抱你上床吧！」他終於醒來。

「不，等一會。」

她從他懷裏站起來，突然沉靜了。她靜靜走到窗前，靜靜掠開綠地大紅花窗帷，一手撫著窗臺，靜靜凝睟窗外。她的濃密的長長黑髮，分披兩肩，使她苗條形相有一種隱於大森林的姿態。她睇視著，那份奇異的冷靜，叫他有點抖顫。他走過去，佇立她身邊。雨早停了，天空透出亮光。窗外，樓下庭園裏，吹來一陣陣清鮮的風。

「縈，你在看什麼？」

「我在看星星。」

「……」

「我要看，今夜是什麼星星，正照著我們這扇窗子、這個房間。我要記下它們的名字、方位。」

他們仰視暗藍天空，找尋那幾顆最亮的星子，對它們凝視許久許久。他們深深浸透沉默。有好一會，她悄悄轉過身子，輕輕輕輕的，若斷若續的，夢囈似地，貼住他耳螺，喃喃著：

「親愛的，……在天堂裏，……那些天使們，……也有像我們今夜這樣的相愛麼？……」

他輕輕搖頭，慢慢的，兩顆淚珠，也出現在他眼渦畔。兩顆晶瑩淚珠，閃爍於她長長睫毛邊。

像凝望天上星星，怔怔怔怔的，她凝視他許久，突然，她石榴花樣火紅明亮的頭，沉落到他胸前，她微微怦動著胸脯，又輕悄又沉迷的道：

「……抱我上床吧，……我親愛的丈夫！」

九

海？這是海？這是水？這是月夜？這不是海，不是水，不是月夜。這片海是植物園，海面正像海底，許多動物是花，許多魚是花，每一片水也是花。浪朵是繡球花。粼粼水紋是白色思明草。波濤是牡丹花。溜流是睡蓮。水渦是瓜葉菊。水泡是綠梅。水璣珠是水仙花。巨大的圓弧是荷花。噴沫是珍珠梅。洄洑是桃花。浮流是李花。漂流是粉十八山茶。水出水入是貼梗海棠。漣漪是玳玳花。急湍是大麗花。閃光是蝴蝶花。海灣是薔薇花架。這不是海，是花園。不僅海是萬花的花園。連海上海下海左海右，從最高到最低的，都是花。大月亮是結婚花，星星是矢車菊。飛魚是飛花，被風吹落的三角花。白鷗也是飛花，翔舞天空的玉蘭花。海上一些島嶼是依羽甘藍。風是睡蓮花。連夜也是一種植物——溫柔的蒼蘭花。這一切大多是白色花、銀色花，間或帶點紫色。這是一片奇異的銀白色花園。所有花朵花瓣，像水在流動、閃光、漾香，彷彿一朵朵花，不再是固體，是液體。一切植物不再由固定的纖維製成，卻由流由閃由光形成。它們每分每秒放射華美，卻又不斷變化，從一種美變幻另一種美，由一種花的美化爲另一種花的美。

這是海？是動物？是植物？是固體？是液體？是氣體？是星球？是希望？是時間本體？是純粹空間？是生命的生命？是——

白色三角帆，像一扇雪白珍珠貝，開展海上，漂流風中。他們是剛從大貝殼內層走出來的蚌精，雙雙躺在巨大銀帆下，棕色小艇上，赤花花的肉體也如帆，極完滿的擁抱海風、海水、海夜，以及海上月亮、星星。她的長長黑髮，少數髮梢飄掠海水面，淺淺海浪在她耳輪畔拍打，不時飛濺過去，輕吻她赤裸的腳。躺在月光裏，她整個肉體是透明的、奇異的。他可以穿越她光滑如玉的肌鞘，看見一條條芳香的肌束，以及那珊瑚色的飽溢肌紅素的肌漿。他從未發現她的身體這樣美。她全身橫紋肌的奔流，彷彿不是橫紋肌，而是構成她心靈的平滑肌，滑膩極了、精緻極了，充滿彈性與展長性，顯示高度的敏感和收縮。她渾身每一條隨意肌，簡直是一條琴絃，隨每一陣海風，似彈奏微妙顫音。於如瀉的月光下，她的胴體，經過若干次熱烈的強直收縮和反射收縮後，又像蕭邦一支慢板小夜曲，回歸溫柔的單收縮。她每一根細緻的肌小纖維，反應深沉的迴響，大海的聲音，月亮與星星的光彩，他的觀念。

他左手緊緊摟住她，深深凝視那萬王之王——她的胸膛——那兩朵過度飽滿的向日葵，這是一切地球肉體所能開放的最狂猘的花，最美麗的花，它們盛開花於海上，比開在任何大地上更鮮艷。他忍不住有時低下頭，把自己沉沒在這巨大花束中。

她笑著，暱愛的撫摸他的頭髮。她全身都在笑，每一條肌纖維都在笑。自從來海上後，她就沒有停止笑過。每分每秒，她胴體內每一顆卵圓形的細胞核，都在笑。

印蒂正經歷一場靈魂狂雨季。

她猩黑的眼睛，她猩紅的嘴，她象牙色的手臂，長春籐的腰肢，豐滿的俊麗的胴體，她的感情、思想、聲音，雨點樣灑在他身上。即使它們靜止，也是神秘的雨粒不斷輕敲他。從踏上海濱起，他就開始過一種靈魂雨季，比左獅故事裏那個緬甸叢林雨季更原始、魔人。每一剎那，每個千分之一秒，他都感受她的注射、沖激、盪滌。這不是愛情，這是永恒音樂會，數不清的節目，一闋闋，在他耳邊鳴奏。他黑鬒鬒的頭髮，她貝殼樣的耳螺，她精巧的鼻翅，她的舌尖、四肢，都是音樂，雨點般包圍他、澤瀉他。

「親親！……親親！……我最親的親！……」

偶然一聲呻吟滑出來，燐光樣閃過海面，伴著海浪和魚躍聲。這可能是他的，也可能是她的。他們的聲音，早已共產了，再沒有唯一的主人。他的嘴是她的嘴。她的唇紅是他的唇紅。

在上帝那裏沒有找到的，在她這裏找到了。在大自然那裏沒有找全的，在她這裏補足了。現在，他的肉體在肉她的肉，她的肉體在光他的光。他的心在心她的心，她的靈在靈他的靈。他的心是黑夜，在夜她的夜。她的心是太陽，在太陽他的太陽。星星是她的肉體，星星是他的思想。生命既然如此渴望深沉，欲求永恒和諧，他們應該成全它。

火燒到最高度，就無光、無紅，轉爲青色，他們此時感覺，也是青色感覺，無光感覺。然而，天旋地轉，卻又到處是光，是色，是火。他們的視覺是火，聽覺是火，味覺是火，手是火，臂是火，胸膛是火，每一吻，每一擁抱，都是火。他們不斷看火、聽火、嚼火、吻火、抱火。

那麼多的歡樂——十四年的歡樂，要一次償清，簡直叫他們駭住了。他們睜著搖籃內嬰兒的眼睛，好奇的注視這個駭人的海夜，這可怕的大月亮。

似乎她再多望他一眼，他就要熔成一堆燭淚，他再多摸她一下，她就會化爲灰燼、微塵。

在地球上，他們找不到任一種動作，能誠懇的描畫他們這一刻的眞內心、眞感覺。動作才動作，馬上就殺死自己。動作已走到末路、盡頭。正如他們此刻一切聲音都是無聲，他們一切動作，也是無動作。也許，只有兩顆星球——南十字座和半人馬座的突然碰擊，或者，銀河星雲與河外星雲的猛撞，一剎那間，變爲煙霧火光，才能反射出他們這時眞情感。既然找不到星球做代言人，於是，他們只好無聲。

聲音是一，不是二，可能是二，是三，甚至四，卻不是二十、三十、四十。任何壯麗的波浪，升到第三十呎、四十呎，也立刻突然跌下去，沉入最深最廣的海裏。他們此時很少講話。任何聲音，都是不必要的柔軟凌霄，爬在唄默的白大理石建築上，反而破壞那片又純潔又堅實的深度。紫背浮萍在池塘內雖有色彩，飄浮大海上，卻會沖淡後者深度。

無聲，因爲來不及發聲，沒有時間發，也沒有思想或意識發。任何一個夏季沙漠長途旅客，四、五天斷水後，當他又登綠洲，開始看見泉水，那一整天，他不會發聲，他全部生命將環繞那一杯又一杯水，白色的透明的水。他不是飲水，是啜飲生命，咀嚼生命的延續。這會兒，他們也正沉入這樣一口甘泉中，每一滴全是一朵睡蓮花，每飲一口，那片透明水滴便在他們嘴裏開花一次。他們不只抓緊生命這一剎，還要捉住這一天，這一週的持續。必須確信生命的行星又在正常軌道上繞日運行，他們才能透一口氣，談談它的軌外光跡與軌內印跡。就印蒂說，這還不只是抓住生命，而是捉住人生眞理本身，以及它的延續——那個像大海一樣又圓又緻麗的眞理。

一個狂烈的酒徒，大半年失去酒杯後，萬一又得到酒，最初幾天，他也不會發聲，除了傾酒、啜酒，和酒杯的聲音。

他們赤花花並躺在白色三角帆下，非常貪婪的，一口一口的，啜飲著，不，一個牙齒一個牙齒的掬飲著，也不，舌頭上一個乳突又一個乳突的呷飲著。每一次相互凝望，是一個啜飲；每一次手碰手，是一個細飲；每一滴呻吟聲、嘆息聲，是一個匍飲；一次擁抱和長吻，是一場大醉。

他們不只狂醉，而是直走入宇宙核心深處——那「恆星島嶼」的中央島上。漸漸的，他們又從這核心點飛翔到銀河系宇宙邊緣，看見另一個宇宙星雲系。他們沉沒於最原始的宇宙邊緣的秘密中，變成銀河系的第一條生命——每人是半條。他們是星雲的魚，游泳於空間海洋深際。魚嘴永遠無聲，不像鳥有鳴聲。雖無聲，卻又瘋狂的游泳著。對於印蒂，這是一種極眞理的游泳。偎傍他懷裏的，不只是一條原始女體，還是一尾眞理魚、星球魚。他們共泅泳於銀河星雲與河外星雲之間，他們的波浪是希望、夢幻、永恒；他們最廣濶的水，是不朽的情熱。明天，正義，青春，不朽的美，都在這裏。他們知道，在他們自已短短生命史上，這是一個最眞理也最金剛石的時辰。一個人一生中，不，萬萬千千年，千千萬萬生命中，也沒有多少個這樣的時辰，這樣的夜。任何一塊完整畫版，多翻印一次，或多或少，總會減少它原來光色。只在原畫或第一版，第一頁中，才那麼無比新鮮、豐盈。他們深深懂得這，一纖一毫，也不能放棄這。

他跪在她腳下，上半身匍匐到她懷裏，像夏夜麋鹿匍匐清泉邊。他不只是啜飲，他是吻她全身所有圓渦與旋轉處。他忘情的吻她的眼渦、耳渦、嘴渦，她的頸灣、脇渦、胸渦、腰灣、臍渦……

海醉了，喝了過多的酒，銀色的酒。月亮是個大酒杯：琥珀杯從天堂內不斷斟滿、傾注，一盃又一盃。海完全酩酊了。每一個水分子，每一種海水元素，每一個琉原子、鉀原子、錳原子，都化爲醇精。海的蒸發更強了，它和空氣中的交換更快了，和有機體之間的代謝作用也更迅速了。月光、燈火、倒影、船艇、遠山、白帆、近樹、灣角、花園，都變成一朵朵鋼琴聲，魔幻般地敲打，矇矓的震蕩，旖旎的迴響。這不是眞海，這是半眞半假的海，夢裏的海。一陣陣奇異琴聲中，海內海外一切存在，全扮演發光體。島嶼、棧橋、水鳥、飛魚、港灣、浮游生物、鞭藻、硅藻、花樹、岩石，都變成水晶體、透麗、映藍、帶點青。海螢翔舞，細菌放光，文鰩衝飛，閩蝦掠波，螢水蚤跳躍，夜明魚閃耀，海像一條玻璃花翻天龍金魚，又俊麗，又明亮，又沉迷。月亮大酒杯繼續傾瀉：一杯杯明亮，一滴滴光雨。萬千生命都酲酣了。連上帝自己也醉了。地球暫時停止旋轉，誕化爲一片芬芳。

這正是午夜，如魔如幻的巫性月光，海風、海水、魚的閃耀，三角帆的翩飄，暈色的星斗，遠遠水霧，光的爍爍，夢色的雲彩，刹那的神秘的紅色閃電，透光雲的煒煒，海灣的反光，飛魚的光，船艇的運動的光……

　　這不是午夜，是幸福。有一種魔術，把所有海上生命都轉化成一球球過度飽熟的葡萄，只要海風的手指輕輕一觸，每一種肉體都會脹裂，溢出甜蜜的汁液，紫色的或白色的……

　　不知何時起，他們用兩條厚厚布帶子，緊緊縛住每人一隻腳，它又寬又長，另一頭，緊繫著船尾鐵環。他們雙雙仰躺於海面上，他的左手摟著她的腰肢，她的右手抱住他的，另外兩隻手如兩支舵，偶然輕輕划水，保持平衡。他們像兩條舢板，拖在小艇後面，隨艇緩緩前進，毫不吃力。

　　他們雙雙睡在微微波浪上，隨大海流下去，他們眞願化身海水，永遠流下去。流到黃海、流到日本海、流到南海，流到印度洋、阿拉伯海、地中海，和希臘島嶼的綠色打成一片。再流回太平洋，穿過巴拿馬海峽，和加利福尼亞的橘子香味溶成一片。他們願意溶爲海的肉體一部分，接受太陽光與月亮光上層反射的黃色光，及深層反射的藍色光，以及一切宇宙光。他們也願變形海魚，化爲鱘魚、鰻鱺、扇鰩、鯪鯉、鮭魚、飛魚，從渤海游到紅海，由大西洋游往西印度群島，呼吸那迷人的拉丁芬芳。假如是魚，多美！他們將生於海，死於海，思想在海裏，感覺在海裏❹。他們眞願是千帶魚群裏的一條，她的嘴啣著他的尾巴，泅過崇明島和舟山群島，泳入南洋荷印群島，永遠與海合成一片。也只有這樣海化了，他們一切幻想才眞能永生。

他們是兩尾夜明魚，渾身發光，赤花花的仰泳在海中，飄流在海裏。月光是他們肉體的光，海水是他們靈魂的光。這兩條透明發光體，隨透明的巨大銀帆，同漂流於透明海面。

啊！流吧！把我們帶到白熊亂舞的北冰洋吧！把我們漂向琉璃的南冰洋吧！假如有一陣特殊的月亮起潮力，就把我們吸出海面，帶出地球，飛入另一座星雲島嶼吧！

他們眞不想停，不想讓海停，讓船停，不想讓自己肉體停。讓一切流下去吧！流下去吧！每一秒的停，就是幸福停！他們的愛，一秒不能停。只有大海止流，愛情才止流。不，即使大海凝固成石頭，愛也不會停流。

他們枕著波浪，抱著波浪。波浪是他們的毯子，海面是他們的床，浪花是他們床四周一束束鮮花，海水節奏是一曲曲音樂。他們如痴如醉，昏眩著，說不出一句話，只溫柔的半抱著，任海把他們飄到天盡頭。有好幾次，他幾乎睡著了，又醒了，——被她喚醒了。他聽見她低低的錫澀聲音。

「親愛的，當心點，不要睡著了。這是海水，不是床。」

他醒了，他的本能也醒了。他翻了個身，陡然緊緊抱住她，沉迷的喃喃道：

「親親，我最親的親，……我最親的親，……讓我們也像海裏大鯊魚一樣歡樂吧！……」

她不開口，微笑的望著他，臉上充滿月光與海水，混著鹹味，洋溢一種又朦朧又珐瑯味的情調。突然，她的左手抱緊他。她閉上眼睛。漸漸的，她那隻右手極頻繁的掠著水，因爲，現在，——他們只剩下一支舵了。

十

這兩週蜜月，有四夜，是重溫十三年前舊夢：把他們新購的一座小帳篷，設在往日支架過的海灘上，再度享受海風與海夜。另外，大部分時間，他們下榻海濱飯店，爲了讓新婚生活更正常點。

他們寓居二樓、臨海一套房間。三樓有點熱，一樓看海，嫌平面點。這正是十三年前他們住的那個飯店，它比從前更華麗了。室外有長長陽臺，髹漆成奶白色與鴨綠色的欄杆。室內法國式落地長窗，搭拉著鏤空綉紅色月季花的藍色棉質窗簾，打蠟的美國楊松跳舞地板，射出淡金色光輝。四壁裝潢藍底紫碎花的巴黎花紙，無論白天或夜裏，使整個空間沐浴於一片藍色情調，彷彿一個少女不斷唱那支最著名的歌：「藍色的夢」。靠海那個角隅，安置他們臨時租來的鋼琴，琴臺上，一隻景泰藍大磁瓶內，每隔三、四天，白衣侍者總來換一次花：白色的康乃馨，或杏紅色蒼蘭。

床頭茶几上，他們放了一盆月季花，品種名貴，那一朵朵淺紅透粉白的嫵媚色彩，眞是蜜月顏色的象徵。如果蜜月也有一種色素的話——看了它，簡直連石頭也想戀愛、結婚。

踏入T島後，有好幾夜，他們從午夜泛舟到黎明。當第一隻麻雀在岸上樹梢吱吱叫了，第一尾海魚閃耀著第一線陽光時，他們才帶著兩條又幸福又新鮮的身子，沉醉的回到藍色房間、藍色床上、淡黃色的臺灣蓆子上。他們互相摟抱著——一場和大海一樣深沉的鼾睡。

午後一點，他們醒寤，笑著，一個長吻，他們捨不得起來。這正是時間盛開蓮花的時辰：人們午睡的時辰。

午後兩點，他們斜躺在床上，用早餐，兩瓶橘子水和幾片塗滿奶油的烤土司，再加幾塊奶油點心，或者兩份三明治。有時，吩咐侍者，向隔壁冰店買兩客或四客冰淇淋聖代和一磅冰凍牛奶，算是晨餐。幾個輕鬆的笑話，是他們唯一的晨菜。

午後三點，他看她披著白色梳裝衣，坐在大穿衣鏡前，梳她那又長又黑又濃的鬢髮。他歡喜欣賞她那又迅速又靈敏又灑脫的動作，她不是梳頭髮，是愉快的玩弄海水和海中植物。鏡子僅是一種象徵，她並不全照。有時，眼色略略瞄它一下，似乎閉上眼，她也能認清她每一根頭髮的色度、長度，和方位。她那微微一轉首、一顧盼、一斜身、一回眸，姿態輕極了、敏極了，也美極了。她美麗的頭，似一朵雲彩，她的一陣陣髮雨，似水光倒影。

午後四點，他們在起坐間消磨。他躺在美洲藤的綠色馬鞍長榻上，她靜坐他身邊地板上，腦枕著他的膝頭，給他唸一首法文詩或英文詩，馬拉梅或羅賽蒂，冉波或斯文彭。有時，給他彈幾支鋼琴曲子，德布西或者蕭邦，拉伐爾或者莫札特。她歡喜彈他們的夜曲與舞曲，特別是德布西的「大海」、「水光蕩漾」，拉伐爾的鋼琴協奏曲，「鵝媽媽組曲」和「拉查查」。

他們買了一架小型蓄音器，放送一些日本複製的唱片，主要仍是上面幾位大師的作品，有時，也夾幾張聖桑、修曼，和孟德爾遜的。他們拒絕貝多芬，除了他的「熱情朔拿大」和「月光曲」。

午後五點，他們到海濱浴場游泳，曬最後的太陽，或去吃冰，在冰店裏消磨半個鐘頭。他們愛吃三色冰磚，剝開那彩色透光花紙，裏面的紅黃棕三色，正像海濱飄著的一件件彩色游泳衣。他們更歡喜飲冰淇淋聖代，加一些白蘭地酒。擎著高高的玻璃刻花杯子，一面喝，一面看窗外海灘上的彩色少女。她們走進走出彩色木屋，像一些艷麗的熱帶大蛾子。她購置一件孔雀藍游泳衣，給他也買了條孔雀藍羊毛游泳褲。當他們出現於海濱時，不少雙眼睛，箭鏃樣射過來。人們的視覺，似乎是接待兩個奇異的海神。直到他們游得很遠很遠了，許多眸子還戀戀不捨的追蹤著。

午後六點，他們沿海邊散步，踏著猩紅夕陽光，凝視太陽把它又紅又圓的最後輪廓往海底沉下去，彷彿觀賞他們自己又紅又圓的肉體向另一座大海內沉下去。那一沉，眞是燦爛壯麗。有時，他們愛沿海灘拾貝殼，或者，向一個專門兜售貝殼的孩子買一些珍品。當她穿著海藍色法國螺獅紗西式長袍子（這是一種名貴的巴黎紗）、臂挽臂，和他出現於海濱時，又是一大串視覺的箭鏃射向他們。不少人都打聽：這兩個散步者是誰？從風度與神色上看，他們彷彿是地球上幸福的化身。他們每一視、一聽、一語、一響、一舉、一動，都流滴著光明與歡樂，正像一球球太脹裂的秋天熱葡萄，一陣強烈的風飄掠過，相互碰觸，不時滴下甜蜜的汁液。

七點鐘，他們到露天花園舞場吃晚飯，吃了很久很久。大部分時間，他們都用來談情話，看人們跳舞。舞場內是西餐，夾一點中餐冷盤，他們只吃雞鴨冷盤、甜點、水菓和冰凍飲料，間以少量名貴的酒，可不吃一道熱菜。有一次，他指著舞池裏一對對舞男舞女，笑著對她道：「這不是我們的熱菜麼？」他們跳舞不多，主要看別人跳。而且，他們仍保留十四年前老習慣，除了華爾滋音樂，不站起來。他們寧願在自己「藍屋」裏，打開唱片，跳個痛快。因爲，緊接這一陣陣狂舞，免不了是另一些瑰艷節目，這些，舞場內是不能提供空間的。

如果想吃熱菜呢，他們就一家家館子輪流吃過去。所有名菜，像北菜太極烏魚茸，南菜松鼠黃魚，它們很像宋朝院體畫。有些菜點，味道不一定精彩，可名字挺有意思，他們也嚐嚐，像珍珠豆腐、羅漢聚會、肫掌飛跳、鳳膀烤肉之類。另一些名菜點，不只名字美，有風趣，色味也佳，像蘇幫的開湖船鴨、鳳尾蝦，粵幫的明爐乳豬、蠔油出骨鴨，揚幫的翡翠燒賣、一品大包、花色小籠，寧幫的烤望潮、鍋燒鰻，杭幫的神仙鴨、炸響鈴、蛤蜊川鯽魚，等等。這些菜中，有幾種必須幾小時前預定才行。當然，他們最歡喜的，是靠海濱的一家杭州館子，欣賞這些菜，他們像又回歸那些最美麗的時辰、最美麗的空間。有許多年，他們沒有接觸這些充滿回憶的妙味了。

九點鐘，他們在海邊長久散步，常常漫行一、兩點鐘。這時候，她愛換穿上那件白色蟬翼紗裸臂袒肩的西式長袍子，也要他著那套白色Shabskin的西裝（她到這裏後，替他現買的）。他們手挽手，迎著海風走，徐徐的、溫柔的，找尋十四年前愛情的痕跡，那一塊塊石頭，一片片海沙，一個個海灣凸凹處。哪兒曾搭過帳篷，哪兒曾挖掘過沙坑，哪兒曾撿到美艷貝殼，還有，他曾用白蘭地酒傾注她胴體的地方，他們沉醉於一場野宴的所在。為了這些珍異空間，他們奉獻出許多繾綣的回憶、纏綿的詩情，最後是——一幅更幸福更豐滿的現實夢景。

十一點，他們走進咖啡廳，喝一杯熱咖啡或熱可可。

十二點，是眞正晚餐，但吃得較簡單，主要是，大飯店早打烊，只有幾個舞廳供應西餐。他們稍吃一些熱菜與水菓，酒卻喝得很多。本地釀製的啤酒，馳名國內，當時幾乎是唯一的國產啤酒，他們當冰凍飲料喝。他們最寵愛的，仍是葡萄酒和白蘭地。有時，就在旅館陽臺上進餐，一面吃，一面觀賞海上月亮。但更多時候，卻在船上夜宴，讓白色三角帆把船駛近大海遠處。

一點以後，直到黎明，他們常消磨於海上。只有在海裏，也必須在海裏，而且是最深最深的午夜，沒有一個人的大海較遠處，他們的靈魂才能找到最深沉的背景。

和海夜一樣魔魅的，是那些迷人的午後。長睡醒來，生命半夢半惺忪，下午的世界熱氣，像一場土耳其浴的水蒸霧氣，暖潺潺的，包圍這個藍室，使他們分外模糊、惝恍，沾著夢意，溫馨、微醉，彷彿永遠不想甦醒。她兩條雪白裸臂，環繞他的頭，矇矇矓矓的，望著他，似乎認識他，又不認識他。她慵困的象牙黑大眼睛，氤氳著一種熄火山的氣味，顯示一種說不出的幽暗的美。這是世界麼？這是他麼？這是他們抱在一起睡麼？那隻琴架上，是一瓶杏紅蒼蘭麼？窗外是海麼？她又信，又不信。她眨眨那雙恍恍惚惚眼睛，再望他一次，望得很久，很仔細，望著望著，她笑了，——哦，這到底是他！

「你笑什麼？」

她搖搖頭，不開口，兩隻柔膩的臂膀卻把他抱得更緊了。

這有點不像處暑，簡直像暮春，整個宇宙是如此滿溢芬芳，懶散、頸鬆、曖昧，以及那叫人不知怎樣是好的暖氣。

這樣的時辰，眞是極纏綿的時辰。耳螺畔兩句謔語，鬢邊兩根髮絲的悄悄摩擦，胸膛上一兩脈線條的輕輕偎貼，微扭扭頭，伸伸腰，半點鐘就過去了。有時，爲了一絲絲眼睫毛，或一句笑話，可以消磨一點鐘。

時間從沒有這麼輕悄悄過，任何一隻鐘錶，似乎也不流一滴聲音、痕跡。十分鐘、二十分鐘，在臂彎內輕滑過去了。四十分鐘、五十分鐘，在一個臍渦或脇渦內悄滑過去了。有時，深情的對望著，一聲不響，半點鐘消逝了。

時間是香的、嬌媚的、緻艷的，正像他身邊的她。

他的手，歡喜昵愛的撫摸她，靜靜滑下去，輕輕在她雪白胴體上滑下去，悠悠的，沿她鰻魚般光滑的肌理滑下去，輕極了，怕觸破她的形體似的。他是如此溫柔的撫摸著，幾乎帶著神聖的宗教感情。現在，她的肉體是海水，他的手是黃魚，順水面輕盈的游泳著。

突然，她抓住他的手，格格笑起來：

「怪癢的！……」

他伸出另一隻手，繼續扮演海魚。她笑著抓住它。

「別癢我了！……你的手，輕極了，像天鵝羽毛！……眞癢人！……」

他讓她抓住，不掙扎，卻沉醉著嘆息道：

「你的身體眞美，簡直是一朵白色玉蘭花，連每一條肌小纖維的顫震，都是透明的。啊，你胴體線條有一種電變化，那是蕭邦的音樂，又興奮、又溫柔。你每一個肌小束，是一首莎士比亞十四行詩，彈奏出迷人的光與熱。」

他告訴她，他對她的胴體的記憶。早晨，她的胴體玉潔冰清；正午，它熱烘烘的；午後，肌肉是溫暖的，如暮春天氣；晚上，它是涼爽的；深夜，它是冷颯的；在海裏，它是溫潤的，帶黏味的，像敷了一層薄薄油膏。

她笑著道：「你對我的形體在扮演一個水銀計的角色，告訴我吧，現在它多少度？」

「現在是華氏七十度到七十五度左右，暮春的天氣。」

她咕咕笑起來，兩隻手溫柔的撫摸他的臉頰。

他沉迷的望著她，酲醉的道：「這些天來，你的身體完全包圍了我。已經多少年了，我沒有享受這種包圍了。」

她閉上眼，聽他夢一樣的說下去：

「還不只這些。你的聲音是詩，你的沉默是畫，你對我的凝望，是擲花球，你的呼吸是爵的舞蹈。和你在一起，成天我眞像聽舒伯特那支最著名的小夜曲——我最喜愛的一支小夜曲，簡直叫人遍體芬芳，連每一滴血也變成一片睡著了的水仙花。啊，你的頭髮像文藝復興期任何大師的靈感，豐富而幻異。你的嘴唇，是一彎最美的紅色水菱，可不是凝定的，是飄在空中的。你百合花似的雪白臉頰，顯示行星繞日軌道的神秘橢圓形。你的象牙黑眼球水晶體，每一線閃耀著的光亮，都像代表宇宙本體。啊，我最愛的，你不只是我最愛的，對於我，你就是眞理本體，你全身發散一種眞理的香味。——我是像愛眞理一樣的愛你。」

慢慢的，她睜開眼睛，半開半閉的，望著他，喃喃道：

「是的，我完全相信這個。要不，你不會來找我了。」漸漸的，她睜大那雙眼睛，沉迷的道：「我從未想像到，一個男人，有時會像你這樣，用如此詩意的、神聖的、宗教感情來看女人身體，過去，你是這樣，現在，更是這樣。」

「你相信麼？我眞想做一個畫家，畫你胴體的各式各樣形相、姿影。我們感謝拉斐爾，他給我們留下他愛人福那麗娜的畫像。我們也感謝果雅，他給我們留下西班牙美人瑪哈的肉體圖像。假如我能有一支大師的畫筆，留下你的形象多好。」

「假如你眞有能力畫我，我是有勇氣讓你畫的。不過，我有一個要求——」

「什麼要求？」

「除我以外，我只容許你是這幅畫像的唯一觀賞者。當你離開這個世界時，也把我的畫像帶走。」

「這樣，你就不算眞正獻身給藝術了。藝術是全世界的，你得讓全人類欣賞你的形體。」

「不，對我說來，你就是全世界、全人類。你一離開，世界就沒有了。」

他摀住她的嘴：「不許說下去了。在我們最幸福的時辰，不許談這些黑色話語。」（的確，這是他們最幸福的時辰。）

他們沉沒在回憶中，她迷醉的微笑道：

「你知道麼？過去，這些個夏季，每次換衣服時，我幾乎不敢看我的身體，因爲，這是你抱過的，每一個肌纖維小束，都有你的肌纖維小束的印跡；每一粒肌紅素，都有你的血液紅色素；每一根橫紋肌肉線條，全有你瞳仁四周水樣液的流痕。我不知道，是我自己眼睛在凝望，還是你的眸子在睇視。

「你知道麼？每一次解開最後一顆鈕扣後，有時，我就想起你的手，你的強烈的原始眼睛，又怕人、又迷人。我記憶著你深深注視我身體時的面部表情，你彷彿在用一千雙眼睛看我。我不知道這是我自己的身體，還是你的。

「你知道麼？我幾乎不敢多梳我的頭髮，怕一不當心，梳斷一根，而這裏，幾乎根根都有你手指的痕跡、記憶。每一次，照鏡子時，我就想起你的臉孔——你的臉偎貼我的臉時的影跡，你的黑髮捱緊我的黑髮時的擦痕。這條眉毛，你替我畫過。這片面頰，你曾親過。這一『杯』嘴唇，你常當紅色葡萄酒杯，酣飲過。這臂膀，你咬過，曾有你牙齒的凹痕。這個頰彎，你舐噛過，有你舌尖的濕潤、餘味，那種又癢又酥軟的蜜味。……啊，在我身上，每一個耳螺、每一根頸椎、每一朵腰渦、每一片胸灣、每一絲纖維，沒有一處沒有你，——你的影子、你的臉、你的手、你的胸膛。你叫我怎麼敢看我自己？你叫我怎麼敢看我自己的身體？」

終於，她深深喘了口氣，嫵媚的笑著道：

「可是，現在，我卻以最大的喜悅面對我自己的一切：我的靈魂與肉體了。因為——」

「因為什麼？」

「因為。」她閉上眼睛，又沉迷又微笑的道：「現在，不只是一雙眼睛，又像十四年前一樣，有四隻眼睛在凝望它們哪！」

「假如我的眼睛是花，你的身體是枝葉，多好，我將永遠開花在你身上。」

「不，不需要眼睛。」她咕咕笑起來。

「爲什麼？」

「噓！」她甜笑著，用右手食指貼住紅唇，輕「噓」了一聲。

十一

離開T島前三日，第二天，他們在幾十里外P縣附近山中消磨。他說，要領她登高峰頂看星星。先一夜，他們宿P縣。翌日，他們攜帶小帳篷，一點簡單臥具，與一些食物飲料，爬上半山，在一座巖洞門口午餐，洞深處有蝙蝠飛翔。飯後，他們找到一片松樹林，就林蔭深處午睡，消磨半個下午。黃昏前，他們繼續攀登一小時，升入峰巔。巔頂本有佛廟，抗戰時被日軍燒燬，只剩一大片青石廟基，和附近一所頹圮的涼亭。他們把帳篷支撐亭畔。沿亭左向前走，踅過一片小草地，有一座樹林，綿延到山腰，雜生著黑松、赤松、扁柏、柞樹、麻栗樹、山毛櫸，和雜樹。靠樹林入口處，是一泓清泉。泉水汩汩冷冷，從後山岩石縫裏流滴下來，冷洌極了、晶瀅極了。這時，太陽早沉入海底。漸漸的，星光燦爛著玄秘的紫輝。他們用泉水沐浴。浴後，遍體清涼，彷彿剛從海底升上海面。接著，他們換穿游泳衣，——

她特意穿一件純白色薄羊毛游泳衫，學南美洲和澳洲土人，把大部分眞實的肉體，獻給頭上星光，腳下大地。他們箕坐帳外蓆子上晚餐，喝著帶來的啤酒和葡萄酒，酒瓶曾在泉水內浸過一會，冰涼透了。

他笑著道：

「今晚可不許喝酒太多？」

「在這樣高峰頂，喝得越多越好。……爬了半天山，我可累壞了。多喝點酒，讓我恢復點精力。」

「爬了這點山，就叫苦連天。我初上華山，一口氣連爬七小時，從早晨七點，直走到下午三點，也沒喊累。今天我揹了這多東西，你幾乎空手，也累？」

「誰能比你？你是有道行的人，我們是凡人。」

「說眞話，喝醉了，看不清星星。」

「醉眼矇矓看星星，更有意思。」

「不，看星星必須有一雙清明的眼睛，一片寧靜的心靈。」

她笑著打了他一下。

「鬼！這不是華山，你要帶我來修道麼？這多年，你修道還沒修夠？」

「不，我這是眞話，把我兩年看星星的經驗告訴你。面對這片偉大神奇的宇宙星空，你應該多獻出點誠意。」

「好，現在少喝，等看完星星，再痛飲，好麼？……這樣一片神奇空間，假如我們不徹夜狂飲，對得起頭上星光麼？」

「好吧！可得當心，別讓星星掉在杯子裏，把酒杯砸破。」

「我不怕星星掉下來，只怕它不落。瞧，現在，星光雨點樣滴在我們杯中了。」

「現在，你才知道，夏夜高峰頂看星星，多美？好像一抬頭，一張口，星星就會墜入嘴中，你可以把它嚥下去。」

「那我們可不吃星星、嚼星星麼？這不是晚餐，這是星星餐——星星宴會了！」她笑起來。

「先讓我們痛飲一杯星星吧！——我們酒杯裏不滿是星星？」

「稱它是星星酒，好麼？」她笑著滿飲一杯。他也笑著乾了一杯。

她向山下遠處眺望。「月亮還沒有上升，要不，從這兒看去，大海可美極了！」

「今天是十六，月亮出得很遲。」過了一會，他皺起眉毛。「糟糕，今夜有點不妙。」

「怎麼啦？」

「你不看見，那邊出現一大片蔽光高積雲？它正慢慢蔓延開來。一些時候以後，可能會把許多星星遮蓋住。」

「那麼，今夜我們看不好星星了。」

「不，過一些時候，它們也許會退開去。這些雲彩，也像魚，像大鯨魚、大鯊魚，從一片星空海洋游泳到另一片海洋。」

「不會下雨吧？」

「不一定。」

「要下大雨，一片漆黑，這山頂上，毫無躲處，怎麼辦？」

「那我們只好準備做水妖！」他笑著說：「你怕嗎？」

「不。我們此刻不就是兩條水妖？」她咕咕笑著。「我只擔心遭雷火。」

「像我們這樣幸福的人、這樣幸福的夜，上帝也忍心叫我們雷打、火燒、電殛？」

「那麼，我們爲頭上星星乾一杯吧！」

他放下酒杯。「此刻，當天上星光還未滅前，我要做一件事。」

「什麼事？」

「那樹林邊有一簇白色鳳仙花，剛才我忘記採了，我要爲你採兩朵。天知道，這是哪個風流和尙栽下的。我要讓你鬢邊插一朵和尙種的花。」

她笑起來：「你不也做過和尙麼？」

他大笑。當眞伸出手，摸起他頭頂那幾顆戒疤，它們被一捲厚厚黑髮遮住了。

他才走到樹林口，那片蔽光高積雲的流動波浪，已吞沒最後一顆星星。登時，峰頂一片黑暗。只從一小片透光高積雲內，偶然灑下極薄極朦朧的光。這種光，很神秘，有的眼睛看得見，有的，卻看不見。

「蒂，你在哪兒？」

「我在樹林邊。我找到那棵鳳仙花了。」

「你看得見回來嗎？」

「我看得見。你的雪白身體似乎像燈塔，在黑暗中微微閃亮著。」

「可我一點也看不見你。」

「因爲我的身體是棕黑色，和夜差不多。」

靜默。時間不是在流，而是在滴，像古代沙漏計，一顆一顆滴下來，又像他們要採摘的那朵白色花，一朵一朵飄下來。

「蒂，你怎麼不來啊？」

「爲什麼？」

「現在，我一個人在黑暗裏。」

「等一會兒。我想在黑暗中摘那最大最白的幾朵，看摘到摘不到。」

「不，你來。」

「嗯？」

「我一個人在黑暗裏。」

「你來找我吧！」

「我看不見你。」

「你試著學蝙蝠，藉聽覺來找我。」

「不，我不是蝙蝠，可我此刻在黑暗裏。」

黑暗中，人像進入地球腹部，一切都有，一切又沒有，到處是顏色，卻又抓不住一點。只有風聲、泉水聲、想像中的遠處大海呢喃聲。黑暗中，泉水聲很響，假如水聲是亮光，它一定很亮，但它現在卻和夜一樣黑。空中有一種奇異聲音，吱吱叫，大約是蝙蝠。世界一黑，牠們從附近巖洞內飛出來了。

「啊，蒂，你來啊！」

「我來了。……我已經摘下那幾朵白花了。」

「你應我呀！你在哪兒？」

「我在這裏。在那塊小小草地上。」

「我看不見你。」

「你試著慢慢走過來。」

「不，我什麼也看不見。世界是一個大金字塔陵窟。」

「你想法借用你自己的身體，它是燈光，皎白的光。」

「我的身體能照明你，可照不見我自己。」

「你伸開手，摸摸我看。」

她張開臂。「可不許駭我。」

夜展開黑色波浪，拍打她的手臂，拍得極靜。她聽見夜的聲音，那是蝙蝠聲？是夜遊鳥聲？還是風聲？一片落葉飄過，擦著她的手臂，她以爲是他的手指，不是。她摸索著，似想抓住黑暗，把夜抓在手裏，但抓不住。她彷彿聽見他的聲音，他的腳的聲音？手的聲音？聲音忽遠忽近，忽近忽遠，若無若有，似有似無，又隱約，又清晰，又熱烈，又冷靜，飽和著試探性，又洋溢著誘惑性，不斷前進，又不斷後退，彷彿連一隻螞蟻的呼吸也會驚走它。聲音近了，近了，又遠了，遠了，又近了，近了，忽然又遠了，遠了，……

「再應一聲，你在哪兒？」

「我在這裏！在以你爲圓心的大約半徑三呎的圓周內。」

「可我爲什麼抓不住你？」

「……」

「鬼！你在耍我。我不找你了。」

「……」

「你怎麼不響了？……再不響，我要生氣了。今夜不許你抱著我睡了。」

她噘噘嘴，正要賭氣坐下來。突然，他在她背後大笑起來，把她摟在懷裏。

「你怎麼這樣急？」

正在賭氣的她，一接觸到他溫柔臂膀，立刻勾住他的脖子，臉貼住他的臉，低低的嫵媚道：

「在黑暗中，我非常非常想你、要你。」

她一隻手暱愛的撫摸他的臉，輕輕道：

「抱抱我吧！」

他當眞把她抱在懷裏，像抱一個小女孩。

「當心別摔了。」

「不要緊，你的身體是燈光，照著我的路，也和燈光一樣輕。」

「你這樣抱我，我又好像回到二十幾年以前，那時，你就是這樣抱我的。」

「我有時抱你採樹上的桑椹和石榴，是不是？」

「你用桑椹汁染紅我的嘴，用石榴汁染紅我的臉。」

「現在，讓我再在你樹上採一次美麗石榴吧！」

「不，讓石榴來採你。」

她咕咕笑著，她的嘴在嘴他的嘴，又把胸膛緊緊貼住他。

那些葉狀的、扁球狀的、大塊大塊蔽光高積雲，仍在天穹游泳，間有透光的，卻神秘難測。偶然，空中閃起一條紅色電光，奇妙極了。遠處，海底黑暗似乎不斷上昇，展佈開來，加濃高峰的黑色。黯黑靜寂中，有草蟲聲，赤松及黑松的松子香味。他似乎聽見虬結如鬚的松根幽幽吸收地層水分，一片片葉瓣作著二氧化碳呼吸。

他們回到帳篷外面，他放下她，把那幾朵鳳仙花摸索著插在她鬢邊，用髮夾子夾住。

「你看得見這幾朵鳳仙花麼？」

「我看不見，可呼吸到它們的氣息。」

「世界上，有人在黑暗中摘花、插花麼？」

「只有你。因為你是蝙蝠。」她吻著給她插花的手。

「你的手怪香的。……剛才，當眞你看見我身體發光麼？」

「不，剛才我的肉眼，藉偶然的透光高積雲層，只看見帳篷的模糊白光。看你的身體，我是用另一種視覺——另一種感官。」

「什麼感官？」

「你知道，在黑暗裏，魚是不用眼睛看的，但牠知道前面有礁石，能避開。我是用魚的感官。」

「……」

「你知道麼，在你身邊，我不只用五官或六官，我是用十種，甚至十一種官覺。」

「……」

「我不只用從眼到嘴的五官，或者頭部感官，我還用溫度的感官、身體旋轉的感官、上下的感官，和舞動四肢的感官。而且，後四種比前六種還強烈。因爲，它們不只是肉體的，也是心靈的。你靈魂的各種溫度，你精神的各種旋舞，我都能迅速捕捉。此外，我還有那第十一種：魚的感官。」

「你在黑暗中行動，很靈敏。」

「上面那些特殊感官，不僅是從對你的情感與記憶中訓練出來的，也是從兩年華山峰頂生活中鍛鍊出來的。隱居華山巔頂，我常在黑夜散步，只要走一次，我完全能記憶路邊一切標誌，絕不會走跌到削壁底。剛才一到這裏，我很快記清楚這一帶地形。……好了，讓我呼吸一會兒你鬢邊鳳仙花的氣息吧！」他低下頭。

她不開口，斜躺在他懷裏，溫柔的撫摸他的身體，一遍又一遍。當她手指沿他結實而光滑的肌肉滑上滑下時，那種微妙的溜冰感，直沁心脾。她似乎不再能發聲，只有她的手指能發聲，他也彷彿不再有聲音，只有肌肉自己在說、在唱。

她側過臉，一遍又一遍，吻他的胸膛。突然，她光滑的裸臂緊緊摟住他的脖子：

「蒂！我的蒂！」

他也緊緊抱住她。

「啊，蒂，我的丈夫！」

他的臉仍深深呼吸她的鳳仙花的氣息。

「啊！蒂！我的好丈夫！我的親丈夫！」

他吻她的眼睛。

「啊，我的好丈夫！我的親丈夫！應我啊！」

他仍不響，卻緊緊閉上眼睛。

她抬起頭。他們在黑暗中對望著，似乎有四朵火焰，能通過黑暗，相互燃燒——把四周黑暗燒成一片光明。突然，她的嘴——又一次嘴他的嘴，他的嘴也嘴她的。兩片紅唇像南美洲樹膠，膠成一片。

「啊，蒂，我的最好最好的好丈夫！」

「……」

「啊，蒂，我最好最好最好最好最好的好丈夫！給我一個兒子。」

「我最愛最愛的，我已經給你了。」

「……」

「是的，我已經給你了，在你正式變成我的妻子的第一夜，在海灘上，在白帆下，在大海底。……你還記得，在大海裏，當我們最幸福的時辰，有幾條香魚在咬我們的腳。」

她緊緊抱住他，臉偎貼在他肩膀上。

「哦，我的最好的最好的好丈夫，再給我一個。……再給我一個兒子。」

「不，我要給你一個女兒。」

「不，再給我一個兒子。我要兩個印蒂，三個印蒂。我要兩個我的蒂，三個我的蒂。」

在黑暗中，她撫摸他的臉。「假如我有一個兒子，我一定叫他『海地』，因爲他是從海裏出來的，他是『海的』，又叫『海弟』，他是海的弟弟。地或弟和蒂同音，當我喊他『地地』時，就像在喊你！」她咕咕笑起來。

「給我一個女孩子吧！她會像你一樣美：有你的象牙黑大眼睛，希臘造型的鼻子，猩紅的菱嘴，苗條的身子，她也會和你一樣，歡喜穿白色袍子或長長裙子。」

「不，讓我先給你一個兒子，他會有你強烈的大眼睛，你咖啡色的臉孔，寬寬的肩膀，飽滿的胸膛，——可不許有你的經歷，學你去當什麼和尚道士或修士。」她又咕咕笑起來。

「那麼，同時給你兩個吧！一男一女！你生個雙胞胎！好麼？」

他大笑。她也大笑。

忽然，不知何時起，紅銅色大月亮從海上爬出來。天空閃射紅色的光，海面也燦爛著絳色芒輝。接著，一盞盞星斗又點亮了，煌麗的熠爚著。

【附註】

❶四川梓橦過去，有古蹟名「張飛十八棵樹」，相傳是張飛作戰之地。

❷「趙字」，即元朝趙孟頫風格的字。

❸波爾多爲法國釀酒名城，四區農村，多葡萄田，可釀酒。

❹此處「思想在」「感覺在」作動詞。

第二章

一

我們的寢室叫「藍室」，一切全藍。我要用大量藍色，使所有牆壁和窗檽藍。花布窗帷是品藍的，地毯是孔雀藍。書架、床頭立櫃，櫃上收音機，全髹漆成淡藍。床上枕頭、毛毯、褥單，是普藍。這間房子是我作夢的空間，這裏，除了藍，基本上，我不許別的色彩存在。自然，有少數例外。

這片藍色空間，一切陳設，越簡單越好：一床、一櫃、一書架、一矮几、一雙人沙發，此外，是花與畫，金魚與雕像。我必須讓室內盡可能顯示巨大空白，這樣，我的丈夫一進房，會產生巨大沉思，他最癖愛的是這個。有時候，看見那矮几上圓圓金魚缸，他將聯想，地球正沿著橢圓形軌道，每分每秒圍繞太陽運行；風穿過太陽光，蹀躞入月光，蝴蝶又從風中飛入玫瑰花叢。永遠是同樣的太陽形、風形、蝴蝶形、玫瑰形，在這同樣形式下，卻換了成千成萬個主人——感受者。

我最親愛的，你在那五千仞上，最高峰頂，是不是常這樣想？

我要把床放在最最裏面的一小角上，盡可能沖淡它給人的印象，叫人不感覺這是一個寢室，而是一間書、畫、雕像與色彩的空間。畫，不能多，我只懸蒙娜麗莎和馬童納複製像。最多加一、兩張希臘磁皿畫。入門處及書架上，我要安置兩尊雪白的希臘雕像：阿波羅與海倫。我絕不掛我和丈夫的合影。不管我丈夫多麼可愛，但與我同出現於這樣一扇藍色牆壁上，那將是無底可怕。

這間藍室內，一切線條、色彩，必須簡單、鮮明，像現代派立體畫。我只在兩個角落裏，陳設兩盞傘燈，一隻藍，一盞金黃。夏季，炎熱的或溫暖的或明亮的日子，我開藍燈；冬季、寒冷的或陰霾的或多雨的日子，我點金黃的。

寢室裏，絕不可以放一具穿衣鏡大櫥或大櫃，或箱籠，那樣，全部想像情調全完。一扇大穿衣鏡，會叫自己影子幽靈樣日夜搖曳，人的整個靈魂將集中於自己形相，忘記外面美麗宇宙。同時，它的過度強烈的明亮反光，會損害人的沉思與幻想。

我們有另外更美的鏡子，那是各種鮮花與常綠植物，牠們將照見我們的精靈。在藍室內，精靈的動作與聲音將優先於形相。一些花瓶、花盆、盆景，將佔有這兒一些過分的空白，形成理想的補白。

所有各個房間中，這是我們核心，——靈魂腹地，我們必須讓花的氣味壓倒一切氣味。

在唯一的書架上，除了各時代的詩集，特別是抒情詩集，不許放別的書。

在藍室，比一切更重要的，是一個藍色女主人。過去，我最愛穿白色，因爲那是透明色彩，今後，我將一部分改穿藍色，因爲，這是海水的記憶色。白色是一個獨身女人的色彩，藍色告訴人，她正沉沒夢幻海底層，同時，一剎那間，她又會從藍色海底飄翔於藍色天穹。

是的，我準備盡可能多的，用大量藍色包圍我的丈夫。這個中古行吟詩人，有一雙討厭的腳，它們愛投印陌生土地。他又有一副古怪的嘴唇，專愛啜飲從未嚐過的野生番石榴汁。我希望我的龐大藍色能綰繫他的足步，飫飽他的愛野味的唇。天知道，這個狹小地球上，總得有那麼一小角，眞正留給我丈夫，讓他有片刻謐靜——也許，是永恆的沉沒。

也許，有人說，過多的藍色，會使空間單調。但我所追求的是純粹。凡純粹必然單一。對我們最重要的，是幸福的純粹，基層夢幻的純粹。再說，我還有那些畫幅、雕像、花朵、金魚，與其他小擺設，等等，將調和這種單調。

藍室隔壁，二樓那間穿堂，我佈置成起坐室：一套美國藤木家具，馬鞍形的長椅子，短椅子，上面舖著軟軟錦緞墊子，一隻杏黃柳桉木圓臺子，罩著鏤空織花的白色檯布。右邊一隻角落，可以擺設一口穿衣鏡、大櫥，但外面常用綠色絲羢帷幕遮住。左邊角落，是一座晶亮的玻璃食櫥，仿十九世紀維多利亞風格的，裏面有飲料、食品、食具，外面則常罩著短短的紫色絲絨幕布。這是兩個實用三角洲，從這兒，我們可以整容，並取得一些必需給養，卻也盡可能沖淡它們的現實氣味。進門後，人們首先看到的，不是它們，而是那一排奶黃色大窗子，深垂紫底紅花的印花布窗帷。在這片代表詹姆士實用主義的空間，我們將讓它的色調濃艷些、強烈些。

起坐室隔壁一間，作我丈夫的書齋，他怎樣佈置，這是他的權利。我要再一次宣讀法國大革命時代所創造的偉大文獻——「人權宣言」中最重要的一款：「人類生來——而且永遠是自由的，並且具有同等的權利。」不過，我要建議三點：第一，我希望他的書桌安置窗口，面臨花園——這一點，也許他自己早想到了。第二，我希望書齋內最多不超過兩架必用書籍，其餘應歸入頂樓書庫。一個人投入工作室，太多書籍會壓迫你，叫你沉入過去幽靈的力量中，妨害你現實生命的活動。你必須做你自己空間活的主人，絕不可以作紙張的俘虜。第三，我希望——不，我命令他：盡可能多掛我的照片，我們的合影，愈多愈好。藍室裏，我自己經常出現，不需要我的圖片投影，這裏，他多半是孤獨的，可能利用這個空間，來抵抗我的形相，沖淡我的影響，像過去一樣，因此，我必須讓我的紙上代理人盡可能多的佔有這裏陣地。

三角頂樓那三小間，右間是儲藏室，它將集詹姆士主義或杜威主義之大成。中央那間書庫，靠窗可設一張T字咖啡臺，兩張沙發椅，旁邊一口小小玻璃櫥也準備點食具、飲具，和食物、飲料。這是我們空間中的最高空間，我們的小小「五千仞上」。從窗口，我們可以看見翡翠綠的西湖，以及那比翡翠更瑰麗的堤上楊柳。當第一陣春風輕拂時，那些柳絲多嫩！

多鮮！多帶幻覺啊！它有點綠，又有點鵝黃，簡直不是柳絲，是一陣陣雨絲、雨條，綠色的、鵝黃色的雨絲、雨條，從天空柔柔灑下來。我們可以憑窗坐著，喝一杯茶或咖啡，看堤上遊人騎自行車輕馳如游龍；也可以一面看湖，一面看書，一面閒談，讓湖水與柳枝的鮮綠，似撲入我們眉梢，滲透字行間、談話裏，茶或咖啡中。

底層三間，靠右一間，是我的琴室、工作室，中央是會客室，左邊，將來我另有用處，此刻暫不宣佈。我的琴室，可以兼小會客室。夏季，二樓熱時，也可以拿它當臨時寢室。這一間，我要佈置成紫室，所有牆髹漆一片紫。窗帷、沙發，都是紫的。琴臺、書檯、矮几上，我將遍置紫色的依羽甘藍盆景。春天，花瓶內，將插上紫色荼蘼花、紫丁香、紫羅蘭。窗口，我要懸滿紫籐，讓它一纍纍的紫色花朵，一直攀近我的書檯。

這座紫色空間，四壁除我丈夫照片和我們合影外，我將不掛任何其他字畫。親愛的，你看，沒有一朵浪花不被十朵浪花報答？當然，也掛一些媽媽與哥哥等親人相片。

那間會客室，我將佈置爲「綠室」，四壁和一切家具、帷布、物品、燈光，我將讓它們放射翡翠綠。這裏，沒有花（沒有一種常見的花是綠色），只有常綠植物。室中央一盆法國鳳尾樹，到處是仙人科盆景，淡綠的金烏帽子，深綠的點紋十二卷，像綠色假山石一樣的仙人山，濃綠的條紋十二卷，淺綠的姬麒麟，精緻如長長龍蝦爪的蝦爪仙人，別緻如纖細絲瓜倒吊的仙人柱，……我將一一蒐羅。此外，還要加兩、三盆吉祥草，和麗蚌草、側柏，或五針松。花瓶裏，我們可以插青楓的三角大葉子。

壁上，我們可以掛兩、三張油畫：以綠色爲主的畫。

一切植物中，只有綠色是個常數。生命中，只有永恆友誼是常綠植物。我們用這樣一種顏色，答謝我們的客人。

現在，談到我們園子了，我們不是路易十四，不可能把它變成凡爾賽花園。重築香巢，將挖空我們大部分錢口袋，剩下的，就沒有多少力量花在花園裏了。因此，這些老樹，暫不必挪動，僅就東西兩排，樹與樹的空間，加種一些洋槐樹（燦楊柳），這些樹，最易成活，長得也快，兩、三年後，這片空間將充滿綠色葉子，我們可以在巨大的濃密樹蔭下散步。

兩排樹中間，我們不妨分點空地，簡簡單單，搭個長長涼棚，雨天、雪天、月夜、溽夏午睡後，我們可以坐在棚下喝茶，或飲點酒。

金魚池中，我們可以養些金魚，不必很名貴的，廉價點的，也一樣。不需要玉印頭或獅子頭，花蛤蟆頭或玻璃蛋鳳，只要一些金鯽種，就行。淡綠色池子內，人們看不清那些細緻線條和花色，只要一片片彩紅色，儘夠滿足視覺了。池子四周，種一些草花，形成一個圓形大花圈，與池內一條條游泳的紅色金魚相輝映。

我所設計的「金屋」中，我不希望我的藍色空間、紫色空間、綠色空間，和其他空間很華麗，我只盼它們很溫暖、親切，足夠叫我的丈夫與親人感到幸福、寧靜，就行。在這充滿無數騷音的世界上，給我們大家以剎那的忘記。無數個剎那接剎那，就會堆砌眞正的永恆。這個溫柔的甜蜜永恆，我的丈夫需要，我需要，我的母親和哥哥也需要，大家全需要，對嗎？

最後，我還要聲明一點，我的窗帷質料簡樸，我不用天鵝絨，也不用雙重窗布，因爲，我們並不是豪富，不需要排場，我們只需一座簡單的樸素而美麗的「香巢」。

最後的最後：我再申明一點，有關這座「香巢」的建築費，我將利用下面五個方法解決：一、我自己手頭有些積蓄。二、我丈夫口袋裏還有一些黃金美鈔。三、我相信，媽媽也有一些私蓄，將餽贈我一點「嫁奩」。四、我將分期分階段——甚至兩、三年，逐步修建。五、能撙節，或因陋就簡，我將盡可能撙節（我將盡量利用那位「逃亡者」留下的家具）。六、有些計劃，無法實現，或超出預算，我將放棄。

二

「縈丫頭！你不怕折福麼？你說得簡直比唱得好聽。」

「這不是折福。我丈夫做了這麼多年和尙、道士、修士，現在還俗了，從五千仞上溜回來，我不該造一個溫暖點的小巢，讓他舒舒服服點麼？再說，假如上帝造福人類，他可欠了我十四年債，現在，才開始償這一點點，算什麼！」

「妹妹，你是不是想用這許多色彩和花朵、編一具溫柔銬子，好鎖住他的腳跟，不再去修道了。」

「諸位放心，這以後，你們就是用二十輛十噸載重大卡車，也把我拉不出門了。」

「你們眞是一對最怪的怪人。比舌頭上長滿牙齒的企鵝還怪。」

「最深的幸福，總是最怪的，正像最深的海底，總躺著最奇怪的又是植物又是動物的魚。只有兩個最怪的人在一起，才能得到最奇怪的幸福。」

「是他怪，不是我怪！媽，大年初一，可不許談年三十的事了。你的怪姨侄，他的怪表哥，我的怪丈夫，馬浪蕩十幾年，終於回來了，我們可不許再翻他舊箱底了。」

「這叫怪子回頭金不換。」

「不，槐秋！名副其實，這叫浪子回頭金不換。」

「我不許你們亂描我的丈夫。他這是天使下凡呢！」

「不，這叫葫蘆落地，又叫依樣葫蘆。」

「什麼依樣葫蘆？」

「葫蘆就是葫蘆。這葫蘆正是那葫蘆。那葫蘆正是這葫蘆，假如葫蘆裏有酒，那麼──風添酒意荷水香。」

「蒂兒，我看你這是耍葫蘆，誰知道你葫蘆裏賣什麼藥？」

「媽，表哥這是參禪，語語機鋒。」

「什麼『雞』峰鴨峰鵝峰，我只知道一個南高峰，一個北高峰，雙峰插雲。」

大家笑了。

「姨媽，你別管葫蘆裏賣什麼藥：入山雖有路，尋藥竟無人。」

「蒂，我不許你談禪說佛了。我還得嚴重警告你，今後不許你喊姨媽了，你得跟我一樣，喊我媽是媽。你不是我的哥哥嗎？我媽不就是你媽？」

「這樣，蒂不成了我的招贅女婿？蒂，你肯嗎？」

「肯！肯！肯！千肯萬肯！我連全身五十八萬另八千個細胞，早都交給你女兒了，這一點，還有什麼說的。」

「女婿是半子，招贅女婿是全子，蒂表哥，今後你得跟我們姓，改叫瞿蒂了。」

「不，這個，不可能，太難爲我丈夫了。我有個折衷辦法，仿貴夫人孫宋慶齡格式，要他在名片上冠個瞿字，叫瞿印蒂吧！」

大家哈哈大笑起來。

「那麼，我這是算男算女？」

「親愛的，我這是逗逗你，你別怕。我絕不會是你的武則天或西太后。讓我再一次重複法國大革命人權宣言第×段：『人類生來是有姓自己姓氏的自由的。』」

接著，她笑著道：

「親愛的，讓我再補充一句，我所希望的，不過多一個哥哥罷了！你別擔心！」

「眞的，槐秋，以後也不許你叫他表哥了，你喊他大哥好了。」

「槐秋，你不嫉妒我麼？」

「大哥，我眞嫉妒死了，假如我有一副黑面孔，我非馬上扮奧賽羅不可。」

「假如你要演奧賽羅，我就演聖貞德，像保衛祖國一樣，保衛我的丈夫。」

「不，你誤會了。我做奧賽羅，是爲了把大哥當布剌班灼貴族看，不是當德斯蝶摩娜。」

「謝謝你這樣，今夜我好放心了。」

「縈丫頭，不許你們唸臺詞了，今天早上，我已喝夠葫蘆藥了。」

「好，蒂，我哥哥已行易知不難了，你呢？」

「那麼，列位洗耳恭聽：聽我再唸一次臺詞：媽！——媽！——媽！——媽！——媽！——媽！——你將永遠是我最親愛的媽媽！我將像愛你女兒一樣的愛你！好麼？」

（一隻山鵲從空中飛過去。）

「媽，你怎麼流淚了？這樣高興的大喜日子，你怎麼——？」

「媽，這樣美的太陽天，可不許下雨。」

「我知道，媽現在是太快樂了。你們不知道：她剛接到你們結婚電報時，——呵，那眞是天翻地覆！起初，她完全不相信，以爲我騙她。她把電報看了又看，翻了又翻，差點沒把每個字當長生不老仙丹，呑下去。接著，她——喝！完全瘋了！活了三十幾年，我第一次看見她耍西洋人這一套：她一把抱我在懷裏，她哭了！哭了又笑，笑了又哭。哭一陣，笑一陣，直似馬戲團那個大鼻子角色。於是，她忙壞了，準備這個、預備那個，說你們就要回來了。又忙吃的，又忙住的，又忙用的。她每天上菜場，挑最壯的母雞、閹雞、烏骨雞，買了十幾隻，圈在家裏。又託人買眞正獅子峰十八棵樹的龍井茶。又託人到紹興帶眞正的陳年花雕。假如她是個男人，她會忙得鬍子都白了。這幢洋房，那個漢奸少將僞軍官全家逃走後，（據說逃往香港了。白住了好幾年，總算把帶不走的家具送給我們。）我們收回來。我才搬進去，住了兩星期，就把我轟出來。你看，她疼女兒女婿，超過疼兒子一百倍。剛才她取笑你，說你不怕折福，其實，假如她能造廟，她眞會造一座華麗的聖彼得大廟，把你們供起來。因爲造廟不成，所以她哭了。」

「鬼兒子！你妹妹打光棍打了十幾年，現在，好歹總算是個大學講師，能自立了，你呢？我不疼她才怪。」

「我也和槐秋一樣，混了十幾年，什麼名堂也沒混出來，倒把你女兒騙上手了，你可爲什麼疼我呢？」

「你和槐秋不同。你是敝屣尊榮，非不能也，是不爲也。他卻根本毫無能耐，只合在茶杯、酒杯裏睡一輩子。」

「媽，你可別冤枉我，昨天晚上，我還睡在寧式棕棚床上，夢見月亮掉在我嘴裏，被當做灑滿白糖的燒餅，咬了一大口呢！」

「這次回來，我發現槐弟改變多了，也勤快多了。從前，他告訴我，他最不能忍受的，是喇叭聲、狂喊聲、鐵鏟子刮鍋底聲，可上禮拜全市遊行慶祝，他蹲在門口，看了半天。昨天晚上，當我們沉醉在媽媽那道拿手傑作：荷葉粉蒸雞裏時，他一個人卻守著廚房，拿著鐵鏟子，拚命敲鍋，彷彿要讓全世界曉得，他正在清炒油爆蝦。」

「抗戰勝利了，一整個亞洲都翻過來了，他就是一條鹹乾魚，也好意思不翻翻身，見見太陽麼？」

「你們先別誇獎他。天曉得，下了幾回廚房，眞正駭煞人，哪裏是炒菜，簡直是李逵掄板斧，那把鏟子差點沒把趙媽腦袋劈開。那不是油爆蝦，是油爆趙媽，把她身上濺得滿身是油。」

「媽！上天明鑒，昨晚我炒的，眞正是道地西湖油爆蝦，十足樓外樓風格，又大、又紅、又鮮、又嫩、又香！一盤蝦才上桌，就給你們搶光了。」

「算了，你別孫二娘賣黑酒，自誇自了。蝦子大，是我大早上菜場親自挑來的，又不是你炒出來的。蝦子紅，煎過的蝦子，難道還是黑的？你不是油爆蝦，是紅燒大蝦，像紅燒蹄膀一樣，大燒特燒，透嫩的青蝦，全給你燒得像一塊塊老牛皮，眞是千古絕菜，我才不吃呢。

你哥哥、妹妹吃它，是捧你場。假如你上臺演花旦『洛神』，即使演成個程咬金或李逵，他們還能不拍手喊好？」

「大哥難得炒菜，只要能把蝦子燒熟，我們就非常滿意了。否則，才欣賞了他的千古絕作，馬上就要吃矽炭銀和磺銨弧，那可太煞風景了。」

「天公地道，我要說兩句公道話：這次回家，我大哥確實大變了，至少，他不再像從前一樣，一開口，就唸契訶夫劇本上人物的臺詞：『我不幸。』或者：『我爲我的生活悲哀。』那時，其實他比誰吃得都饕餮。現在，他倒眞瘦了，可有點勁頭了。他像他那盤油爆蝦一樣，要下油鍋，多煎煎，才紅彩燦爛哪！」

「天可憐見，這多年來，也難爲大少爺。從去年起，他哪樣事不做？」趙媽剛走過，插了幾句。

「趙媽，你別幫我這寶貝兒子說話了。人家天天排隊買六穀糊、混合粉，他難道還好意思，一天到晚守著那杯獅子峰十八棵樹的龍井茶？」

「我們蒂少爺是大喜了，要是老爺、太太在，還不知怎麼開心呢。我們太太不只一次，當我面直誇縈小姐。這回，你們雙雙歸來，我趙媽可算守出頭了。這回觀音菩薩生日，我一定爲你們多燒幾炷香。我也盼著能早點喝槐少爺的喜酒。」

「你別盼了！這位游手好閒大少爺，誰肯嫁他。」

「媽，你別愁，包在我身上。只要他不再成天躺在獅子峰十八棵樹下睡大覺，我一定給他想辦法。」

「槐弟，你放心，妹妹在蓉城，女弟子很多。將來，她可能教書，有的是女孩子。今天晚上，你發憤用功，把油爆蝦炒得香嫩點，包管許多少女都會蝦子一樣，從西湖裏跳到你身邊！」

「謝謝，謝謝。來，小蝶，你到我房裏，在石灰罏底，把那包用紅紙包的茶葉拿半包來。那是眞正十八棵樹的明前茶：一葉一個蕊子，嫩極了。這種蕊子，即『茶經』所謂『淸見葉托』，完全是嫩茶葉。摘的時候，很要點技巧，否則，會摘壞。……不過，我要申明，我這絕不是用茶葉購買愛情股票，我只是謝謝你們的菩薩心腸罷了。」

他站起來：「做人情做到底，送佛送到西天，我還有半罏雪水，去年冬天特別儲下的。用這種雪水泡眞正獅峰龍井，包管你們喝了，今夜做夢都要發出笑聲。小蝴，你到廚房拿江西瓦壺去，跟爸爸一道取雪水。」

三

海扇展放於海底層，像一柄裔艷摺扇。它悠然張開殼，吸入海水，又倏然閉上殼，排出海水。它後退，藉排水時的水力，前進，或斜跳，則運用它的缺口。人們可以想像，這玲瓏生命在海洋中的運動，是怎樣瑰麗、輕盈、旖旎、自然。它的動作，不是形體動作，是風、是海水、是光運動，是大海的神秘運動。現在，瞿家生活，特別是今晨花園內的生活，也像一片海扇，正極華美的開、闔、呼、吸，前進和後退。從海邊歸來後，印蒂與瞿縈，似乎不是過陸地生活，而是度海底生活。由於他們的傳染，整個家庭，也變成一隻奇魅的海扇，一個海洋生命。它的海洋是愛，是幸福，是純粹的眞正的永恆和平。

多少年來，人們早渴望這麼一個清晨，在這片偉大亞洲腹地上，一切鎗聲停止，明亮的刀光劍輝，暫時熄滅，所有黑暗退潮，一片普遍的不折不扣的純粹和平！哪怕是一個月、一星期，甚至只有這個上午，讓生命暫時浸沒於和平裏吧！正是這樣一派聖潔的和平香氣，今天這個早晨，才如此特別飽滿，鮮緻。

不管地球哪一角，只要有太陽，早晨總是燦爛的，特別是仲秋朝晨。它是那樣新鮮，像第一朵剛出水的荷花；那樣飽滿，像第一隻簪掛枝頭的蘋果。這脈新鮮，是一座巨大空谷，每一朵鳥聲、人聲，都是空谷傳聲，有迴響，有弧旋。生命彷彿從未存在過，只從今早開始。印蒂眞想告訴全世界：一個新鮮生命開始了。一場黑夜後，從一派夢幻朦朧中醒來，突然，他看見窗簾上一片鮮嫩鵝黃的陽光，像一隻隻新孵的金黃小鵝，漸漸的，化爲一隻隻豐滿的華麗白鵝，剎那間，他自己也變成希臘神話上的麗達。不，是那種包圍麗達的誘惑浸透他。雖然昨夜他身邊有一個眞正麗達，但這一剎，卻另是一種誘惑——神話式的佔有。

啊，早晨！早晨！多能佔有人的早晨！也只有這樣的鮮晨，人們才能鯽魚似地，跳躍到陽光波浪中，滿浴著那比夏夜流星更鮮氣的朝氣，深深呼吸宇宙間最芬芳的芬芳——黎明。

「是這樣澄明的充滿鮮味的秋天早晨，我們怎樣採摘它的果子——時間呢？」印蒂站在窗邊，深深吻著那拂面的曉氣。

「來，讓我們把所有人喊醒！」瞿縈從床上跳下來，撲到他肩上，一手摟住他的脖子，臉偎貼他的臉。「首先，讓我們把披霞娜抬到尤加利樹下，我彈琴，你去拖他們起來。」

於是，像一輛救火車，他衝到其他人的房間，把他（她）們喚起來：

「來，讓我們一起到園子裏，享受一次豐富的早餐，今天是星期日早晨，也是我們個人幸福與全世界和平相結合的第一個清晨。每一個人唇邊可不許沒有酒味。」

圓圓漆紅桌面在尤加利樹下展開來，舖著潔白檯布，他們取出一些美味冷盤：白斬雞、素鵝、醬鴨、火腿、燻魚，一面喝葡萄酒，一面諦聽芙蓉鳥聲。接著，趙媽乘三輪車載來才燒好的麵點、奎元館的蝦爆鱔麵、蝦腰麵，和維揚式湯包。他們與兩個女孩子，小蝴小蝶，就在裸露的天穹下，享受一頓精美的晨餐。不管怎樣美麗的形而上，總得有點飽滿的形而下陪襯，才圓全。只當他們鼻觸裏洋溢美酒與佳肴的芬芳時，靈魂的芬芳才能完全吐放。

餐前，瞿縈彈奏了巴哈、舒伯特，和馬斯加尼的「聖母頌」，又彈了莫札特與德布西的兩支小曲子。

她離開鋼琴。

「媽，女兒敬你一杯酒，祝你永遠幸福，永遠像今天早晨一樣，臉上充滿那樣美的笑意，笑得像天空白鴿子的閃光。」

「我的妻子，我敬你一杯酒，希望你的嘴唇永遠像這杯酒一樣芬芳。」

「兒子，讓我也敬你一杯，祝你早點把那杯龍井茶喝完，你已經喝了二十年，還沒有喝完呢！」

「妹妹，我敬你們一杯，祝你們永遠像現在一樣，過著亞當夏娃的伊甸生活。」

「來，讓我再給你們一點音樂。」

她以小快步走到樹下，琴邊。她的手指在鍵盤間迅速穿梭。她彈韋伯的「邀舞」、拉伐爾的「華麗的黎明歌」、德布西的「水波蕩漾」、蕭邦的「馬佐加」。幾片綠色尤加利樹葉飄下，黏貼她髮叢，葉上圓圓露水潤濕一些黑髮。她一行彈，一行不時向她丈夫飛過琴波一樣的美麗眼波。鳥聲和諧著琴聲。第一線朝陽光映襯她雪白鵝蛋臉。她彈著，彈著，不知是彈琴？還是彈幸福？是彈他？還是彈宇宙深處那個偉大的精靈？每一曲彈完，他走過來，奉獻一小杯紅色酒液。就他手邊，她一飲而盡。她笑著，迅捷吻他的手。

一支樂曲又一支樂曲彈完了，她離開琴，媚笑著，撲到他懷裏。他溫柔的撫摸她長長黑髮，一次又一次，用臉頰深深偎貼那片鬈曲的烏檀色波浪。他沉醉的笑著道：

「媽，我眞得感謝你：你獻給我這樣一個神話似的女孩子，一個精靈，一個永恆的朋友。」抬頭望望藍天和四周。夢囈似地喃喃：「這就是我的家，像最新式尼龍一樣，又溫柔、又透明、又堅固的家。這就是我的有一雙象牙黑大眼睛的妻子，我的和雲石一樣光輝的母親，我的柔和善良的兄弟，我的海底珊瑚一樣美麗的侄女兒。只要一伸手，我就可以摩觸我妻子的頭髮、臉龐、手掌，或者，一杯芳香的酒，一杯幽蘭似的龍井茶，一支土耳其煙草的煙。一抬頭，我看見圓圓藍天，天穹下面的尤加利樹叢與洋槐樹葉，以及比任何綠色葉子還溫柔的一雙雙眼睛，它們用人間最聖潔的泉水洗滌我、環繞我，使我永遠新鮮。就是這一刻、這一分、這一秒，我聽見犀草根莖吸水的聲音。我聽見池子裏金魚的唼喋聲，風颸穿過白楊樹葉的聲音，沙粒的聲音，以及那在十六——一二〇〇〇赫芝以外的一切超低聲。比這一切更緻麗的，是你們靈魂的音樂，它們日日夜夜繞著我旋轉，叫我感到，我是生活在這個星球最幸福的一角。比一切更幸福的是今天，——這個早晨——這片燦爛朝陽光——這一粒粒無比新鮮的圓圓露珠——這些酒杯、佳肴，和美味點心，——我整個靈魂已閃化爲這樣一個秋天清晨，沒有一立方厘空間，彷彿不充滿陽光、露水，及鳥聲。……要我怎樣說才好呢？我最親愛的親人們！……讓我們爲這樣一個幸福家庭祝福吧！在這樣一個幸福時辰，一個最簡單的祝福，勝過一萬句美麗語言。」

她斜躺在他懷裏，頭枕著他的肩膀，飮盡他遞過來的酒。另外兩個人，也乾了杯。

「來，趙媽，你也喝一杯！」

「謝謝太太！你們興緻這樣好，連我這個老孀婦也想再結婚，成個家了。」她笑起來。

「爸爸！爸爸！爸爸！我們也要喝一杯。」小蝴和小蝶幾乎同聲說。

「好，只許少喝一口，爲你們姑姑祝福，——祝她早點給你們帶一個小表弟或表妹來。」

「蒂，今天這個禮拜天，我們怎樣安排節目呢？」她嫵媚的望著他。

「我主張先划船，中途遊孤山和放鶴亭。」

「在樓外樓午餐。」母親說。

「下午進岳廟看花展，到玉泉觀魚，在蘇堤散步，然後，到西冷四照閣喝茶。」

「晚餐最好在船上用，賞月且飲酒，多帶點冷盤。」瞿縈說。

「歸來時，可以在西園小飲咖啡，吃甜點心。」瞿槐秋說。

「那麼，我們節目排定了，如下：登車、泛舟、遊園、入亭、飲酒、醋魚、品花、觀魚、散步、啜茗、泛舟、賞月、夜飲、咖啡、甜食。一共十五個節目，好不好？」

「我們這簡直叫『天堂的一日』。」瞿槐秋笑著說。

「人家早說過：『上有天堂，下有蘇杭』麼！」瞿太太笑著：「趙媽，也跟我們一道去玩玩，享受享受天堂滋味。天可憐見，你到杭州這麼多年，西湖水是綠的，還是藍的、紅的，你還不知道呢！」

「我們快點結束這頓美麗早餐，開始第一個節目：『登車』吧！」印蒂笑著說。

這天下午，散步蘇堤時，印蒂和瞿縈挽著手臂，雙雙走在後邊。看看四周沒有人，母親與哥哥她們五個遠遠在前面，她對著他耳邊，輕輕耳語道：

「蒂，我告訴你一個消息，你高興嗎？」

「什麼？」

「我們的——海地——將要來了。」

他不開口，展過右手臂，緊緊抱住她的腰肢，熱烈的吻著她，不管四周有沒有閒人。

四

湖——一扇中世紀教堂彩色玻璃窗，不斷嬗變：日耳曼式的、義大利式的、萊姆斯型的、英格爾型的，充滿燦異的光、色、彩、影、幻、魅，映變著墨綠、鵝黃、橘紅、銀灰、海藍、透明藍。這片巨大琉璃窗，不是玻璃體，是海綿體，奇詭的吸盡一切山的光、樹的色、花的彩、雲的畫、風的飄、堤岸的投影、建築的形姿、太陽的光燄、飛鳥的翅跡、魚群的迴影、船的流動影，以及宇宙光。這一切光、影、形、色、線條、方圓、攝收得過度飽溢，漿果樣脹裂開，到處粼瀉美麗的浮動汁液。超越一切的，是那一座座山峰的熠熛姿態。山不是山，是一片時裝展覽，一幅幅綢緞店櫥窗，它們不是石頭與泥土，是一些絲織品，擴現一幀幀華艷的綢幔、緞子、絲繡，晃蕩於高空，復繪在湖中。隨著陽光的譎詭，每分每刻，它們不斷變形、變色：從草綠到古綠、中綠，至淡綠，從中藍到淡藍，由天藍至明綠，摻雜杏黃、乳黃，和剎那萬幻的橘紅，透明紅。即使沒有湖內湖外一切景色，單只這山、這水，便足夠變化萬千，凸顯不朽的瑰綺。山變水，水變山，山是影，影是水，水化雲，雲化水，水是光，光是水，水變色，色變水，水水山山，光光影影，雲雲色色，全宇宙扮演一塊畫家調色板，要噴湧多少顏色，就有多少顏色。生命也化成一座彩色噴泉，每分、每秒，吐射一片不同的彩色。

他們不是泛舟於午後湖水面，是沐浴一片彩色噴泉。

除了划船的女孩子，船上只有他們兩人。

她美麗的頭枕在他臂彎裏，輕輕嘆了口氣：

「終於，我們又回來了。……」

「又回到這片陽光裏，柳枝叢中、湖水上、橋拱涵洞內、山光倒影裏、長堤懸影中、寶塔垂影中，……」

「不，又回到你的靈魂曾經擁抱過的陽光裏，你的手臂曾經觸過的柳枝叢中，你的赤腳曾經拍打過的湖水上，你的血液曾經靜默過的橋洞內，你的手掌曾經撫摸過的倒影中。——這裏，沒有一處沒有你的痕跡、你的火燄。」

「——我們的痕跡，我們的火燄。」

「是的，我們的，我們的歡樂痕跡、火燄。」她閉上眼，沉醉於回憶層，喃喃著：「在海外，無論享受法國尼斯海濱情調，或欣賞萊茵河水的藍色，或留連於威尼斯的海水與月光，我總常常沉醉於這片湖水記憶中。它們彷彿是我生命中的永恆湖泊，我靈魂的永生風景，永遠向我發光、放亮，而又如煙如霧，瀰漫你視覺的印跡。沒有一片樹葉子，不搖閃你的笑。沒有一朵花，不亮閃著你臉龐紅光。沒有一圈漣漪，不映現你的嘴渦。沒有一個鐘聲，不反射你的聲音。沒有一杯雨前茶，不泛濫你思想的清香。沒有一條溪水，不游著你性靈的透明小魚。這些記憶，是一種香料，只要呼吸一次，我就可以整整酣醉一天，甚至兩、三天。啊，我最親愛的、最親愛的，謝謝上帝，現在，這一切香料，終於完全化爲現實的空氣，將永遠包圍我，留在我身邊了。」

「是的，現在，你所描畫的一切，正環繞我們，像一群燕子環繞楊柳。」他輕輕撫摸她的眼睛，它們仍深深閉著。不管陽光怎樣猛烈叩訪，仍不睜開。他傾聽她的聲音，後者似來自一座深扃的古堡。那不是她張開的翕動的嘴唇的聲音，是她緊閉著的視覺的聲音。

「有些話，有些事，人們說過一千遍，做過一千遍，卻沒有人覺得重複。即使重複一千萬次，第一千萬零一次，仍像一次一樣新鮮。啊，你的形相，你的思想，你的聲音，你的記憶，永遠是第一千萬另一次，卻又是第一次。

「你想像過麼，每個春天，我從不拉開窗帷，讓窗子日夜打開，盡量讓所有日光月光星光春風湧進來。春天是這樣短，瑰麗的光和風是這樣少，我必須盡可能留住它們，因爲這是我們往日歡樂的唯一證人。只有在這些光和風中，我才又一次感受我們那些華麗的鏡頭。

「你想像過麼，地中海上的月亮，叫我想起你——你那些像月亮一樣透明的思想。柏林菩提樹下散步，當樹叢被陽光照射，散灑萬點金光時，我想起你的聲音，它們像這些發光的葉子一樣動人。在威尼斯乘康陀拉，船過橋洞時，我想起你，——你的眼睛像涵洞一樣，又深沉、又朦朧，滿映夢幻的倒影。獨坐萊芒湖畔時，我想起你——你那些比藍色湖水更明靜的情緒，它常使你四周生命化爲天空雲影。過紅海時，海的色素，叫我想起你——那些午夜，你最深的狂熱。過昆明時，看見每一棵蔥蘢的山茶樹，我想起你——你那些飄散極度想像的動作與語言。定居蓉城時，每次觀賞三角紅時(這些三角花是眞花，卻又像紙剪的幻異假花)，我想起你——你奇異幻覺，常常能把地球上極虛妄極不可能的，妙變爲一片眞實與親切。通過你，我四周一切，沒有一樣不又靈幻、又眞實、又深沉。我相信，終有一天，我會陪你重游尼斯、萊芒湖、萊茵河、威尼斯與地中海，好讓你發揮最高的幻覺，在我們生活裏創造一片更深沉的眞實。

「哦，我最愛最愛的，此刻，我們整個生命眞像那一樹三角紅，看來是虛妄的、怪誕的、幻異的，卻化爲一片眞實——一片眞理。」

他斜過頭，臉貼住她的。輕輕喃喃：

「把這片湖水、陽光、花樹、倒影，永遠留在血液裏吧！這是溫柔的事實，可又是堅硬的事實。未獲得它們前，人們必須面對一大串巨大事實，堅硬的事實，得到它們後，爲了永遠抓住，又要面對一大串堅硬的事實。」

「不，今後不會再有堅硬的了，一切將和這片湖水一樣溫柔。」

「你以爲水是世界上最軟的？」

「不許說這些了。十三年前，從T島海邊歸來，你曾有過這一類獨白——」她伸開柔美的手，堵住他的嘴。

「不要怕，今後，地球上一切最最堅硬的，也不能把你從我身邊搶走了。眞能把你搶走的，是『我』，另一個『我』。現在，我可只有一個『我』，不再有兩個『我』了。——這兩個『我』和解了。」他的聲音愈益溫柔了。「我說這些，只不過提醒你，我們是永遠不會分開了。」

「是的，我們永遠不會分開了。……我們的海地，就要出現於地球上了，你聽見他在我身體內呼吸？運動？這是你的血肉在我的血肉裏呼吸、運動。過去一切有關血肉的句子，都是詩，是形容詞，現在，卻是堅固的眞實，比生命本身還眞實的幸福。因爲，這裏面不只是一條生命，這是三條生命的創造體。」

「也許，正因爲太幸福，我才打算深入現實，想盡千方萬法，想把它化爲永恆。幸福是船帆，不管愛情施用怎樣牢固的錨，有時，某些風暴仍會襲來，隨時想把它沉沒。可現在究竟不是十三年前了。那時，鐵錨重量還不夠，抵抗不住各種風暴——包括我自己內在的風暴，也壓不住船。不，那時，我自己還沒有能力把各種風暴變形爲幸福生命的原動力，我還不能超越風暴。現在，情形完全不同了。我將永遠把你——幸福，碇泊於我的臂彎中，像此刻一樣。」

「我最親愛的，最親愛的，最親愛的……」她的臉緊緊貼住他的胸膛。

「你以爲我捨得放棄幸福麼？……假如這個地球上沒有一滴純粹的歡樂，生命算什麼呢？宇宙又算什麼呢？星光又算什麼呢？我曾幽禁於修道院，我曾自囚於高峰頂，但我終於走下來了，走回來了。終究，十字架上血淋淋的救世主不全是我們的，五千仞上的永恆孤獨與唄靜，也不全是我們的，我們需要更透明的、更洗鍊的、更綜合的整體，首先是更人間的、更人性的、更愉悅的、更和諧的生命整體。我們不會忘記，這是一個偉大的宇宙，也不會忘記，這是偉大的人類——偉大的人性，忘記任一方面，我們將不能獲得永恆的和諧，及最後的圓全。關於這一切，我將在另一個機會再與你細談，但不是今天下午。」

「是的，不是今天下午。此刻，我們只享受那和諧的圓熟的果實，不需解剖果子的生長過程。」她又閉上眼：「即算愛情的帆不能永遠碇泊於港灣，必須接受各樣海風，只要是我們自己透明的風，透明的大海航路，我們依然可駛入我們自己的透明彼岸。……好，不談這些了。讓我們先酲酣於這午後湖風中吧！它不是風，是透明的光，直射入我靈魂深處。」

「正像昨夜，你枕畔耳語的風像光，直照到我靈魂深處。」他低下頭，偎貼她耳渦，輕輕說。

「我的擁抱不也是風？」

「你的擁抱是風，也是光，你不是抱我，是閃射我，照亮我。」他沉迷的道：「在深沉的午夜，你胴體的風颼是透明的、水晶的。」

「你也是。你那些午夜擁抱是星光、雨點，包圍我、輻射我。在你懷裏，我不再是個肉體，我變成一種雨點體。」她沉迷的說。「午夜，常常的，我不覺得你是一個生物，你只是一種星光體，仙王座或者南極座。眞怪，即使在深沉的歡樂中，你也是透明的、超越的、非人間的。彷彿一個星座沉醉於旋轉歡樂中，你沉醉在光輝萬丈的太空旋轉中。和你在一起，我好像也開始一種超越性的星座生活。」

他笑起來。「一切偉大的星球、運動，現在全凝縮在你形體中，你是永恆美學的泉源！哦，我最愛最愛的，這午後的風多明亮！亮極了！」

他的頭像太陽落山，慢慢的，沉沒在她髮叢間。

五

她斜靠在他懷裏，聽他輕輕唸一本精緻小冊子的幾頁。這是十三年前他記錄下的幾段文字。那一次，他們第一遭破例，坐一艘西湖遊船，由一個年輕船孃划著，悠悠行進，他輕鬆的寫下當時感覺。

多年來，她一直保存這本紅色小冊子。

……船從荷叢擦過去，荷葉梗舒發沉暗的颯颯聲。陽光自船側來，縈撐起深藍色綢傘，傘上是西湖夜景：月光、燈影、槳影模糊，而現在是上午十點一刻。陽光穿透我們荷葉傘與傘上藍色夜景，投紫藍色影子於縈的雪白番布長褲上。她白地銀紅方格子府綢襯衫，和一部分白褲上，映一根根傘骨影子，如一條條紫色竹影。就在這片篩過綢傘襯著月光的陽光下，我們看見：

她圓潤的膝頭上，敞開莎士比亞原文十四行詩第三十六頁：

能不能讓我把你比作夏天？

你可更溫和，更可愛……

我的頭偎著她的。我輕輕唸這些句子，對準她的耳螺。她有一個可愛的耳螺，白潔如夜光螺。我們頭臉附近綻放著紅色蓮花，一朵，又一朵，不多。它們像一盞、兩盞紅色蓮花燈，分外照亮她荷花臉孔，她猩紅色嘴唇。這嘴，現在很想靠攏我的，可左近岸上正流瀉大提琴聲，而且有收音機裏的男中音。

我從袋內取出一支煙，手上是火柴，卻問：

「火柴呢？」——縈微笑了，低低對住我耳膜：「過度陽光，叫你忘記自己手上有火了。」

（開始記這一頁時，左邊翹得高高的那頁，是身畔那些柔荑手指撳平它的。）

我不禁回憶昨夜。黑暗中，我起來喝水，喝完了，我又睡了。我的眼睛像貓，熟悉黑暗，我不願開燈，怕驚醒我們的好夢。可不久縈下床，燈光卻亮了。

「我是一雙女人的眼睛，它們願意我們唯一的朋友——燈光，也欣賞我們的美夢。」

「你的理由可多。」

「我口袋裏裝滿理由。哪，這是一個紅色的理由，給你。」她向我擲來一條山茶紅的手帕。「哪，再給你一個——藍色的理由。」她從左褲袋裏掏出一條孔雀藍手絹，擲給我。

我笑了，左手緊摟她的腰肢。我又回憶一個月前，那個燦爛月夜；船過荷叢，曾有人問：「荷花好摘嗎？」那是她的聲音？還是另一個人的？那銀子式的聲音，顫響於月光平面，所有湖上亮光，似是它的伴奏。

荷葉的綠色大圓盤小圓盤沒有了。湖面鏡平，可不久，又是荷葉的海。從千叢萬錯蓮葉陣中，船孃找出一條通路，彎彎曲曲的。這女孩子，極熟悉這一卷卷荷葉，像學究熟諳架上每一本書，綠娟娟的，一葉葉的，在她槳下低了頭。岸上是叫賣聲：「蔭涼的棒冰呵！」一聽見這聲音，太陽光彷彿也涼點了。

從白色船篷的一個小隙縫中，漏出一個陽光圈圈，它就在我這一頁上晃著。……現在是兩圈了。……是三圈了。……不知何時起，胖胖的莎士比亞，從縈膝頭上滑落了，她並不拾起「他」，兩隻大眼睛，卻帶著笑意，瞧我的鋼筆在小手冊白道林紙面滑動。……此刻，我們前面，出現無數個姓柳的綠色女人，翶散無數盤綠色長髮鬈，披拂水面。船不斷穿過一片綠色。遠遠的，紅色美人蕉在岸上吐出火燄長舌頭，如石榴火。

橋洞——一圈半圈拱門，深沉、陰涼、誘人進去。……船停橋下。……「有時候，我喜歡你裝扮得濃濃艷艷的。」「不，現在，有陽光裝扮我，儘夠了。」……汽車喇叭聲——月夜的一個魔鬼笑聲，響在白晝……一隻白色長腳鷺鷥飛過去，從草叢中。……這一刻，世界眞靜了，只有昆蟲，在岸上飛。……我沉迷的抓住一叢柳葉，一陣沙沙聲。……我低吟昨夜湖上我一首即興絕句：「……風添酒意荷水香。」……「讓我們離開這個世界。」……蟬聲——只一霎。……岸上一種粉紅色「呵癢花」，只要在樹幹樹根上輕輕抓抓，它的葉子和花朵馬上抖動。……我的手摟住她的苗條腰肢，彷彿摟呵癢樹，她也微顫著，我的臉貼住她的臉——一叢綠色柳枝條遮住我們的臉……

聽完了，她又一次闔上眼，頭枕著他的肩，輕輕道：「那時候，我們的生活，像面前湖水一樣，滿溢夢幻色調，——詩的色調。……哦，那是一種新的希臘神話。……有時候，我們沉澱於一種靜靜靜靜的——靜極了的唄籟中。……可有時候，又突然捲起一個風暴——美麗的風暴。」

「你以爲我們現在生活不像新希臘神話麼？」

「也像。——也不像。——也像。——」她輕輕說。不久，陡然紅唇對準他耳螺，淘氣的放大聲音，如電影的巨大特寫鏡頭：「也像，不，也不像！——哦，像！像！像！」她咕咕笑起來，過一會，又悄悄放低聲音，貼著他耳渦。「你不高興麼？」

他闔上眼，輕輕搖搖頭，不開口。他聽見她歡悅的聲音：

「瞧這湖水呵！——風中的呵癢花似的湖水。——風大了！」

風來了。太陽也來了。這是太陽風，盈滿光色香的風。頃刻間，一座沉思的湖水沒有了，那片鏡平的空靈固體，也沒有了，到處又是粼粼灩灩的液體。水開始流動。這是藍極了的仲秋、天藍、波浪藍、風也藍，風有點強，不冷，越吹越溫柔，有點透明。透明的藍風中，湖水抖動得微微兇，似欲創造一派洶湧氣勢，扮演海的角色，浩瀚瀰漫，想把他們浸透。他們現在感覺內，湖就是海，因爲，湖記憶與過去海記憶化成一片。可是，它藍得比海嫵媚，譎譎波面，如閃晃的藍色琉璃瓦，一片搭一片，一疊連一疊。山峰像一隻隻非洲長頸鹿，本來沉睡，這時被風吹醒了，一隻隻，抬起長長的明媚的頭，又碩大，又柔膩，傾聽水波聲。氤氳於它們四周的山嵐、霧氣，是一篆篆古廟香爐中的煙靄，被風攪動，拂散開來。湖中一簇簇叢樹，也如煙似霧，畫出一圈圈綠色圓周形，飄浮於湖面。漸漸的，湖水越來越動盪了、洶湧了。到處是波浪。啊，波浪、波浪，古代烏蠻髻似的波浪，小提琴弧形的波浪，四面八方，叩擊他們的船。船像琴鍵，波浪像手，不斷彈著、奏著，發出溫馨的低沉的聲音，——呢喃聲。他們要船孃停下槳，讓船隨風飄去，飄向東也好，飄向南也好，向西向北也好，向東南西北以外方向也好。

一陣陣柔風吹散她的黑髮，她的髮鬈，一部分輕拂他的臉孔。她頭枕在他肩上，四隻手緊緊握著。

這是他的聲音？還是她的聲音？可能是他的，也可能是她的。（下面兩段聲音，總有一段是她的或他的。）

「啊，我最愛的！我在哪兒？在你頭髮裏？在你聲音裏？在你血液裏？你的頭髮是我。你的聲音是我。你的血液是我。你給我最溫柔最幽暗最光亮的。你給予我無限的震蕩。你給我最紫紅最流動最生命的。……我在哪兒？我的肉體多輕，多樹葉味，它漸化爲星光——純粹的光，一秒鐘飛繞地球七圈，從北極到南極，又到北極。你的頭是南極，你的腳是北極，你的胸膛是赤道。……我在哪兒？沒有我，沒有我的血液，沒有我的視覺、聽覺，我只剩下純粹的思想，像蠶繭只剩純粹的絲，一片玲瓏透頂的夢的織線。夢中花樹流水，代替我飛翔流轉。流水流於流水，花樹花於花樹，蝴蝶蝴蝶於蝴蝶。我們一切幻境的核——地球，是一尾美麗的蝴蝶魚，游泳於星球島嶼與島嶼之間的海洋中，讓我們的船隨這尾魚游泳而游泳吧！」

六

「一切風飈總有最後的緯度，一切髮鬈波浪，總有最後的彈沉，一切水面魚笑渦，總有最後的靜止。此刻，我們金魚池內，魚的笑渦還未靜止，池四周的風，也沒有面臨最後緯度，然而，我的長長髮鬈，卻顯示最後的彈沉。親愛的，讓我們著手把生活的鬢髮梳編成弧美的髮鬈吧！特別是，它們有一朵朵低低彈下來的最後鬈腳吧！……這封信叫我提前開始這一梳編工作。」

瞿縈坐在「紫室」窗前書檯邊，輕輕說。她撫摸飄進來的紫籐枝條，上面的綠葉早已轉黃、墜落了。

她以輕盈的聲音，朗誦手頭那封信的末段。

「……不管蓉城這一角校園怎樣美麗，沒有你，等於沒有靈魂。至少，在我們眼裏，你是這些草地與花樹的靈魂。近幾月來，我們幾乎是不能忍受的生活著。我們渴望明媚的南方，也渴望你的諾言的兌現。請把我們帶到溫暖的江南陽光中，帶到充滿畫意的西湖濱或富春江邊吧！請給蓓利一個機會，讓她能在你可能執教的學校讀書，她很久沒有聽你唸馬拉梅和冉波的詩篇了。也請給蘋芳一個機會，在任何一個幼稚園或小學教書，讓她有機會從你繼續學琴。親愛的瞿老師，我們想，你沒有那樣硬心腸，拒絕給我們這樣的機會吧！」

「這封信寫得怪可愛的，正像這些爬上窗沿的葳蕤的紫籐枝條，有一種緜緜的情致。」印蒂笑著說。

「妹妹教出來的學生，也和妹妹一樣，有一種『瞿縈』情調。」瞿槐秋笑著說。

「什麼瞿縈情調？」

「好像整個地球是一座大花園。」瞿槐秋啜著龍井茶。「我是說，這種『情調』，具有這樣一種觀點。」

「做人總要樂觀點，才有活氣。都像你，把世界看成個墳墓，還有什麼活頭？」瞿太太笑著說。她望了望小蝴小蝶兩姊妹，他們正在窗外做遊戲。

「不，二弟現在不像從前那樣悲觀了。」

「不談這些，讓我先宣佈我的計劃。」

瞿縈把剛才讀過的信，遞給印蒂，讓他再看一遍。

「你們知道，藺風子先生遷居這裏後，C大學外文系早託他和我商談，這個冬季起，準備讓我教大一法文。另外，大學所屬師範學院，也派人與我接洽，想請我教鋼琴。這兩個學校，我只能選擇一個。我不可能再像過去，同時執教兩校了。我決定選擇C大學。今天下午，我們去找藺先生，把這個決定告訴他。這樣，再過一、兩個月，等家裏大體收拾停當，我將正式工作了。」

這是陰曆十月「小陽春」一個下午，氣候特別溫暖，眞有點像鶯飛草長的暮春。印蒂夫婦回家兩個月了。他們完成一些工作。先是築成他們的「香巢」，包括修葺那座老宅。又料理瞿、印兩家許多家務。此外，印蒂數次赴S市與幾個舊友——林儼、楊易、莊隱、范惟實等人聚晤，買了一大批書籍，又與林作幾次談話，解決以後工作問題。林儼負責的時代出版社，從重慶遷S埠。因爲他公務繁忙，無暇花太多精力於社務，想正式聘印代他任總編輯，後者已答應。從下月起，印開始就任。不過，印提出兩個條件。第一、他只能「遙控」，不能「坐鎮」。換言之，外來書稿，盡可能寄杭州，由他審閱，一些瑣碎業務，包括處理出版雜事，應由其他編輯負責。第二、多年來，他最大願望，是想編四套叢書。一套是「歐美文化批判叢書」，針對幾十年來已輸入中土的西方文化，予以研究批判，重新作出估價。一套是「中國傳統文化批判叢書」，對中國古典文化作研究批判、重新估價。另兩套是「蘇聯文化批判叢書」，和「明日中國文化建設叢書」。

經過周密的準備，他已擬定編輯計劃，根據國內一些知名學者的專長和卓著成就，製定每一套叢書的宗旨，試探性的初步進行選題。主要分哲學、文化、政治、經濟、社會、宗教、文學、藝術等項，暫不包括科學，僅於撰寫哲學、文化一類具有鮮明的思想傾向性的著作時，擬邀請某些著名科學家參加執筆。他的總計劃是：一、盡可能多的聘請並網羅國內有成就的學者擔任撰寫。二、同一種書目，盡可能多邀約一些學者寫作，各抒己見，各述心得。三、暫不寫太長的鉅作，先扼要完成一些小冊子，每冊最好暫不超出十萬字，以免曠日費時（須大體規定時間完成）。四、每一套叢書，數目不限，可以出版二、三十種，也可以印四、五十種，或更多冊數。五、以出版社名義，邀約南北一些學者，將來聚會於H市，既招待他們旅行，也乘此機會開幾次學術會議，請大家共同商定編撰計劃。六、印蒂本人代表出版社，先寫一篇簡單發刊詞或緣起，號召國內學者參加撰寫這四套叢書。七、對國內學者的邀請書，也將由印蒂執筆。八、未開學術會議之前，先由出版社邀約著名學者開始撰述上述小冊子，稿費從優，且可先付。他個人想法是，這四套叢書，或多或少，可以反映現代中國人對東西文化的綜合看法，並爲未來中國新文化的建設奠定最初基礎。這一龐大計劃實現後，等於替幾乎奄奄一息的現代中國學術界注射一支強心針劑，將有助於恢復它們的一些生命力。

印蒂臉上充滿沉思，嚴肅的道：

「作爲四套叢書的初步試探結論之一，我準備先寫出我個人那部分淺見與看法，這是幾十年來我一直在嘗試探索的理想與初步結論。」

他進一步說明計劃：今後，他將每天工作十二到十四小時，三分之一或二分之一時間，用於出版社的審稿與編務，三分之二（或二分之一）時間，花在他自己那本大書上。他和林鬱詳細商談過幾次，後者完全支持他。在他印象中，儘管這位老朋友處世態度具有濃厚的犬儒色彩，但內心深處，仍像年輕時一樣，對這個民族的未來命運——特別是文化命運，抱著強烈關懷。這是他與S市其他幾位老友根本分歧處。他對印蒂的尊重、信賴，和上述支持，足以說明一切。這使印蒂更增加了對未來的信心。

談到這裏，他順便提了幾句，卜居重慶時，他編譯過一些時髦小冊子，這些小書，目前仍有點銷路，看樣子，對他個人經濟，不無小補。也可以說，這是他個人運氣，那些揭露納粹帝國的書，此時此地，還未成明日黃花。

「看樣子，我畢生理想，可以開始爲正式邁出第一步而努力了。我們私生活夠圓滿、夠幸福了，但這還不夠。我們到底是『地球人』中的一個。我們絕不能忘記整個地球的命運，特別是東半球上中國人的未來命運。儘管目前國內大環境氣氛遠不適宜開始上述種種計劃，但只要一天還存在可能性，我們絕不放棄奮鬥。這個地球的未來命運，大家都應該關心。各黨各派，各種宗教，各個階級，各種學者，各種知識分子，都有各種不同的決心、方式與行動，我們個人也有權表現個人的關心方式，公開個人的態度與意見。試試看吧，看我們能做些什麼。今後，可做、應做的事太多了。」

說到這裏，印蒂笑起來，轉臉對岳母道：

「媽媽，我對您非常抱歉，說來說去，我還是個書呆子。（儘管我不願扮這樣一個角色。）今後，我既不想獵取政治高位，也不打算追逐黃金美鈔，和我經常打交道的，依舊是這個時代最被卑視的——書本。這個時代，很多人都迷戀於鎗桿，或黃金，或政治權力，但在我看來，最重要的，仍是思想。一天只要這個地球還沒有比較統一的共同理想——信仰（絕非絕對『共同』，而是相對的『共同』），一天它就不會眞正安寧，更不要說眞正持久的和平了。」停了停。「由於我這樣一種不現實的趣味，今後，我們的生活，只能長期維持現狀。我們的經濟狀況，也大體如此。它們不可能有新的突破。所以，媽媽，請原諒，要徹底恢復您年輕時豐富的物質生活，不大可能了。甚至連想過十四年前的那種優裕生活，都不太可能了。那時，江南大體上還有十年小康，物價是穩定的，目前，一切可怕得很。我和妹妹新婚，生活不能不舖張點、享受點，這是人情之常。今後，可不能總這樣了。在這片可能瀕於崩潰的社會經濟混亂海洋中，能保持我們不沉船，就算很幸運了。」

「淘氣的孩子，我幾時往錢孔裏鑽過的？我要你做我的兒子，是為了叫你學猶太人麼？……我的孩子，只要你們幸福，我就幸福了。世界上眞正叫人幸福的，並不是金錢，是另外的東西。……我只希望，我們這個小小家庭，能永遠像現在這樣和平、寧靜，充滿幸福，就行了。」

「媽媽，你怎麼又流淚了？」

「不，活了幾十年，我此刻才覺得是眞正活著。也許，經過八年痛苦，這一刻的幸福，更可貴了。」她用手帕拭拭眼淚。「我只盼望，你們都身體健康，好好爲社會做點工作，我們的小家庭裏，大家相互愛護，永遠充滿溫暖，我就完全心滿意足了。」

「媽媽，前幾天，我已找過李經理了。兩個月前，他就復職回來，任C銀行經理了。他答應我，不久，將在他行裏爲我謀個職位，不低於中級行員。這麼多年，我沒有好好盡一個兒子責任，實在對不起你。我眞慚愧極了。哥哥和妹妹這樣充滿朝氣，他們的榜樣，激起了我的自尊心。我決定振作一番，這才對得起你，也對得起他們。媽媽，你放心，今後我絕不再用一杯茶或一杯酒消磨一個下午或一個晚上了。」

「媽媽，你怎麼又流淚了。二哥肯振作，我們該高興。我們一定盡我們力量，讓你度過愉快的晚年。……剛才，蒂不過那麼說說的。事實上，他早爲你作了準備。上次去S市，他已託莊先生從朝鮮捎點高麗參回來，那兒價格，比這裏不知便宜多少倍。你七、八年沒享受冬冬令補品了。不久，莊先生會託人帶來的。好媽媽，快別讓淚水在你臉上唱歌了。讓女兒給你唱一支『甜蜜的家』，歌頌我們這一片家庭幸福。好麼？」

她用手帕替母親拭乾眼淚，立刻坐到琴臺前，一面彈，一面唱。唱完了，她又唱德伏扎克名曲「媽媽教我的歌」。

「啊，這些，仍不能表現我們對媽媽的情感。還是請樂聖幫忙我表達吧！」

她彈奏貝多芬的「熱情朔拿大」，琮琮琤琤的，讓音樂的泉水流遍窗內窗外。於是，室內到處氾濫樂聖的熱情奔流。

一曲奏完，她撲到母親懷裏，笑著問：

「媽！媽！你知道，今天是什麼日子？」

「什麼？」

「你們誰都不知道吧！今天是我親愛的丈夫的小生日，——嗯，連他自己也忘記了。」

「鬼丫頭，你怎麼不早告訴我，我好準備，準備。」

「我本不想事先宣佈，等晚飯時，再叫你們大吃一驚。可是，現在告訴你們，也好。今天不只是我丈夫的小生日，也是我們宣佈各人計劃的珍貴的日子。前天，我已經通知附近天芳樓，吩咐他們今天給我們準備一桌菜，其中有五道名菜：鍋巴蝦仁、叫化童雞、蜜汁火方、一品南乳燜肉、餛飩鴨子。晚餐前，會送來。我們只要爲他們準備點爐火，就行。就在隔壁『綠室』吃晚飯。既慶祝蒂的生日，也算慶祝這個小小『香巢』的初步竣工。」

「縈丫頭，你做事，總是神神秘秘的，事先紋風不透。我還得買點東西，送送我的蒂兒呢。」

「不要了，媽媽，你已把你在這個地球上最巨大也最可貴的禮物——你的女兒，送給我了。這一生一世，不管我過幾十、幾百個生日，不再要你送別的了。」

「我想過了，媽媽，我們這位華山道士，決定要寫一本大書了，——鬼知道是什麼『道德經』，還是『太上感應篇』。那麼，你就送他一枝派克鋼筆吧。我呢，送他兩本精緻的羊皮篋子，讓他裝稿本。」笑著望丈夫：「禮物是收了，書可得按時寫出來，不許蘑洋菇。」

「我還有一件珍貴禮物，一罈十年的陳花雕，埋藏在我寢室地板下，我從沒有告訴過你們。原本我打算抗戰勝利那天啓封，喝個大醉。後來，接你們結婚電報，登時改變主意，等你們回家，共同享受。一拖就拖到現在。……今夜，我非讓你們雙雙叫人抬回『藍室』不可。」

「謝謝你們好心腸，可我活了四十三年，對這個世界，連一CC貢獻都沒有。我那本探索性的大書，也不值得這一罈好酒。」

「少說廢話。像你這樣怪人，活該每個人都得對你有所貢獻，而不是你應該對每個人有所貢獻。我一定答應我二哥，今晚只許你被抬進藍室，不許你走進(包括我在內)『藍室』。知道嗎？」

「瞧！我的兩個孫女兒，她們到園子裏，竟採擷大捧菊花來了，這也算對姑父生日獻禮吧！」

正談著，小蝴小蝶，一人捧著一大簇「金背大紅」菊花，大鳳蝶似的，從外面飛進來。

「姑父，剛才聽說您今天過生日，我和小蝶，沒有錢買禮物。我們到園子裏採了兩捧菊花，送給您，算是生日禮物。祝姑父生日快樂！也祝縈姑姑快樂！」小蝴像背書似地，笑著說。

「祝姑父生日快樂！祝縈姑姑快樂！」小蝶也笑著說。

「這兩個鬼丫頭！準是槐秋教她們的！」瞿縈笑著把她們攬到懷裏。

大家也笑了。

七

在這個星球上，繽紛雜陳各種各樣生活。有一種生活，像絹紡機，能把每一條生活的絲紡得細細的，只有十幾根纖維。（假如再紡下去，總有一天，眞會一根纖維一絲絲。）這些絲，再織，就是一塊塊喬艷喬其紗，——同樣，這些生活的纖絲，能梭織成一片片喬其紗似的美麗鏡頭，一些精緻的生活節目。

瞿家生活，正是這樣一種絹紡機，日日夜夜旋轉。可今天下午紡出來的絲，卻是二十幾條纖維，一些質地較粗的，因而，花洋布式的鏡頭，代替了喬其紗。當人們設計某些現實場景，面對一些形而下的現象時，總是如此。一切最細最細的，常從最粗獷的開始。

夜裏，印蒂和他的妻子並未被抬進「藍室」，倒是雙雙走進去的。現在，她鵝蛋臉紅紅的，坐在寬大的藍色窗臺上，他像欣賞一幅牆上油畫，站在她面前，定定注視著。他聽見她嫵媚的聲音：

「今夜，我所邀請於你的嘴唇的，不是吻，——」

「是什麼？」

「是聲音。這些年來，你的思想聲音——你的靈魂聲音的最終結晶。」

他深湛的大眼睛，從她臉上掠開去，凝望窗外園子，輕輕道：

「是的，我早該對你談這些了。」停了停：「不過，今夜，我只能作一次小小試驗，看能不能把我所想的吐露一點。將來，我的眞正聲音，可能與今夜大不相同——這只是聲音的起點，不是過程，也不是終點，更不是它的主要內容。」

「親愛的，只要是從你嘴唇流瀉出的，對我總是宇宙間最純粹的聲音。」

他點起一支煙，悠悠吸著，慢慢來回踱著。這是一個溫暖而深沉的夜。

室內一切光亮消失，只剩下那盞藍色傘燈，靜靜燃燒著藍色火燄，使室內充沛一片藍色情調。襯著藍色四壁，它彷彿是一片七色霓虹中的藍色。他此刻聲音，也帶點霓虹味。

「這並不是恕詞或謙詞。我多年所探索的，恐怕還未成熟，僅僅是菓子的青色時期——

一種開始。還得狠狠下幾年苦功，把我所思所想的，與各方面聯繫起來，反覆綜合思辨、分析，與歸納，才能具有較鮮明的形象。不過，這沒有什麼，即使不成熟，咀嚼時，只感到酸味、澀味，但在一百滴菓汁中，只要還能嚐出一滴鮮味，也行。……這一段時期，我還沒有正式的極嚴肅的整理我過去一些思想頭緒。你知道，我暫時沉沒在幸福中。我渴望『幸福』的煦風能有助於那隻蘋果的紅熟。但生命沐浴於這種煦風時，總不免有點暈眩感覺，這也正是李斯特論蕭邦和喬治桑戀愛的那種『頭暈』。這種眩暈，或多或少，會傷害較深入的思維。……沒有什麼，好在這種感覺極度『暈眩』時間不太長，隨著全宇宙的那種偉大寧靜，生命終於恢復普遍寧靜。……人們也只能在永恆寧靜中得救。……你看，今夜，我們不挺寧靜麼？我們不也和過去一樣，感到幸福？……好了，讓我開始吧！」

他把煙蒂扔到窗外，又一次站在她面前，眼睛卻注視窗外暗夜，偶然仰視天上星光。

「正如在向光性運動中，樹葉子運用它表面細胞的黃色素吸收光，作爲它的原動力，我用我生命細胞中一切感情色素和思想色素吸收你，你的靈魂與你的肉體，作爲我再造的生命的原動力之一。這是最基礎的吸收。沒有這個，新的完整生命不可能。通過你的觀念纖維、感覺纖維，——那種靈魂緯度，我的靈魂經度才能形成一幅完整的信仰空間。沒有你，人性在我不圓全。

「沒有你，人性在我只是一半。然而，你的緯度橫貫我的經度，這只是一份信仰空間，假如不穿織另一份信仰時間，它仍僅僅是那偉大的人性的一半。這個時間是將來，是更多的你和我，是——他！

「我們的未來嬰兒正是他。

「我——你——他，這是一個眞正整體。許多年來，我只完成第一人稱，現在，又加上第二人稱，剩下的，是未來那個第三人稱。這三者，只有程序的先後。

「有時，那最後的，不一定是最重要的，那最先的，也不一定最幼稚、最少成熟。它們只是個整體。這三者同流於一片波浪中。有時，這個漂到浪頂上，一陣風來，又沉到浪底，另一個卻浮上來。我們很難機械規定它們的空間，因爲，一切是流動的、旋轉的進展。最重要的，有時最被貶低，微不足道的，有時又升上第一位。這一切，人不能事先預測。而且，誰又能肯定，那最重要的，其實是眞不兌現的支票，而那微不足道的，倒是眞實的貨幣，眞正的高峰？

「歷史和信仰，本身就是一大串波浪體，包含那最荒謬的波浪。假如肯定今天文明智慧是歷史豐富的果實，就沒有理由不肯定那促成這個巨大波浪運動的一切細流。凡幫助運動的，都不該否定。我們無法按照自己意圖，設計一套歷史藍圖，和波浪的整體。一切充滿大量假定的設計，都被現實的風吹歪。即使是設計得最謹嚴的宇宙整體，今天也依然充滿許多荒謬和不可解。

「這一切，才叫眞正的自然。開宗明義，首先必須牢記，我們是自然的產物。

「這一次歸來，依舊不是歸來，是新的尋覓。正如四年前，我找尋華山峰頂，現在，我尋找你——你是我新的五千仞上。不同是，我再不孤獨了，我形成一個新的整體。在大上方，我是一個整體，自然整體。我把自己生命中的宇宙部分發揮到極端，形成一個獨立宇宙整體，一個星座。然而，萬萬千千星球，終只是我的未來方向，此刻，首先，我仍得回到自己星球上——地球。(實際上，我也從未眞正離開過它。)可是我絕非單純的肉體性的歸來，爲了尋找你的肢體，主要是，只有通過你的整體，才能叫我變成一個人間整體——一個眞正的人。

「古典大師說，解脫後，再找女子，就要破法、毀道，我要說，只有這樣，才能成法、全道。沒有眞正的大地愛情，就沒有眞正的世間法，和永恆道體。我們的結合，不但一點不損害我靈魂裏的宇宙成分，反而擴大它的邊疆深度，使它更宇宙化了。在一切宇宙生命中，人本身就是宇宙最深刻的一片彩色。

「我不是回到你的懷抱，我是再找到你的形體，這裏，我看見最新鮮的光、最新鮮的人間整體。這一些，是我十四年前看不見的。那時候，我的宇宙裏，只有我自己，不能永久容納第二個存在。現在，只當我靈魂中眞正裝滿一整個宇宙後，我才能眞正永恆的容納你，和另外萬萬千千人。凡不先滲透宇宙，把它變成自己精神背景和自己生命一部分的人，就不能最永恆最絕對的容納全人類。

「終於，我有了一切：我——宇宙——你——他——萬萬千千生命。我再沒有什麼虧缺了。」

聽完了，她雙臂摟住他，久久注視他。接著，她抬起頭，放開手，嫵媚的笑道：

「你這是談愛情——以及它的哲學基礎。再對我談談人生眞理本身吧！」

他深深的思考一會，面孔顯露近幾月從未有過的嚴肅神色。

「當你第一次愛上人生眞理後，就永遠愛上它了。這種愛，比情人愛更熾烈，比母愛更頑強，比一切慾望和本能更可怕，甚至比人類對生命本身的愛還狂猘、持久。假如生命的顏色，不就是人生眞理的顏色，生命又算什麼呢？在萬千生命與一種人生眞理之間，人只能選一個：眞理。一切生命的精華，都凝縮於此中。你自己深沉的血肉，也就是它的深沉血肉。要撕開它，等於撕你自己的皮，剝你自己的肉，流你自己的血。

「當你全身每一個細胞都淹沒在人生眞理中後，再不能分清，什麼是眞理。什麼是你。你屬於眞理，眞理也屬於你。

「當然，並不是每一個人都是幸運者，第一眼就看見人生眞理。可是，只要你一覷見它最初的光芒，不管它怎樣細小，如鵝卵石，如矢車菊，甚至是一顆沙、一粒米，它將永遠不會離開你。隨著時間流水，和你的掙扎、游泳，它一沙又一沙的集聚、凝固。

「午夜、清晨、黃昏，每天、每小時，你都可以加幾粒沙、幾朵矢車菊，甚至幾塊鵝卵石，同時，也加幾分凝固力。即使在最大錯誤中，也涵蘊人生眞理最本質的清明與純潔。正由於這種最元素性的純粹與透明，那最荒謬的，有時也反射一片眞實的河流之光。一切逆流、暗流，仍居於大流本體。漸漸的，終於，你抓住整個人生眞理河流，在偉大的流動中，你煉造——也發現了人生眞理最完整的巨火。這不一定是煉永生之火，但足夠照亮你，和你以後幾代了。雖然你不一定要扮演普羅米修斯，必須以日日夜夜被巨鷹啄食心肝爲代價，但至少，你得付出你整整一生，特別是，你全部青春。

「我所謂人生眞理，不一定指一大套理論體系，或一大串公式。即使是最偉大的科學公式，也只能代表某一種科學眞理。在大自然眞理中，有萬萬千千公式，也有萬萬千千個分類眞理。（自然，就此一分類的範圍說，也有它的普遍性。）在人生眞理中，可不一定如此。人性終有其極限，誰達到它，抓住它，就是抓住人生頂點。也可以說，這是靈魂最高點，最強音。最深刻的人生眞理，不只是一套最深刻的智慧觀照，也是一整套最深沉的人生經驗，特別是，靈性經歷。你體驗到靈魂的極致境界，人性的最大限度，你超越了前人靈魂經驗。在這個極點上，你不只獲得智慧本質、性靈元素，最重要的，你獲得一整套深刻的嶄新的人性感覺。（說是「整套」，也是相對的，這僅是和前人經驗作比較。）只有不斷的徹底改變人類對事物對萬象的直接感覺，和最後感覺，以及綜合觀照，宇宙對我們才恆久嶄新，生命河流對我們才千古常新。否則，在最新的物質世界中，一切最舊的悲劇，仍會重演。

「假如明天人類仍用昨天的被威懾於佛像的感覺，接受新的力量——甚至包括科學的威懾，那麼，即使是明天科學眞理，也仍有變成舊的迷信與悲劇的危險。就另一方面說，人類在今後若干萬年中，仍會釘死千千萬萬新耶穌，毒死新蘇格拉底，像過去釘死舊耶穌、毒死舊蘇格拉底一樣。

「自然，有些明日感覺，會隨明日物質新世界俱來，但並不是一切偉大新感覺都能從中產生。這兩個世紀，特別本世紀，人類經歷翻天覆地的物質大變化，但人類靈魂宇宙的變革，並不相應。在西方，主宰一切的，仍是一千多年前的神像，在東方，眞正統治者，則是另一些神像。適應當前物質宇宙的空前革命，人類靈魂宇宙也應有一個空前大革命，需要一種新感覺、新感情、新思維、新境界。東方傳統寶藏中，那些偉大人生高峰中，正閃耀這種新感覺新境界的雛形光輝。不同是，它們從前屬於少數大師、苦行者，和少數知識分子，明天卻屬於全人類。永恆光輝不該僅屬於少數先知者，和某些智慧的知識分子，也應屬於芸芸衆生的。

「誰沒有經歷過這種靈性鍛鍊、超生入死的修煉，（這種鍛鍊之前，先有各種生活河流作前奏曲。）誰的靈魂就不會眞光、眞亮、眞堅固、眞透明，——那是永恆的光源。平時你看不見，在最可怕、最嚴重的考驗時辰，你會看見它，正如最深黑夜裏，你可以看見最美的夜光珠。這一切，絕不靠任何外來壓力，它完全來自內心的眞正光源。」

談到這裏，他扔掉第三支煙蒂，面對窗外黝暗天空，面孔突然更嚴肅了。

「我想建立的，以及我想和大家共同探討軔創的，是一種星球哲學或星球主義。它也是一種整體生命觀照，和綜合的人生哲學感覺，把國家或民族感覺，化成世界感覺，而且要變成星球感覺。嚴肅點說，我們不僅要把個人精神體系、國家或民族精神體系轉化爲世界精神體系，更需要變形爲星球精神體系。世界或國際這類名詞，已遠遠不夠了。首先，要意識到，我們是生存在地球上。一個地球，不僅是一個世界，而是千千萬萬星球中的一個。整個銀河系宇宙內，地球的渺小，並不亞於人在地球上的渺小。或早或遲，人類總要離開地球，飛往無限星際空間，旅行或暫居於其他星球上。（事實上，這方面，科學家們已有眞理性的輝煌的發軔。）展現於我們視野的，將是一整個簇新的奇異的星球世界。目前，只有天文學家感受這個。但他們僅是一種職業感覺，還沒有把它當做一切眞實生活和觀念的基礎，或者，他們並沒有把這種星球感覺（或星球精神體系）哲學化。

「我個人發現：東方哲學領域，特別是中國古典玄學領域，它最精華的部分之一，正萌芽這樣一種高貴的質素，就是，努力使生命感覺跳出這個地球，遨遊於永恆星際空間。雖然，它從未用明顯的字句表現這種概念，（那時也還沒有這一類天文學詞彙。）它的核心感覺——精神境界，以及智慧的高峰境界，卻企圖醞釀和形成這樣一種超越的星球感覺境界。

「我的努力，是嘗試探索，並建議哲學家、科學家，和某些知識分子們作一些心理實驗，培育這一種萌芽感覺，促成它逐漸開花，讓它與現代天文學的智慧感覺溶成一片。這樣，他們將給人類帶來一套眞正比較永恆的人生觀念，而且是極科學極現代極詩的人生觀念，只要初步完成這些，我們的官能基礎將無比擴大、加深，幾乎達到一種奇蹟式的人生境界。一切過去認爲荒誕的，都合理了，人生中，最分歧的萬有，在這裏，都統一了。

「即使從其他科學領域說，無論是對物質或物理的極致探索，或對化學元素或化學原理的窮究，物質或元素或自然現象的暫時極限，（對傳統科學說，這是一種空前的極限，儘管它們是暫時的。）它們總和星際科學結成一體。星球哲學，不僅探索並聯繫無限時間和空間的廣度，同樣，也探索和聯繫它們的深度，這種深度，是與上述物理化學的極致探索未來星球哲學體系（主要是人生哲學方面）的建立，幾乎與整個科學領域不可分。

「除非人類不滲透眞正的星際生活，並眞正享受這種生活，否則，將先嘗試建立這種星球哲學。實際上，後者也必然相應前者而誕生。

「任一種新的人生哲學，常是一種新的預言，隨著時間、詩味的預言，化爲巨大現實。

「具備星球哲學這樣一種瑰麗的透明的遠景、基礎和境界，我們的靈魂，將眞正超脫生命與死亡的現實束縛，置身於一片永恆透明與曠達的境界中。人類如果不受死亡陰影威脅，能把它的黑暗轉化爲一片永恆光明，那麼，人生中、宇宙間，就沒有什麼眞正可以威脅我們的了。從這種和其他種種人生威脅中解脫，我們不倚賴上帝、阿拉、佛，和別的任何神祇，也不憑仗任何強制性的一元論，也不完全藉助於社會現實的強迫性的壓力，我們所皈依的，是生命整體的智慧，與由此而產生的高超的生命境界，以及東西文化(包括將來科學的發展)毫無抵觸的新的文化整體，相反的，這種新整體恰恰能靈活的適應我們的人生眞理新背景。

「我之再找尋你，和你共同創造我們第一個生命——海地，正基於上述這種哲學觀念，以及我過去的靈魂空間背景。五千仞上，我所獲得的，是偉大自然的迴聲，可這不夠，我還必須綜合人間的迴聲——你、我們未來的孩子。今後，我更要找尋並設法獲得更多的迴聲——人類。只有穿過你和他，在靈魂和肉體上，我才能有血有肉的健全的走向他們——人類。起點是我，中程是大自然宇宙、你和他，終點卻是他們。而眞正最後的永恆終點仍是整個星際空間。

「一切自然的迴聲，必須和人間迴聲合奏。一切人類迴聲，也必須與宇宙迴聲共鳴。這樣，才創生出一闋眞正完整的人生眞理的永恆交響曲。

「宇宙、萬象、生命、死亡、人類、愛情、一切一切，我都可以超脫，只有一樣，我不能，這就是倫理責任。只要一天還活在地球上，我就擺脫不了它。這不是它強迫我的，這是我靈魂深處深刻自覺。現在，我進一步豁悟：一切迴聲之外，還有一個偉大的也無法擺脫的迴聲，倫理的迴聲。我必須答覆它、響應它。實際上，作爲一切人間迴聲主要和聲之一，就是它。

「當然，這個倫理迴聲，與超脫性的星球哲學並不衝突，寧是後者和聲的一部分。敦促全人類都進化到這種超脫境界，也是一種倫理責任。因爲，星球哲學的極致境界，是希望人類的整個人生過程更光明、更美麗、更穩固，——這一切的總名字，就是幸福。

「對於未來人類，不需要每個人拋棄一切，都攀登五千仞上去悟道。（在印度和西方世界，不少知識分子正是這樣做。）敞開道體的神秘窗戶後，現代人有的是方便與迅速的通道，直達永恆，收穫永恆果實。

「整個星球哲學中，解脫只佔一部分。在我嘗試和大家共同探索建立的人類未來新信仰中，星球哲學也只佔一部分。另外，還有些現實問題，實踐項目有待大家不斷共同研究。我希望，這幾年內，我能先把這方面的個人意見與經驗，先寫成一本書，算是拋磚引玉。作爲人生哲學和信仰說，或多或少，我個人總算獲得一種比較能使我自己精神穩定的人生哲學，——一種生命信仰。在這種信仰中，多多少少，我已試著思考，並嘗試解決幾個對我來說是迫切的問題，這就是神的問題、禪的眞實經驗問題，以及「永恆」的詮釋與定位，和它的眞象。

「這次再投入你的懷抱，絕不是一個陳舊的歸來；一種古老的愛情，一個古老的亞當，一種古老的重複，正像千百年來千千萬萬人重複過的。希臘、羅馬人的愛情哲學，和原始穴居人不同。中世紀又和希臘時代不同。現代人又不同於中世紀。

「我們這次結合，絕不是『過去』的翻版，它籠罩於新的心理光輝中、新的觀念星光中。

這一次，我伸給你的臂膀，不再全是十四年前的原始臂膀。那一次，我是為愛情而愛情，甚至為遊戲而愛情，此刻，它卻是我人生信仰建築的一塊重要基石。當然，純粹肉體官能感覺，總是純粹肉體官能感覺，這裏面，沒有什麼玄學。可是，十四年前，這一感覺是我的起點，也是我的終點。現在，它僅是我的新起點之一，卻絕不是我的終點。我重視的是，企盼從深湛的肉體迴旋中，產生深湛的靈魂迴旋。為了擴大靈，才擴大肉。肉的上升與沉落，只為了靈的上昇與沉落。我只給予前者一定空間和時間，不再是無限空間和時間，儘管它是現實世界中相當重要的時空之一。

「超於一切的是，首先，人類必須延續生命，必須給任何飢餓的慾望（不管是胃的或性的），以麵包與水，必須取得毫不撒謊的生命酬報與沉醉——包括那無上的大智慧沉醉。一句話，我們必須是眞正的人，綜合的整體的人，——盡可能滲透全部人類文化文明果實的香味，不折不扣的人性的香味。有時，也包括那些苦艾汁的香味。

「生命中，一切肉體與靈魂的歡樂，在基本運動軌道形式上，雖無不同，但軌道的長短深淺、迴旋的幅度、形式，卻大有出入。說來說去，現代人的官能和感覺觸鬚，比古代人複雜多了，正像投映於現代人視野的宇宙星球，比投映於古代人視野的，豐富奧妙多了。古代人連天穹星球都計算不清楚，現代人卻連太陽裏的黑子都能計算了，更不必說許多星雲的微妙變化。現代科學翅膀飛翔的高度，一切古代和中世紀最荒唐的神話羽翼都無法追蹤。在這樣一個陸離錯綜的大千世界中，要建立一套又微妙又透明又健康堅固的現代性精神平衡與和諧，眞是一種極危峭極冒險的事業，可又是一個迫不及待的理想。

「如果因爲現代世界某些表面混亂，和有時過度耽於肉慾，從而得出粗獷的結論：認爲我們必須再回到十字架或古印度菩提樹下，那將大大挫傷無比犀利的現代生命智慧。這不僅不必要，實際上，也不全可能。（從歷史時間上說，耶佛兩教目前仍有文化的生命。）比較安全的道路是——我個人初步這樣想——在現代無限變化與刺激中，在複雜微妙的感應中，探尋那又複雜又透明的平衡與綜合。這一切，比希臘的古典平衡複雜多了。比中世紀基督教的靈魂平衡也複雜多了。人類絕不會忘記，古典希臘平衡如此不堅固，如此禁不起礁石，很迅速的，迫使羅馬的船沉沒在急流中，從此，不得不借助於基督教的方舟。人類假如不吸取這一課的深刻教訓，現代文明世界，很可能又像羅馬一樣，再度沉船，或者，又重新讓神話、修道院、教堂、經院哲學，和沙漠上的聖者圓柱統治一切。我們的艱難是，必須排除一切宗教與神祇的巨大誘惑和魅力；（雖然，我們會適當的吸取它們有益養料。）在一條最動盪、最喧豗、最可怕的河流上，架一條較堅固的橋樑，通向那幾乎渺茫不可知的人生彼岸。由於現代科學瞬息萬變，未來也是瞬息萬變，充滿各式各樣難以預測的因素，因此，這座橋樑必須能適應『未來』河流的無限變化性。

「自然，不管星球哲學將來怎樣普遍，基督教、佛教、回教，或其他宗教的力量，仍將存在，但漸漸的，它們可能將從主位轉爲次位。很可能，我們中華民族賴以長存三四千年的那種古典文化，加上目前還在進行的某種巨大觀念的實驗經驗，綜合智慧，吸收並融化了西方文化精華後，將對未來文明作出嶄新貢獻。

「這兒，我們應該再一次回到東方，回歸自己古典花園中，那種微妙的彈性，和靈敏的適應性。藉助於他們的酵素，我們祖先曾經創造出全部中國古典歷史文明與文化。它們不只會再一次給現代中國人以深沉啓示，也將給西方世界以啓示。我們的祖先，就是用這一類偉大彈性、適應性和智慧，橫渡一切危險河流的。我並不想勸人再返回陳舊的古宅，我卻希望人們能再一次精細的檢查東方古典倉庫。從瘞埋在地底下千百年的帝王塚墓中，我們既挖出許多珍寶和藝術品，像柴窯、汝窯磁器等等，那麼，從大地倉庫裏，我們同樣也會搜尋到一些珍珠寶石。古典『悟道』，就是這些寶石中的一顆。只要我們把它從迷途上引回來，它仍將帶給現代人以深刻人生啓示。自然，這一切必須現代化，與最新的科學智慧結婚。」

他又一次走到她面前：「現在，夜深了，這不是長談哲學的時辰，我怕你太累了。我們休息吧！讓我暫時結束這一場莊周式的靈魂『逍遙遊』吧！我要再一次聲明，這只是我全部思想的序曲之序曲，誇大點說，滄海上幾朵浪花。我僅用最通俗的言語，敍述我的某些意圖。將來，我們還有長談機會。再說，我自己的精神海洋，今後幾年，還得刻苦用功，繼續航行探險，以便找尋更多的陽光，照射船上那些還未紅熟的果子。也許，我會全部失敗，但我的理想本身，將來總會有人實現的。」

她輕輕從窗臺上跳下來，兩手吊住他的脖子，正好跳到他懷裏。他緊緊的抱住她，像抱一個小女孩，微笑著，向室內走去。

他們停在藍室中央。她用最誠懇的聲音對他說：

「親愛的，你並未失敗。有生以來第一次，我聽見有人如此大膽，如此勇敢的提出這樣一個誰也不敢提出的問題。你膽敢提出這樣一種理想——企圖聯合許多知識分子（甚至全世界知識分子），共同創造一種明日人類的健全的新信仰，以代替現有的或多或少已過時的各式舊信仰，單這點勇敢，就夠我欣賞你了。儘管我是你的妻子，但在這類事情上，我應該盡可能保持客觀的清醒的估計，不能單純的庸俗的僅僅鼓掌。在你剛才言語中，至少，使我們已意識到未來人類統一人生新信仰的一個最初起點，它不僅說明擺在未來全世界知識分子面前的重要使命，也特別宣示了中國知識分子們肩膀上所負載的一種新責任。爲了人類，也爲中國民族本身，我們應無愧於我們悠久的四千年文明文化。我同意你下面的想法：當前中國，正在進行各種理想實驗。中國人有勇氣作各種實驗，這是中國人可以自豪處。……總的說來，今夜你給予我這些聲音，我已很滿足了。我希望，在你今後的生命熱情中，閃耀著這些智慧的光輝；也只有在這樣一種光輝中，人們才能死心塌地絕對而純粹的相愛著，是不是？」

第三章

一

生命流逝，時間奔馳。不管是怎樣形成的流逝與奔馳，無數的生命與時間，終究消失了。

謝謝上帝，此刻，我們巨大故事的主人，大致總算找到自己的靈魂窠巢了，說誇張些，或者，他已為自己築成一座新的試驗性的神廟，看樣子，他可以安安靜靜供奉新神及其信仰了。然而，讀者們會問：他的那些朋友們呢？那些沒有神廟的香客們的命運呢？他們怎樣消耗自己的最後生命火花？他們怎樣撥弄那些最後灰燼？從灰中出來的，全是灰，不再有一星火花麼？從火裏出來的，全是火，沒有一點別的東西麼？

一盆瓜葉菊，紫絳色，近看，顏色並不旖旎，有點粗俗，遠看，卻瑰麗之至。那片紅色、帶粉味、銀味，襯托那一片片綠色闊葉，朵朵姹紫嫣紅，像一盆紅色星星，飄在綠色彩雲間。燈下看，更美，如燈下觀美人，似煙似夢。可是，不管它怎樣標緻，幾星期後，那些紅色、綠色，忽然不對勁了。它們紅得不像紅，綠得不像綠，彷彿一下子，突然抽掉濃度和精素。

一朵朵昂挺的花，有的垂下頭，粉白瓣底朝天，你怎樣扳弄它們，也抬不起頭，宛若沉入最深悲哀中。有的花瓣，萎縮了，完全向下垂直。有些花朵，有幾瓣折落了，如禽鳥折斷半隻翅膀；另一些，歪歪斜斜，似喝醉酒。白天，這盆花淒伶伶的，只遠遠乍看時，依然帶幾分殘賸姿色，可是，夜裏，怪極了，在燈光下，特別是在一隻藍色電燈泡下，遠遠看去，仍如夢如霧，隱隱綽綽的，還是姹紫嫣紅，很美，彷彿從未衰敗過。

生命也正是這一盆瓜葉菊，越遠越美，越近看，越粗俗。當青春火焰強烈時，人們照例愛用最大的遠距離欣賞這盆花，特別是，愛在夜裏、煙裏、霧裏看。火越燒越小，視覺和花的距離，也越來越近，那層夜裏燈光煙霧，也越來越淡。直到最後，每一朵鮮艷的花都變成怪物。人們會詫異，就在這些怪物身上，曾有一個時期，竟放射過那樣燦爛華煒的色彩？

假如這本書中的一些人物終於變成一些怪物，請寬恕他們吧！讓我再重複上面說過的一句話：畢竟，創造主並沒有供應我們充分的燃料，使這些怪物比較正常。

「好吧！」你們要問：「那些怪物們，現在究竟怎樣呢？」

那幾個古怪商人，還在古怪的跑單幫麼？那位狷傲的哲學家，依舊深深埋在地下室內痛飲四川大麯麼？那個希臘神話的翻譯者，還在與公鷄母鷄們鬥爭麼？我們的咖啡店主人，仍舊咬著英國ORIK黑色煙斗，噴吐好運牌煙圈，愉快的出賣棕黑色飲料麼？沙龍夫人的大紅繡花黑緞鞋旁，依舊躺著那隻美麗的暹羅貓麼？我們的正在度「旅行年」的朋友，從新疆沙漠回來沒有呢？那位胖胖的「土豪」，完成他的「一、二計劃」麼？那位考古家，目前怎樣了呢？我們的以製造肥皂泡爲業的提琴家，如何對付他的殘年呢？我們的中學教員兼報屁股作家兼綠蒂嗜愛者，依舊卜居那座荒漠古城麼？

對了，我們還是先從西北古城和那位綠蒂嗜愛者談起吧，一切亞洲文明歷史，都由這座古城附近展開，現在，他們的故事尾聲，也應該從它展開來。

那片黃土層上的黃土古城怎樣了呢？春三月還有那麼多黃沙麼？黃昏時還有那麼多烏鴉麼？我們的鄭天漫先生又怎樣呢？他還是坐在馬蒂斯紅衣女像下，翻著一本本綠蒂，讓一些拉丁味的幻影掠過他腦際？拉曼卻或格蘭雪斯？歌忒或者西爾維斯特？菊子夫人或者土耳其女郎？還是頭枕舊沙發，閉緊眼睛，使他那雙千年神龜式的褐色眼珠，一片黑暗，回憶他的沾綠蒂風的亡妻洗美綉？而一睜開眼睛，他又想罵現在的妻子，那個顯示一張牲口臉的蘇荔紋？他此刻究竟罵得怎樣了？還有，那些王痲子、李蟑螂、汪山羊們，仍是成群結隊，在他家裏大唱「群英會」麼？再如元豐酒店的張酒糟，爲了討酒帳，是不是依舊很激動，恨不把那隻像西紅柿一樣大的酒糟鼻子摘下來，摔到他臉上？

事實上，我們的鄭天漫先生，可敬的《土耳其女郎》的翻譯者，並沒有坐在馬蒂斯紅衣女像下，那張破舊米色沙發上，懷念「亡妻」，也沒有罵那隻土地瓜，更未客串排演「群英會」。此刻，他正在大街上散步。他剛從唐鏡青家來，不，他才從一場風暴中衝出來。唐家房子，像築在海拔五千尺的太白山頂，永遠飛沙走石，疾風暴雨。（這個，後面再談。）他不知往何處去？這正是暮秋下午，陰溜溜的天，灰沉沉的地。烏鴉們還未飛出來，黃土層卻似灰土層，充滿殮葬風格。他的腳步，像駱駝蹄掌，脊背微微有點像駝，緩緩的彳亍著。他不知往哪裏去？

我究竟往哪裏去呢？他翻著那雙千年神龜似的褐色小眼睛，問自己。他脊背上那一條條古樸龜板紋，甲骨文式的線，每一條都爆出問號。面前不是十字街頭，是一條筆直馬路，北大街，但他卻不知往哪裏去？繼續往前走五分鐘，就是鐘樓，那是眞正十字路口，他有點怕。他並不怕那座古老建築，也不怕那個十字，他怕另外一個東西，它究竟是什麼，他說不清楚。

往右轉轉。這是一爿小店，賣甜酒釀沖鷄蛋，和一家煙紙店。才下午兩點半，就吃一碗酒釀沖鷄蛋，似乎有點荒謬。而且，這爿小店，不像李蟑螂、汪山羊他們，從不賒欠。走進煙紙店麼？他口袋裏有的是天仙牌香煙，暫時還不需要補充燃料。（他把香煙也當一種燃料，和煤球或電力一樣。）假如一個人能土遁，一直走進牆壁，多好！他眞想鑽進去。可惜，他沒有學會這一手。向左轉麼？斜對面，是北大街旅館，那座鋼骨水泥建築太巨大，有點駭人，去開個房間睡午覺麼？荒唐！荒唐！他能不能後退著走呢？像若干年後出現的那位印度奇人帕薩沙拉西，假如眼睛眞生在腦後，又假如不怕路人把他送進瘋人院，他倒想試試這種走法。至少，這可以使他避免許許多多麻煩。生命的眞麻煩是，地球上沒有一雙眼睛長在小腦後面，也沒有一個人眞正後退著走，即使把身子掉轉來走，依舊是前進，不是後退。

我究竟往哪裏去呢？他摸出一支煙，沉思的吸著。

拿日子說，並不比兩年或四年前更壞。有時，他依舊有紅燒甲魚和椒鹽鷄可吃，有汾酒或竹葉青可喝，而且，此時此刻此秒，他正抽著天仙牌。雖然，一年中，偶有一、兩次，王麻子、汪山羊、張酒糟他們，可能輪流到他宅子裏排演打鼓罵曹，比賽著最刻薄的字眼。甚至賣餛飩的高「混帳」，也大白天敲著梆子，吵著大索「混沌帳」（餛飩帳）。可是，所有這些，並不妨礙他的口福。這些爲了兩分錢可以吵得翻江倒海的英雄們，吵罵後，不久，依舊會繼續供應他紅燒甲魚與清炒蝦仁，五加皮和洋貨高粱，天仙牌及美女牌，萊陽梨和煙臺蘋果等等。這一切，彷彿已變成規律——或者，叫做「鄭天漫定律」吧！正如古人所說：「天下分久必合，合久必分」。他們知道，這位中學教員的信用，雖然是一隻漏水的船，隨時會沉，但一百次中，雖有九十五次沉到水底，在最後五次中，仍可全部打撈起來。

他們主要事業，就在於這百分之五次的打撈工作。「群英大吵會」後不久，他一屁股帳，仍會陸續償清。於是，暫獲一個時期偏安。接著，又是新的一屁股帳。這些商業英雄們，可不能記憶太好，假如每個人都是勾踐和豫讓，將永遠發不了財。物價不斷漲，生意不容易做，只要沉船能毫無損失的打撈上來，僅僅麻煩一張嘴、兩條腿，那是小事。在他們過去商業記錄中，有的買主，幾十年就是在群英會與打鼓罵曹中度過的。大欠與大索，大吵大鬧之後，繼以熱烈握手言歡，這十足證明黑格爾哲學。比起這些老蟹來，鄭天漫這隻蟹到底嫩得多了，算不得什麼。要緊是，人們得活。要活下去，就得吵下去，罵下去，欠下去，索下去。說到究竟，我們親愛的鄭先生有房租可收，有教員薪金可拿，並且，還常常在報屁股上發表文章，有稿費可領。比一切更重要的是，他是一個難得的大買主。鄭天漫這方面呢，隨著一頁頁日曆撕過去，有意無意的，漸漸的，也改變那些引起麻煩的習慣。看見那些山羊蟑螂們在馬蒂斯女像下演打鼓罵曹，總不是愉快事。爲了多享點眞正耳根清福，他決定，把小孟嘗作風悄悄收斂一些，此外，再多兼任一級課，多寫點報屁股文章，（做不成大作家，做個地方報屁股作家，也不壞。）這樣，他的經濟的擺，慢慢的，便畫出較穩定的弧線。

促成這一切不大不小變化的，主要因素，還是家。有一位女士說過，家是「枷」，專套女人的。前幾年，對鄭天漫可能是這樣，現在，他那隻棕褐色腦袋，卻也被套進去了。因爲，他有了個白白胖胖的兒子，而且，蘇荔紋肚子又在「通貨膨脹」了。他對她的感覺並沒有變，無論如何，從一隻地瓜裏面，人們不可能嚼出蘋果味道。她那短短的「二道毛」頭髮叢中，也沒有星星與玫瑰。可是，地瓜式的母親肚子裏出來的，不一定是小地瓜。孩子是無辜的，即使他心愛的綠蒂作品裏，也沒有哪一行告訴他：做父親的，不該讓嬰孩吃飽喝飽穿暖。爲了這個小生命，他只好嚥下一部分詛咒。他知道，吃奶的孩子，假如有一個天天演「大劈棺」的母親，長大了，絕不會變成綠蒂，或後者筆下那些可愛人物的。更何況他的兒子鄭小漫早已能說能走，更需要一片和平環境，完成他的家庭教育了。

他依然深深懷念「亡妻」。他最可貴的那部分生命，是支付於回憶中。可是，他也只能翻讀過去日記，他和她的書簡，支著臂，獨自癡望她玲瓏的遺像發愣。歸根結柢，他快奔五十大關了，他那顆漸衰弱的徐緩下去的心臟，不是爲離婚和再結婚跳的，且不談客觀可能。一切只好糊糊塗塗下去。天大的悲劇，還它一片糊塗。人厭惡木板床，但夜夜仍得和它背貼背。人嫌每天捧粗飯碗麻煩，但頓頓仍得與它接吻。那些最可詛咒的形相卻是最耐久、最永恆的形相。可是——

有時候，那些菊子夫人與土耳其女郎們，仍在作怪。今天下午，就是她們最作祟的一個下午。特別是現在，從座落太白山頂的唐家出來後。

我究竟往哪裏去呢？

心亂極了。一切已失規律。地球似不再在行星軌道上旋轉了。那些牛頓定律、波以耳定律也失效了。怎麼辦呢？上天？入地？下海？摘花，看月？什麼都不能做，可什麼都想做。也許，只有一種機械動作能麻痺自己，不，把一切問題都麻痺，淹死！假如人是一種機器，生活只是一臺機器生活，那麼，這種生活會像海，把人淹死，也會像酒精，把人麻痺透。所有「？」一跌落深海，和人一樣，再也浮不起來。沒有人到深海底找「？」，連它的屍骸也找不到。可是，仍有睡眠與這段空白。在這片空白裏，海沒有了，酒精沒有了，餘波殘浪雖仍拍打，卻不能把「？」捲到海底，而酒精泡沫也麻痺不了它。於是「？」又衝出來了，滿天飛，滿地走，像這個古城廣場上的烏鴉。今天這個週末上午，他就是被這些烏鴉逼得衝到唐家的，吃了頓午飯，又被逼衝到大街上。實際上，目前他還不是機器，他是主動的生物，可又無目的在大街上走。這是一條灰溜溜的大街，它座落在一片可怕的黃土層，後者所有黃土，這會兒已不是黃土，都變成巨大的要悶死人的鉛塊。

那種又渾噩又單純的苦悶，簡直是灶膛內的煙火，把人窒息得要死。

比一切還悶的是：那些精緻感覺沒有了，美感沒有了。一個人沒有美感，怎麼能感到世界的美麗？大地上的花花色色？對石頭的感覺，不就是對玫瑰的感覺。狩獵鷹虎的情緒，也不等於觀賞蒙娜麗莎的情緒。用凝望拉斐爾聖母像的視覺徘徊於沙漠荒煙，怎麼成？反之，用沙漠視覺，來擁抱波特采利的維娜斯，又怎麼行？這結果，非鷹虎，也非蒙娜麗莎，非沙漠，也非聖母與維娜斯，是一種上不見太陽下不見地獄的中空狀態。是的，充滿花香鳥語的頭，忽然中空了、乾涸了，化為沙漠，可一陣風起，沙漠上還有飛沙走石，他的頭顱裏面，卻沒有一粒沙子、一塊石頭。有沙會舞蹈，有石會響，會鳴奏石頭音樂，那是一種生動氣韻——雖然是一種粗獷的生動氣韻。這卻是一片無聲無動的沙漠，所有沙子全凝結一起，如一片冰凍。焦急也沒有用，人的柔軟的頭，有時就會誕幻成一座岩壁，一塊無聲石頭，不管怎樣巨大的鐵鎚猛錘，也沒有一滴聲音、火花。

連血滴也會轉化爲石流，石頭的流體——假如石頭也能刹那變爲液體——它能流，流得很慢、很重，沒有熱、沒有顏色，和石頭一樣，冷冷的，說不出什麼顏色，暫時不會凝結，卻慢慢沉沉的流，直流到凝結爲止。血管內這種石液，不會叫心臟強烈跳動，只能叫它慢慢沉沉的凝結——凝成岩瘤、岩團。……

他吃了一驚——終於到達鐘樓十字路口了。

我究竟往哪裏去呢？

「隨便到一個地方去吧！隨便找任何一個人吧！——總比停在十字路口好。」

他決定去看佘良弼，因爲他住在附近一條胡同中。

二

在我們所熟悉的這個蒼白幽靈群中，佘良弼此刻是最不蒼白的了。他沒有理由再蒼白了。這群人中，他是野心最小的一個。只要他正式舉起鐮刀，很容易的，總會刈起一大束他想刈割的穀物。他不像鄭天漫，沒有那麼多土耳其女人或「菊子夫人」在作祟，甚至也沒有一個完整的有分量的「過去」。在時間圓周上，畫橫切線也好、畫垂直線也好，對他都是一樣，全是很輕易的事。而且，他隨時可以拿起他的兩腳圓規，重新畫他的整個圓周。此時，他的嶄新圓周，就是他的結婚生活。自然，這不是他單獨畫的，合作者有他妻子，甚至有他的兩個已出世的兒子，和一個尚未出世的兒子或女兒。

過去十八年，他是一個徹底流浪漢。別人——他的朋友們，大都是有家的流浪者，他卻眞正是一個無家流浪者。他的朋友們，只能說是靈魂流浪者，他卻還是個十足的肉體流浪者。這個社會，一個三十幾歲「光棍漢」，等於「馬浪蕩」的同義字，同時，也是一些有妹妹或姨妹或表妹的太太們的圍攻對象。他曾有一段暫借別人太太肚皮爲民族繁殖人口的歷史，這就使一些太太們放棄這一類圍攻。謝謝天，在最後一次暫借中，他終於使自己變成丈夫，從此，畫定自己最後圓周，也抓住最後的圓心。須說明：這位「太太」在洞房花燭夜就被遺棄。

沒有一個固定圓心，生活是不可思議的。

婚後，他滿足了。他可以好好泡一杯茶、吸一支煙，愉快的坐下來，滿足於他的胖胖的但是溫柔的太太的動作與聲音，滿足於他們繁殖人口的速度，一年一個，他現在已經有兩個白白胖胖兒子了，第三個也正醞釀於她子宮中。由於她的金融界後起之秀的弟弟的照顧，幾年前，他在東大街開一家煤炭行，專做批發。謝謝天，幾年來，他的生意一直不惡，除維持一家四口柴米油鹽外，星期天早晨，他們還能到東大街一家江南館子裏，盡情享受一頓維揚小籠包餃、乾絲，以及鎭江肴肉、黑醋，或者，假如他願意，到德勝樓極饕餮的大啖一次羊肉泡饃。他滿足了，他極滿足極滿足了。他的靈魂和肉體，都泛濫著這種滿足的潮水。他想，如果不是他的舵把得穩，可能，他幾乎早被另一種潮水沖瀉到黃河，或者長江，或什麼阿魯藏布江裏了。

他很愉快的坐在那張安樂沙發椅上，滿面紅光，享受這一片幸福的泛濫。

他還要什麼呢？有什麼理由，再叫他回到那片可怕的黑流中呢？儘管許多知識都以濯足這片黑流爲榮，謝謝天，他可不想奉陪了。蘇格拉底的毒藥杯也好，斯賓諾沙磨眼鏡片也好，黑格爾患虎列拉也好，喜馬拉雅山雪崩也好，這一切，都是他煤炭發票以外的事，人們沒有權利逼他捲進去。

這個禮拜天下午，當鄭天漫出現時，佘良弼正是這樣快快樂樂坐在他的安樂沙發椅上，他的大兒子涇涇和小兒子渭渭，像兩頭波斯貓，天眞而溫柔的圍繞他膝前。

「我不是基督徒，可是我感謝上帝，他老人家對我還算不錯。現在，我雖然不是世界上最快樂的人，至少，也是最穩定的人；穩定得再不會爲一隻茶杯或一隻飯碗生氣了。可老甄並不是這樣想法。你看看他這封信。」

主人從抽屜內取出一隻白色信封，遞給來客。

三

良弼：

請原諒，我很久未給你們寫信了。不是我不想寫，而是，提起筆來，不知怎樣寫才好。

寫我自己嗎？我的日子是這樣無聊。寫我的老婆兒女嗎？他們的生活也和我一樣糟。昨天，我本想寫寫我的兩個孩子，可是，一轉眼，爲了一塊雞蛋糕，他們吵得不亦樂乎，甚至動了拳頭，我不禁廢然擱筆。寫這個國家嗎？天知道，這片亞洲腹地發生了什麼事！寫寫我們的地球嗎？我看，除了一年自我兜圈子三百六十五次外，它什麼也沒有帶給我們。

除了這一些，最主要是：我的腦子現在已不是我的了。它一部分屬於胡椒粉、咖哩粉，或代乳粉，一部分屬於芝麻醬、豆瓣醬、蠶豆醬、花生醬，一部分屬於紅棗、黑棗、白棗、蝦皮、開洋、海帶、金針菜、木耳，再一部分屬於紅糖、線香、錫箔、蠟燭、明礬、高粱酒、五加皮、大便紙，剩下來的最後一點點，則被我的老婆兒女瓜分。以前，我還能安安坦坦表演我的「吃喝拉撒」四部曲，目前，四部曲變成三部曲，事情一忙，連大便都忘記了。

說了這許多，你也許摸不著頭腦，究竟我胡謅些什麼？讓我簡單告訴你吧！我在故鄉縣城裏開了一家小雜貨店。我是老闆兼伙計兼外勤，以及凡是一個雜貨店需要我兼的無論什麼職務。

我的妻子像狗逐尾巴，也跟著我在芝麻醬、豆瓣醬、蠶豆醬裏團團轉，包括打滾。

我們的店叫「大鴻運」。

每日每時每分每秒，我幾乎都在叩頭作揖，用聖保羅對我主耶穌的那份虔誠，靜待偉大的「鴻運」臨門。然而，它仍然姍姍來遲。有時，店裏雖然熱鬧得厲害，顧客穿梭來回，擠得像看廟會，但更多時候，它倒像荒山破廟，我和我的妻子爲了粉飾太平，索性興高采烈的車馬炮弈起象棋，拚命廝殺一番。

虧得我飄過海，走過朝鮮，頭腦總算伶俐，雖說是雜貨店，卻包羅萬象，只要能賺錢的，我幾乎什麼都賣，花色品種，遠遠超過同行。這樣，才能勉強維持下來。這個縣城，別的一些雜貨店，生意也不見佳，不同是，他們並沒有起勁的弈象棋，乾脆筒起雙手打瞌睡。

有這樣不景氣的時代、不景氣的國家、不景氣的縣城，也就有這樣不景氣的雜貨店。我們每月收入，除了穿、住等等外，僅僅能維持我們體內必不可少的二千—三千卡路里熱量。

我們很滿足於這份熱量。不管怎樣，城裏總比鄉下好得多。

鄉間簡直不能住。數不清的游擊隊。你這邊「救國」，他那邊「救民」，人們簡直被「救」得喘不過氣。僅僅離城三十里，一部現代「三國演義」就正在上演。甲殺乙，乙砍甲，甲又打丙，丙又攻乙。殺、砍、攻、打，循環不已，輪戰不已，眞叫人懷疑，人是不是一種專吃人肉的動物，像狼愛吃狼肉一樣。在那裏，一個人活很難，死卻很容易。今天躺在床上，腦袋還是你的，明天太陽起來，腦袋是不是屬於你，大成問題。我的一些同鄉、親戚、朋友，不少是無緣無故的腦袋搬家。另一些，則失蹤；還有一些，病死了。千言萬語一句話：還是城裏安穩點。要想學我們鄭天遐老夫子，做田園陶淵明麼？那你首先得配備一連禁衞隊，再加東西南北四座碉堡，要不你就得預立遺囑，準備好棺材。

周密考慮一番後，我才下最大決心，以迅雷不及掩耳速度，賣掉故鄉十幾畝墳田，入城開張「大鴻運」。現在，我身上雖然充滿豆瓣醬味、麻油味、辣椒味、白醋味、高粱酒味，但謝謝上帝，腦袋倒還豎在我脖子上，我的妻子兒女的腦袋，也原封不動。

這個年頭，最要緊是，首先，讓我們的腦袋依然故我。

今後怎樣呢？我不知道。連上帝也不知道。

我們不能知道明天的事，正像我們不能知道今天的事，和昨天的事。我們本該會知道昨天的或今天的事，但爲了避免麻煩，我們把自己的理智大大縮小，縮到最微細的一點，僅僅像蝌蚪一樣大。這樣，雖仍眼觀八方，實際等於甚麼也不知道。

我們知道的是——那是最最模糊的一點預測——假如我不被芝麻醬、蠶豆醬、豆瓣醬、花生醬活活埋死，我將仍生活在這些黑色的或褐色的醬料中。我本希望我的生活像它們一樣，半液體、半固體的，似動亦靜，似靜亦動，亦靜亦動，不動不靜，這樣，天下太平。

至少，我這個小小窠巢暫時瓦全。

此外，我還能希望什麼呢？

你說，我們還能希望什麼呢？——有什麼能特准我們「希望」呢？

你希望要一支強烈土耳其煙葉的高級舶來香煙嗎？一片兀鷹的巨大翅膀竟撲下來。你要一顆毫不沾泥土味的糖嗎？又是一陣撲打。你要眞正完美的香一點的肥皂嗎？再一次撲擊。你要一雙不浸點淚水的眼睛嗎？兩片大翅膀撲下來。想在床上多翻一個身嗎？——當心鞭笞。想在太陽升起時多打一個呵欠嗎？——可能會上夾棍。想在湯糰餡子內多加些糖嗎？——拳頭。重九想爬爬山在山頂多站一會嗎？——摑擊。

每分，每秒，一整個煤礦底層的那片可怕力量可能壓下來。壓淡了你的煙，你的糖，你的湯糰和陽光，也壓扁了你的山頂。想從重壓下爬起來嗎？——又飛來一隻攻擊性的兀鷹。夠了，朋友，我不想再向你翻印西方中世紀故事了。這些故事，對於原始製造者，是極自然的，對於我們這些複製者、轉述者，特別是，對於讀者，是殘忍的。

有機會，我眞想出來，再跑跑單幫，或者再和你們一道飄飄海，走走大漠。我深深懷念十二年前飄過朝鮮海峽時的那些記憶。那些日子裏，不管海峽風浪怎樣大，但我們依舊有岸，而一上岸，我們總可以得到很多很多東西。現在，風暴到處有，卻永遠沒有岸，更不要說岸上的鮮花與瓜菓了。

有時，我也想，到任何一個大城做個小職員吧，像老鄺一樣，守個鐵飯碗，其實是補鍋匠三補四補過的。

我想，這片亞洲腹地上，到處是海，到處是黑色波浪，更要緊的是，到處是魚；每天任一時刻，任一空間，只要人們撒下網，一秒鐘內，就可以撈起滿網的魚——這不是成千成萬的魚，這是痛苦。痛苦叫每一個人都變成黑色的捕魚者。不管他願意捕或不願意捕，反正魚網總在自動沉落和升起。即使他不許它動作，成千成萬的魚，也會從黑暗海底浮起來，跳到他網內，不，跳到他身上。

怎樣對抗這些魚呢？這麼多！比天上星星還多！沒有法，他只得讓牠們身上的鹹味、苦味、腥味纏繞他，直到最後——那最大的鯊魚撞過來，呑掉他。

也許，這些魚——即使是最辛辣的星星鯊，也還不是最可怕的。

最可怕的，不是鯊魚，不是饑餓，也不是斷頭臺，而是我們感受器的變形。人類感受器會變形的。當眞皮乳頭層的神經末梢變形了，我們不再感到炎夏。當眞皮網狀層中的神經末梢變形了，我們不會感到凜冬。當我們的聽小骨和兩個膜窗變形了，萬千聲浪捲過來，我們會覺得無聲。最後，我們中樞神經變形了，萬千侮辱擲過來，我們全如承受萬千落葉，一切輕飄飄得很。

江河變形時，一切峻急流水，轉爲平流；山岳變形時，一切尖銳高峰，遷爲小丘或平地。這個變形，不是一天、一星期，或一個月、兩個月完成的，是一年又一年完成的。你自以爲完成時，其實它尙未完成。當你認爲它永遠不會完成時，它終於完成。

完成這種變形的過程，是殘酷的，正像地球從一團火燄變形爲一個星球的過程，是殘酷的。比起地球變形來，一個人的靈魂變形，是極渺小的。在永恆空間深處，無數千萬星球從生到滅，經歷極複雜的變形。直到生命毀滅了，屍體也仍在繼續變形。當肉體變形爲氣體後，變形過程仍然賡續。誰能逃避那個巨大力量？(那些自命爲最高權威者，何嘗能逃避這巨大力量？)

寫到這裏，也許，你會把我當做一個宿命論者了。不！我不是唯命運論者。我只不過說明一些殘忍的宇宙定律罷了。

這封信，從花生醬、蠶豆醬、芝麻醬談起，一直談到宇宙定律及星球變形，這隻野馬兜得太遠了，就此煞住吧！否則，你會以爲，我請你免費乘飛馬座星雲，作星際旅行了。一笑。

請問候你的妻子和孩子們。內人均此致意。祝

近好！

弟　俠　×月×日

四

「老甄爲他的感受器變形，竟能作如此細緻的哲學分析，這說明，他的感受器還沒有遭遇最後的毀滅。假如他的舞臺再移動三十里(如他信上所說)，他可能不會寫出這樣一封信了。」

「是的，我也這樣想。我們這群人——包括你和你的一些朋友在內，其實還是幸運的。

最大的風浪也只打濕我們的衣角，最多是鞋子浸透，我們還沒有眞正在水底掙扎過。」他溫柔的撫摸大兒子溼溼的小平頭，這種溫柔，頗叫來客羡慕。近來，漸漸的，他自己也開始享受這種撫摸的滋味了，雖然過去幾年，他對小漫那顆圓圓小腦袋興趣不很大。今後，可能，他要多考慮了。

「這也是一般敏感的中國知識分子的命運：他們搭乘的，正是十五年前我飄過朝鮮海峽的機帆船，風浪大時，肉體離海水暴流不過一尺遠，有時，只有幾寸。假如船舷上的人不先後發抖，另外大多數人，渾渾噩噩，擁擠在船艙裏，就更不會有行動了。

「我不同意老甄的宿命論，可我總覺得，我們必須安於我們的命運。我們年紀不輕了。結紅領帶的時辰，早已過去了。現在，隨便選擇什麼顏色，或者根本敞開領子，對我們都是一樣。」

主人的另一隻手——左手，開始撫摸他小兒子滑滑的小小光腦袋，動作也是同樣的溫柔。這個時候，與其說他是談話，不如說，他更眞切的聲音，是從他兩隻手上流出來的。

他半瞇著小眼睛，有一個短短時辰，自我沉醉於手掌感覺。兩個孩子，是那樣乖，比兩隻「教養」最深的波斯貓還乖，他們簡直像教堂音樂一樣，包圍著他。在來客眼裡，婚後的佘良弼，變化很大，彷彿一塊粗糙的岩石，被打磨成溫柔光滑的南京雨花臺的彩色雨花石。

他用一種溫柔聲音，對鄭天漫道：

「你知道，我們這群人中，我是最少哲學味的。可現在，有時候，我卻自覺淹沒在一份哲學寧靜中。並不是我眞正衰老了，而是，我的妻子，我的孩子，甚至我的煤炭提貨單，都給我帶來這份寧靜。讓我對你談談這些日子的感受吧！——這是我半夜被寧靜浸透時偶爾想起的。」

他一隻手暫時離開那個圓圓小頭顱，從旁邊桌上取出第三支煙遞給來客，他自己也叼著一支，一面噴煙吐霧，一面撫摸兩隻可愛的小波斯貓，一面寧靜的道——他的小眼睛仍半瞇著：

「單身漢的感受天地，假如是第五層樓，結婚而沒有子女者，是第三樓，有一、二子女者，是第二層，兒女衆多者是底樓，最接近地面。在第五層與第三層之間，第四層是一些半獨身者，有些時候，他們是聖佛蘭西斯，另一個時候，則是卡色諾瓦。從底層看五樓，眼睛由下而上望，從頂樓觀底樓，則從高觀低。頂樓覺得底樓太靠街面，灰土太多，底層看頂層，覺得太冷清、孤僻，像修道院。每一幢房子有它獨特的視覺，每一扇牆壁有它自己的視覺——窗子，每一個人也有他自己的透視。從一大堆子女群中，抬眼仰望高高在上的獨身者，視覺常和聽覺混在一起，眼波中有各色聲音，流動，不免渾渾噩噩，騷嚣難靜，可以自慰的，是四周那片市場熱鬧，但這片烘熱，也會像濛濛迷霧，很難叫人保持眸子清明。一切視覺中，眞正最尖銳的，仍是頂樓獨身者。那兒，窗玻璃不易沾灰，主人眼波透明液裏，有天空雲彩的投光。

「這樣，對待同一朵花，同一棵樹，同一塊肥皂，同一隻桌子、檯燈、酒瓶、茶杯，每個人的靈魂視覺就大不同。有的是海水的視覺，有的是高峰頂視覺，有的是火車上的視覺，有的是電車上的視覺，還有交易所內的眼睛，百貨店與小菜場中的眼睛。人們的眼球膜與屈折體構造相同，但投映在心靈顯影紙上的，卻南北極。只在極少的時間，可能交融滙流於某一點、一線、一處，但那只是閃電式的剎那又剎那，以後，又各回自己特殊空間。

「各人有自己的樓層、房間，每間房有自己的窗子，每扇窗子有自己的玻璃，每塊玻璃有自己對光與影的反射。同一塊玻璃，從早到晚，就有各式各樣不同反射，強烈的、衰弱的、明亮的、陰暗的、污穢的、潔淨的、多源的、單源的、紅色的、紫色的、太陽的、月亮的、飛鳥的、昆蟲的，沒有人數得清，在一塊玻璃的一生中，究竟曾投影過多少光與影，反射過多少形相與運動。也沒有人算得出，二十四小時內，每一層樓會有多少光度變化，多少不同的反射。

「這樣的樓，我曾住過，從第五層住到第二層。我現在是第二層，將來可能會搬到底層。我體驗過這許多變化與反射，而另一些新的變化和反射，也正在經驗中。因此，大體說來，我可以作這樣一個小小結論：安於你自己的那一層吧！安於你自己的房間，自己的窗子，自己的玻璃吧！不要管別人的窗子是法國式或荷蘭式，玻璃是方是圓，這一類問題，我們是永遠談不完的。」

「假如有一些可惡的石塊，突然打碎你的窗玻璃呢？」鄭天漫扔掉煙。

佘良弼正要回答，兩個孩子忽然炮彈樣射出去，——小的一個，還有點跌跌碰碰的。女主人屠克玉回來了，帶了一簍蕩山梨。這些可口芬芳的梨，比爸爸手掌更具深刻誘惑性。

「媽媽！給我一隻！」

「媽媽！給我一隻！給我一隻！」

「我要大的。」

「不許吵，一人一隻。吵了沒得吃。有客人在這裏，不怕難爲情麼？」

女主人揀出四隻細白粉嫩的梨，裝在盤子裏，獻給鄭天漫先生，並遞去英國不銹鋼的西餐刀。

「天漫，現在，先不談這些可惡的石塊吧？這些蕩山梨不很可愛麼？來，吃一隻！」

一圈圈的，鄭天漫削去皮，把刀子遞給主人。他開始咀嚼那隻又甜又脆又嫩的梨，一面嚼，一面感慨的道：

「假如人生是演戲，那麼，年輕時，我們過的是前臺生活，中年後，過的是後臺生活，老年時，可能是舞臺後面垃圾堆的生活。年輕時，我們即使看見臺後一切，可一片霧樣的神秘光輝籠罩它，常常把後臺也看成前臺一樣。現在，這層迷眼的光輝沒有了。……試想想，假如年輕的茱麗葉，從那夢一樣的陽臺走進去，不是回到那瑰艷的寢室，作最美的夢，而是狼吞虎嚥，啃一個大餅，而偉大的埃及女皇克里奧帕屈回到後臺，也去大啃燒餅油條。這時，一個多情的觀衆，將產生怎樣的影響？在那裏——一切華麗故事場景的最神秘的內層空間，你會發現那些油膩的腥臭，鉛毒發出來的面部瘰癧，青色的眼圈，失眠的無血的眸子，滿地髒瓶子，拭臉的油紙，成堆的垃圾，一片亂七八糟。就是在這個可惡角落裏，製造出那些美麗的前臺場面，旖旎的迷人故事。

「奇怪是，人到老年，明明正穿越後臺，直入他的垃圾堆，有時，在感情上，卻又不得不回到青年時代，無視四周垃圾，卻單純的沉浸於前臺的溫柔燈光，雖然理智上明知道，有許多腥臭事物，正在燈光後面出現。這理由，很簡單，人活著，就是那一點點心靈溫暖，即使是最後一點點，也還是一點點，假如連這一點點都沒有了，完全變成一個冰塊，那麼，我們乾脆不必活了。

「好，不談這些了，談了，叫人厭氣。我們這樣談了幾十年，有什麼結果呢？我願意接受你的結論：『安於你自己的那一層樓吧！』不過——」他把梨核放到磁盤裏。「世界上有人——像我們，有時還能啃吃又甜又脆的梨肉，有人卻常常專啃梨核，像鏡青就是。今天下午，我就是從他那裏出來的。我在他家進午餐，但那並不是午餐，我是在啃一盤盤梨核，可怕得很。」

「鏡青近來怎樣？」

「等等我們再談。總之，可怕得很。永遠有一些可惡的石塊，不斷打碎他的窗玻璃。最可怕的是，那不是從窗外投進來，而是從窗內投出去的。」主人正要開口，他突然放下未吃完的梨，向門口衝去。原來那一雙可愛的波斯貓忽然纏成一團了。涇涇的一隻梨，已完全運轉到胃囊中，渭渭的卻只運輸了一半。於是一隻較大的小手伸過來，宣佈要幫他運輸，另一個不同意，兩個孩子便扭成一片，夾著哭聲。

「啪」的一聲，媽媽給涇涇送去一個燒餅，這是她的口頭禪。「我要請你吃燒餅了！」哭聲中，佘良弼忙把他拉過來，哄著他：

「涇涇，別動！我再給你半隻梨。」

話沒說完，渭渭也哭著大嚷：「爸爸！我也要！我也要！」

「好，好，一人半隻，爸爸就給你們削。別吵！別哭！誰哭，我就不給誰！」

「良弼，你瞧！你把他們慣成這樣，要什麼，給什麼！有客人在這裏，一點規矩也沒有。」

主人正要分辯，煤炭行的伙計來了，要他急付一筆款子。

「我手頭沒有現款，我們到銀行裏提一筆吧！」轉過臉：「天漫，我們一道出去溜溜。」

一出大門，佘良弼嘆了一口氣：

「這個四層樓，也不好住，有時候，有點小麻煩。」他做了個鬼臉。「到銀行提款子是假的，我是想撇開太太，出來溜溜，散散心。我們找個地方好麼？我已許久沒有自由遊蕩了。假如我不找個藉口，她是不肯輕易放我出門的。」他把一張支票交給那個伙計。「這裏是支票，你自己到農民銀行去領款吧！」

「到東關找我大哥，好麼？我很久沒有看見他了。」

「好的！好的！天遐那裏，才是眞正寧靜的隱士生活，叫每一個最性急的救火員都想學陶潛。」

五

在磨坊裏，他們發現鄭天遐先生，他正看黑驢磨麵粉。一見兩位來客，他立刻從一隻矮凳上站起來，彷彿宣佈一件秘密似地，有點神秘的道：

「今天，我突然想起一件事。」

「什麼事？」

「我想：我們這批人，命定是沒有辦法的。現在是一九四×年，假如是二九四×年，或二二九九四四××年，我們也仍然沒有辦法。」

慢慢的，主人隨著那匹黑驢，沿石磨盤兜了個圈子，他摸摸唇邊和下頦的黑鬣鬣鬍髭，沉思的道：

「我是昨晚在這裏想起的。我看著這頭黑驢繞石磨兜圓圈，忽然想起，我們的地球也正是這匹驢，正繞著太陽那個石磨旋轉，不同的是，不完全是圓周，是橢圓形。如果我們能和黑驢或地球一樣，安於這個圓周或橢圓形，那倒罷了，麻煩是，我們總要向石磨或太陽衝去。這樣的衝擊，很難達到目的，我們全部努力，都是白費。在一千次或一萬次中，也許有一次，我們眞衝進去了，而且緊抱住那個不可思議的核心了。結果，我們所得到的，不是可怕的鞭子，便是活活被燒死。在人類生命歷史上，就有過這樣的鞭影或燒死的紀錄。然而，鞭子和火燄的記憶，永遠是一種極薄的薄膜，一碰就破，這樣，生命於是重複拚命追求鞭子或火燄。」

他繼續撚著髭鬚，生活的忙碌，顯然使他忘記自己私事，他大約許久沒有刮鬍子了。

「事情眞難，圓形或橢圓形是可怕的，那種永恒的旋轉，更是可怕之可怕，但在無窮空間，除了這片圓形或橢圓形旋轉，就是鞭子與毒火。這兩者之間，再無別的選擇。事實上，我們必須選一樣。比較起來，安於圓形或橢圓形的旋轉，或許輕鬆得多了。但我們這批人偏要追求那不可思議的核心。因此，直到二二九九四四××年，我們仍然沒有辦法。」

「大哥，今天一進門，你就向我們傳道，是宣佈你的宇宙哲學呢？還是表示你最後的絕望呢？」

「不，這兩樣，一樣都不是。」他低低的帶點神秘的道：「這是爲了我將要宣佈一件叫你們異常震驚的事。」

「什麼震驚的事？」余良弼問。

「現在暫不宣佈，等等再談。宣佈這件事之前，我先要對你們奉獻一闋序曲，好讓你們等一會不致太驚奇。」

他吆呼了一聲，叫那黑驢暫停下來。他拿一隻大笆斗，從圓圓凹陷磨槽內，把磨好的雪白麵粉盛起來，又添一袋麥子到磨盤上，接著，再吆喝一聲，命令黑驢繼續旋轉。他那吆喝聲，像一個多年的趕馬人，奇妙的顫響著，這小小磨坊，登時洋溢一片神秘氣味。

「你爲什麼不用鞭子呢？」余良弼問。

「這口黑驢，和我是老朋友了，對一個老朋友揮鞭，有點說不過去。其次——更重要的是，牠完全了解我的語言，或者，反過來說，我也完全了解牠的語言。因此，牠不會叫我爲難，我也不會難爲牠。我們有共同語言，相互的默契。」

他笑起來，另兩個也笑了。

「來，抽一支煙。讓我們把剛才的話繼續下去。」他從藍布大衫口袋裏，掏出一隻咖啡色賽璐璐大煙盒，取出兩支河南天仙牌，遞給他們。他自己也燃起一支。

「在這小小磨坊裏談道，很好。這裏的陰暗色調，頗適宜孳生一些微妙的黴菌。沒有這些黴菌，我們是喝不到甘美酒液的。等等，你們在我這裏吃晚飯，我請你們喝家釀的米酒，不比長樂坊那家差，他的一些訣竅，我已學來了——這是做老農的好處。」

「你的農事怎樣？一切順利麼？」佘良弼問。

「很好，一切很好。我要模仿雷馬克那本名著最後一句話：『西線平靜無事。』我還要再加一句：一切順利光滑得像一隻刮光了的白毛豬。」他吸了一口煙，噴吐出一串串煙圈，挪挪黑玳瑁眼鏡腿子，大聲笑著道：「正因爲西線平靜無事，一切順利光滑，所以，我才準備做一件叫你們異常震驚的事。」頓了一頓。「雞塒裏，我的澳洲黑與白萊克亨生蛋很順利，從不懶孵，每隻每月生三十隻蛋，好些蛋幾乎和鵝蛋一樣大，我可以賣種蛋。我的鵝有二十隻，美麗極了，一隻隻全可以扮演天鵝湖裏的角色。我那十幾隻約克郡豬，餵得極好，現在，每頭幾乎有三百斤重，等開春，養一圈小豬，出售種豬仔，那就極可觀了。我那幾畝地，也種得不錯，我的菜畦，今年簡直繁茂得發瘋，青菜、蘿蔔、青葱、辣椒、南瓜、茄子、番茄、扁豆，無一不豐收，特別是番茄眞像雨後蘑菇一樣多。你們曾吃過我送上門的番茄，夠紅吧？夠大吧？夠圓吧？誰見了，都捨不得吃，想擺設起來，做供品。特別叫我滿意的是，我的磨坊很興旺，信用也鞏固，單這個磨坊和那點麥地、菜地，就幾乎可以維持我們三口和三個長工的起碼生活（業務興旺，人手不夠，我又添了個長工）。豬和家禽全是盈餘，兼作流動資金和累積金。你們看，一個精通唯物史觀的人，假如把全套理論用在實際生活中，那是一種驚人的豐收。」

「這樣下去，你可以做資本家了。」鄭天漫笑著說。

「不，問題不在這裏。剛才我說西線平靜無事，這裏面，話中有話，正像那本名著一樣，裏面蘊含一些驚人的事實，而且，也將有一些驚人事實將展開。」

「大哥，你說話越來越神秘了。」

「過一會，我會向你們解釋謎底。現在，先讓我的黑驢休息一會，給牠一點吃的喝的。你們坐一坐。」

他又吆喝一聲，驢立刻停下來，他牽牠到飼槽邊，看牠嚼著豆餅。又出去兜了一小木桶水，看著牠骨嘟骨嘟喝下去。接著，他才讓驢繼續圍繞磨盤旋轉。

「剛才我對你們說：追求那火燄似的核心，是可怕的。假如一定要選一樣，那麼，選那圓形或橢圓形的旋轉，比較起來，要輕鬆得多。我回到這座荒漠古城，就爲了安於這個最古老的旋轉。可是，即使這樣，也仍有許多麻煩事。這一次，可不是由於我自己不耐煩這種旋轉。不，我耐心得很，比我這隻驢更耐心。問題不在黑驢本身，在鞭子。縱令黑驢不想銜住磨盤中心，也仍有鞭子，——雖然我自己從不或極少用鞭子，但別的許多磨坊，卻充滿鞭影。」

他嘆了口氣，扔掉煙蒂，繼續說下去：

「人與人的肉體距離很近，最近時，只隔千分之一分，甚至可以貼住別人，你的胴體和別人胴體膠在一起，像一片南美洲橡樹膠。但靈魂與靈魂卻不容易變成一片樹膠。常常的，倒像南北極，或者，是兩座冰山，或兩片浮冰。可儘管它們是兩極，或兩塊浮冰，或冰與冰是否能呼應，但它們的肉體，有時仍可偶然變成一口坩鍋中的樹膠，有一秒鐘甚至一小時的膠黏、溶混。不過，這個偶然——甚至常數，並不能改變這樣一種殘忍的眞實，就是：假如冰與冰不能橫貫兩極，在同一空間接受同一陽光，那麼，它們永遠不可能眞正溶合爲一。

「當這個房間病榻上發出痛苦呻吟聲時，另一間屋子，卻正辦四十大壽。當你爲晚上下鍋米愁得團團轉時，鄰室賓客饕餮的一口嚥下那麼一大塊蕾茜嫩雞，甚至，接著又是掛爐塡鴨、蜜汁火腿。當你無錢買棺材，擔心死屍會在床上發臭時，那室卻大談法國可狄香水的芬芳。

「世界上，有透明的水晶屏風、琉璃屏風，而雲南大理石的山水畫，也常常發亮，但靈魂屏風卻不透明，也常不閃光，它只是黑檀木的沉甸甸一片。假如有時候，它還不只是屏風，而是一扇青磚實疊風火高牆，那麼，任何精明小偷，不管是南派或北派挖洞能手，也不一定能挖成一個洞。我們可用同一種語言，說同一個字、同一句話，但在你聲音裏，灼耀的是金色，在我，卻是一片灰色；在你，是圓，在我，是三角；在你，是液體，在我，卻是固體。人的神經構造，肉體上沒有什麼大不同，不同的，只是那些精神上的奇怪摺疊、疙瘩，正像腸黏連、腸疙瘩一樣。假如不用手術把它們切除，或恢復原狀，那麼，在我是極自然的汁液、營養，葡萄與酒，在你，卻是一些不能順利通過和吸收的廢品。

「現在，看樣子，這些類似腸黏連或腸疙瘩的玩意兒，一時不會切除和還原了。為了侍候這些摺疊或疙瘩，於是，我就不得不準備做一件叫你們驚奇的事。……好，天快黑了，讓我的黑驢暫歇一會吧！我們吃晚飯去。我請你們喝米酒。我相信，我所獻出的酒液，裏面全部汁液與營養，都可以順遂通過你們的十二指腸、空腸、迴腸和結腸。哈哈哈哈！」

主人大笑起來。

六

燈光。新剪的白色紙罩。圓圓的明亮投影。並不太討厭的美孚煤油氣息。打穀場上的乾草氣味。玻璃窗上的洋槐樹葉影子。風搖落葉聲。疏疏落落的腳步聲、人聲。鄉村裏的原始岑寂，以及岑寂中的偶然犬吠聲。今夜，沒有星光，沒有月亮。那盞煤油燈光，是他們唯一的星光、月光——不妨把那圓圓的白色道林紙罩想像做大月亮。月亮懸在餐桌上空。桌上有酒，有肉，有蛋，有碧綠青菜。比酒肴更豐富的，是主人的殷勤、溫情，與智慧——這是從幾十年河水底撈起來的，權且代替鯉魚、鯽魚、甲魚款客。像這些魚一般的話語同樣鮮緻的，是小女鈴鈴的苗條姿影。當她行走在暈色燈光中獻酒傳菜時，她綠葉子似的活潑的青春、耀漾於酒菜間，但今夜，客人們並沒有多少欣賞她的時間。那片美麗時間早已過去了。他們只用一雙過時的眼睛，偶然掠過她的頭、她的臉，像疲倦的飛鳥，無心掠過一座路過的華艷楓樹林，直向自己的最後森林飛去。女主人鄭太太的樸素形相，那份粗衣粗布的田園裝束，特別是那張永遠不加裝飾的褐色臉孔，更使客人感到酒菜的本色、親切。這間沒有地板的簡陋廳堂，一椽、一柱、一窗、一几，沒有一樣是裝飾過的，它們的色彩，正如那些粗大碗裏的紅色辣椒、綠色青菜、黃色蛋黃一樣，完全是造化主賦予的。這是一頓樸素而豐盛的晚餐。當那微微發青暈色的高高酒瓶裏的甜酒喝空後，客人們會摸黑踏入東關，在涼颯秋風中，回到自己窠巢。現在，他們還未想到酒後將遭逢的略帶詩意的黑路，舖展他們四周的，是神秘的迷人燈光——那片把人拉到古代的光色。

就在這樣燈光中，主人宣佈有關自己的「新聞公報」：

「下個月，打算回湄縣本鄉，參加競選縣參議長，你們覺得奇怪麼？」

鄭天漫望著主人，有點目瞪口呆。

「什麼，大哥，你要去競選縣參議長？」

「是的。」

「這個，與你幾年來的隱居生活，不完全是南北極麼？」佘良弼瞪著詫訝的眼睛。

「人們假如不能單純的選擇一種生活，只生活在南極或北極，而事實上又要求他們必須兼有這兩極的單純，那麼，他們只有同時生活在兩極。」

「你不是說過，你早已放棄一切，包括那最不可思議的火燄核心？」

「正因爲我放棄一切，這才必須重新追逐一個縣參議長或諸如此類的東西。」

「大哥，我完全不了解你。」

「來，先乾一杯，嚐嚐這碗栗子紅燒肉，嗯，這碗溜黃蛋也不錯，請嚐嚐。」

客人們嘴裏塞滿四四方方的紅燒肉，和半流汁的溜黃蛋後，主人挪了挪玳瑁眼鏡的黑色腿子，低沉的道：

「我早已宣佈放棄一切，安心讓自己沉入這片最古老的旋轉，像我磨坊裏那口黑驢。可是，這裏面還有一份麻煩。麻煩的是，我並非生來就從事這種旋轉的。我是經歷了那許多年的追逐——追逐一個偉大的火燄核心而又失敗後，這才又回歸這片古老旋轉的。這裏，就產生很大問題。特別是，當我這些約克郡豬、澳洲黑和白萊克亨鷄，以及我和我的三個長工關係，在這古老東關外顯得極突出時，這個『?』就更大了。先前，我有意忽視它，那時正在抗戰，反正大家都在幹些什麼。現在，戰爭結束了，世界不同了，這個『?』逐漸膨脹得很大，大得快像我的屋頂，不僅要整個蓋著我，而且幾乎要坍下來，壓壞我了。這樣，我就不能再扮演自己的旁觀者。」他深深喝了一口酒。「這個酒，是我自己用糯米釀的，還不錯吧！」他一口氣喝乾一杯酒，重新篩上另一杯。「爲了保存我這杯酒，爲了保存我的約克郡豬、我的澳洲黑與白萊克亨、我的黑驢與磨坊、菜地與麥地，我不得不跨出我那門楣上貼著『寧靜以致遠』橫幅的大門，到湄縣去蒐集選票。」

「是不是有人示意，你必須這樣做？」佘良弼問。

「事情很簡單，我們既不生活在春風裏、雲彩裏，也不生活在火星或月亮上。這是地球，而且又是一個你死我活的地球。我們都長期經歷過這個你死我活的場面。今天，我可能有競選縣參議長的機會，這還算極大幸運。人們總算給我面子。假如請酒不吃吃罰酒，那倒眞正麻煩了。……來，再乾一杯，讓我再敬你們一杯。記住，這是敬酒，不是罰酒。」

兩個客人苦笑了，舉杯一飲而盡。

「作爲一個多年大學教授的我，在這片窮鄉僻壤，必須爲縣參議長而奔走，正如你爲煤炭奔走一樣自然、簡單。……算了，算了，既然放棄一切後，依舊不得安寧，永遠毫無辦法，那就索性聽其自然吧！也許，有一天，我眞會衷心愛上那些選票，生活得極其緊張的。」

鄭天漫喝乾一杯酒，苦笑道：「大哥，現在我終於明白了。這是一個和平時代，可又比戰場上還緊張。每一盆月季花會變成炸彈，碰一碰，就要爆炸。（窗外可眞有人用炸彈式的眼睛看你灌花。）一支畫清風明月的畫筆，會化爲自動卡賓槍。洗一把臉，臉盆水是血。疊個床鋪，床是醫院裏的流血病床。搭公路汽車，是救火車，或太平間的屍車。即使想在公園裏找個清靜角落坐下來，安安閒閒喘一口氣，也會鬧得頭破血流。至少，頭上會黏著烏鴉糞。」

「不，天漫，你錯了，這一切，不能全怨別人，也要怨自己。假如我極自然的安於那份古老旋轉，倒也罷了。焦點是，我的風格不是天然的，而是太哲學的、太後天的。由於我過去的歷史，人們不會相信我是陶淵明。他們仍以爲我是一個抵抗者，用另一種哲學來抵抗。最壞的是，我仍固守一些舊習慣，而這些習慣與四周現實是極不調和的。」

主人臉色有點酡紅，仍不斷舉杯。今夜，他和過去幾年大不相同，變得很激動了。他喝乾一杯酒，苦笑道：

「沉思者或藝術家，恨不希望每塊石頭全變成一條眞理、定律，每粒沙子會閃出天上虹彩，但家庭主婦卻恨不希望牛頓定律變成一盤布丁，每粒沙子能孵出鷄蛋。永遠洗不完的鍋、碗，永遠補不完的舊袜舊褲子，永遠掃不完的地，抹不完的桌子，衣服曬了又收，收了又曬，連那些一年中難得穿一次的衣服，也要大曬特曬，彷彿和太陽結成奇妙親家。這是行動。行動者必須追求行動。哪怕一摸柴火，一碰掃帚，都算是行動。那些彩虹與牛頓定律，以及一切空靈微妙，她們不但根本看不見，連夢也夢不到。然而，那些牛頓和文西，與這些布丁製造者，有時仍是好朋友。生活希望他們如此。實際上，也必須如此。永遠是犬牙交錯。永遠是紛亂的比重。唯一的天平秤盤和跳舞鞋，（人們得學會在這最犬牙交錯的陣地中跳舞，從那最狹窄最麻煩的空間跳舞著走過去。）是忍耐加透明，——你們明白麼？必須有那份忍耐、透明。正像我們這盞玻璃燈罩一樣忍耐、透明，才能承受那永恒火燄。」

他望望那盞美麗的美孚油燈，又一次舉起杯子，接著，把話題展開去。

「孤獨時，記憶是一口鐘、一隻磬，輕輕一敲，會發散沉重的或清盈的聲音。聲音本身沒什麼，可怕的是那綿延不斷的餘波，越擴越大，越展越長，終於，整個包圍你，濃濃包圍你。在人群中，多半是些極瑣碎的細事，構成這些餘波。生命很大一部分，消耗在一隻鈕扣、一雙袜子、一個菜藍，或一架搖籃車上。它們構成生命的基層。每個人都找尋這種基層，淡而無味卻又自騙自的，自以爲極醉人的沉酣於它。只有極少數幸運者，像我們的朋友印蒂，在少數最幸運的時辰，才能迴避這些粗糙礎石，把自己的建築純粹構造在玫瑰花與月亮光上。仔細想想，你簡直猜不透，竟會有那麼多雜碎包圍你、攻打你。你的日子，彷彿是個肉店案板，永遠砍不完的豬肉，也永遠賣不完的豬雜碎。」

他的臉色，越喝越紅，越紅越喝。今夜，我們的大學教授，顯得有點反常，他完全失去往日的平靜：

「生活被閹割了，生命被閹割了，你不能不諒解別人的冷淡、麻木。他們必須穿好鞋子，繫緊鞋帶，用鬆緊帶紮牢內褲管，還得梳好頭髮，戴上帽子。最主要是，還得出去，找錢、買米，設去塡滿肚子。一個人要做的事，是這麼多。沒有這些瑣碎，就構不成一個正式人形。誰也不能扮演亞當、裸體行走，更不能像神仙，千日不食。也許，躺在床上時，一切安靜了，風平浪坦，可還有噩夢等待你，黑暗圍攻你，有時，是最惡最惡的噩夢。即使你失去全部白晝知覺時，也不饒你。你將夢見你的頭被砍落，腰被斬斷，甚至整個人被活埋。最壞的是，那些白天包圍你的瑣碎、糾纏，夢中也仍等待你、麻煩你，像緬甸叢林裏的蚊子。有時，這些蚊子比醒著時的蚊子更可怕。」

大學教授給兩個客人又一次斟滿酒，最後，他慨嘆道——這可能是他今夜的結論。

「這一切，是可怕的瑣碎。但不管怎樣可怕，瑣碎總是瑣碎。比這一切更重要的是，今天我們在流血。經過八年大流血以後，我們還得大流血！沒有人眞正體恤人民，憐憫衆生。我們已經流了一百年的血，從一八四〇年鴉片戰爭起，一直流到現在。一九四五年八月十五日，日本天皇頒發投降詔書時，這場流血本可結束，但有些野心家並不願結束，他們在慾望未逞以前，絕不肯放過這個可憐的國家，可憐的人民。這場本土戰爭，已打了二十年，今後還要打十年、二十年、三十年，構成一個三十年戰爭或五十年戰爭。甚至新的百年戰爭。我們這一代，和下一代，命定是個慘不忍睹的悲劇。這一切沒有可說的。我們的唯一節目，只是等待，等待那慘絕人寰的新的『黑暗時代』，比中古一千年更可怕的『黑暗時代』。我從來不是迷信者，但我現在也迷信了，相信宿命論了，這一切是個刼數！有什麼法子！有什麼法子！」

大學教授說完了，舉起酒杯，一飲而盡。另兩個也舉起酒杯，他們同意主人的話：「有什麼法子?有什麼法子?」他們的唯一法子,只是——今夜舉起酒杯,明天以後,各自回到自己沉悶的生活軌道上,像隔壁磨坊那隻黑驢,永遠圍繞石磨旋轉、旋轉——直到死。

讓我們的鄭天漫先生仍回到野獸派大師的複製品「紅衣女」畫像下面,回到那間帶江南味的荒漠書齋裏吧!讓他仍活在對亡妻的回憶裏吧!讓他有時詛咒那隻日夜陪伴他的地瓜吧!或爲杯子裏茶葉不閃耀綠色而大聲咆哮吧!也讓張酒糟或李蟑螂或皮老闆繼續包圍他吧!也讓高餛飩白天敲著梆子向他討「混帳」吧!超於一切的是,他必須學習佘良弼那隻撫摸波斯貓的手,懂得如何溫柔的、安安靜靜的,撫摸他的小漫的胡桃形的光腦袋。

讓佘良弼先生爲了把黑色煤炭換成白色袁世凱拚命奔走吧!讓他磨破他的皮鞋底的馬蹄鐵吧!讓他多情的喚著他那長長鼻子的「賢妻」,溫柔的舐著那甜蜜的童尿吧!

讓我們的鄭六柳先生伴著那口黑驢圍繞石磨旋轉吧!或者,如他自己所自詡:讓他去證實哥白尼定律,扮演地球繞日吧!讓他也有點餘閒坐在打穀場上,月光下,喝一杯米酒吧!或者,靜坐明淨小窗下,去編寫他那本偉大的《中國文化史》吧!也讓他有點時間,穿過唐代長樂坊,到興善宮廢墟中,去找一塊漢磚唐瓦吧!我們更該讓他有一份興趣與時間,去競選他的故鄉湄縣的參議會議長吧!

我們不打算陪他去拾殘磚斷瓦了,也不準備陪另一位去舐那甜蜜的童尿了,也不希望陪又一個去欣賞白晝的「梆子」聲了。關於他們的部分,我們的故事必須結束了。我們早已陪伴這些古城奇怪星球們繞恒星兜一大圈了。他們也許是閃爍的火星，也許是美麗土星，也許是渺小的白矮星，剎那的哈雷彗星，驚人的紅巨星或黃巨星。不管他們是這顆星或那顆星，它們的光燄與形體，此刻都有點叫我們疲倦了。我們想暫時離開他們，由他們自己繼續去造光製形，或創作無論甚麼別的東西吧！等將來，另外有機會，我們將在另外紙張上述說他們或他們的變星的故事。目前，宏亮的汽笛聲已響，是離開他們的時候了——我們的汽船必須駛往另一個碼頭、港灣，或彼岸了。

或許有人要問：你爲什麼專挑這些褪色人物呢？而且，爲什麼你又花巨量錄音帶，專錄他們的聲音，較少記錄他們的實際生活形體和強烈戲劇性呢？這裏，請原諒說故事者越出固有職權，暫扮演第四者，試著說明眞相。

首先，讓我們在鄭天遐或鄭天漫的書齋裏坐下來，面對窗外打穀場，或窗內紅衣女，沉思一會，漸漸的，許多許多微妙感覺，將潮水樣升入你的大腦中樞。而這些微妙感覺，正是作者捕捉的主要對象。因爲，作者那隻捕蝶網，只想蒐集宇宙間的微妙色彩花紋。

七

眼睛，凝望一杯水或茶，伸手拿起茶杯，擎它到嘴邊，再一口或幾口喝下去，這一連串動作、姿態，一千多年來，人類很少有巨大變化。但茶杯上的花紋、釉彩，特別是人類靈魂對它們的感應，對水色、水流、水味、茶味、杯形、杯圓，以及這一連串動作的反射，卻產生巨大變化，甚至是深沉的變異。今天，某一個人（比如M．P），對一杯茶的冥想的深度，可能要遠過於四千多年前全人類冥想的深度的總和。我們不能期望飲茶時在這一舉手、一彎臂中，找到巴格達繡毯的新鮮、離奇，有時有人卻可能在對它們的靈魂感應中找到驚心動魄的阿拉伯色彩。歸根結柢，生命開始於這些感應、色彩、形相，也終於這些。比一切重要的是：地球最後的命運，也取決於這些感應、冥想、色彩、形相和聲音。

那從抽象最深處流瀉出來的，永遠是甘美泉水。這片泉水，正如地球繞日一樣，無時不在環繞地球旋轉。這就是爲甚麼，我們必須從一特定生命身上，找尋這些泉水的聲音、香味、流動，特別是，那些詭異的音樂，和粼粼的波紋。只有由這些有聲的無聲的形體中，才能聽到地球這隻大提琴的最後一根弦——G弦。相反的，也可聽到它最精緻燦爛的一根弦——E弦。一切生命手指，在這兩根弦之間跳躍。

曾像水母泡在海水裏一般地、泡在書本裏的人，或雖未在文字中泡過，卻從眞實海水達到文字音樂同樣深度的人，比一切人更優先的彈著地球E弦和G弦，也更壯麗更深沉的反射上述那種泉水。不需要從他們身上追求那些單調的手勢或身態，要緊的是那一聲嘆息、幾個字、幾句話。那是一切手勢或動作的最高結晶。只有在生命聲音中，才能抓住那淵邃的流動。手勢本身的最高成就，只是平凡圖案畫，聲音卻是偉大的油畫與交響音樂。這就是爲什麼：

述說這個巨大故事時，作者寧願更多的追逐他們的聲音、抽象反射及形而上的種種，而常常撇開形而下的，甚至避開一些太強烈的戲劇場面，因爲，任何戲劇免不了做作。而更重要的是，由這些聲音中，作者希望嘗試探索時代自己的命運，人類的命運，特別是：地球的命運，宇宙的命運。

只有在這些水母樣的靈魂中，才能聽到地球旋轉的聲音，而無時無刻，他們的泉水不流向那些奇異的星光，以及成千成萬的星球島嶼。即使這些流瀉與聲音有時是卑鄙的、罪惡的，可也誠懇的反映大海的另一面——海底層。海底層是可怕的，可常常又是無比瑰麗。想像中，它是一片無限黑暗，實際上，常常呈現極輕鬆舒服的藍色。不管是藍色或黑色，那總是一種偉大的眞實，而且是生命發展到某一階段時必經的眞實。

現在，大地上，這些眞實河水已經流得夠久了，我們也給予它們一定的河床了。不管這些浸透星光的河水流得怎樣瑰艷或陰暗、怪譎或深沉，我們對它的水聲、水波，已有點疲倦了。讓我們再重複一句，此刻，宏亮的汽笛聲已響了。我們必須離開我們的鄭先生、佘先生，或甄先生了。不用說，我個人是有點眷戀不捨的；同樣，當我將要離開另外一些紳士、詩人，或老闆之類時，我也不能不感到悵惘。我曾經陪他們走了這麼多路，經歷這樣漫長的一次旅行。我又爲他們的咖啡杯或煤炭提貨單，支付我全部青春，以及最後的青春殘瀝。然而，是該揮揮手帕的時辰了。假如人們知道，我揮手帕時的眞實情緒場景及背景，將會原諒我這樣一種粗獷簡陋的告別式的。

我所以如此匆匆揮舞手帕，還有另外理由。

不管這些水母似的靈魂怎樣在海水裏浸沒、升高，或沉落，或者與星球同旋轉，但它們自己軀殼中仍有一種古老的可厭的勢力，後者一直從另一個方向支配他們、主宰他們，也硬化他們。

話說回來，不管陽光怎樣燁亮，河水怎樣明麗，水上空氣怎樣新鮮，但龜鱉細長的頭，卻不會永遠沉浸其中。牠們眞正的永恆光明、美麗、新鮮，卻是那一層最厚最古老的條條斑紋的硬殼；只有當那彈性韌性極大的頭完全縮進去後，牠們才感到永恆寧靜。一切殼外風暴，包括那最黑暗的世界末日，都與牠們無關。有了硬殼，就擁有一切。通過這層殼，最粗獷的也變形爲最溫柔的、最勢不兩立的，也變形最能忍受的。

對於兩腳動物，那一層千年硬殼，是我們古老的斑駁的磚牆，苔蘚侵蝕的石頭，長滿茅茨的屋瓦，臺階上遲遲的日光，穿過木格子窗的疏疏點點亮光，以及那些永遠重複的咒罵、爭吵，與詬誶。依舊是這樣老式的大雜院，孩子的哭泣，打鷄罵鴨的嚷嚷，紅色白色尿片搖閃在晾繩上，一切像菜油燈一樣令人暈眩的聲音，井邊的吊桶聲，那些幾百年從未改變過的轆轤聲。一層殼，殼外是颱風，殼內是墓場死寂——一切狂猛颶風也變形成死寂。這裏，一切安安逸逸、規規律律，連最深刻的哀愁，也是安安逸逸、規規律律，彷彿由同一根尺、同一把剪刀量成、裁剪成。沒有什麼可抱怨的。永遠有明天——明天得提竹籃上菜場，和賣青菜蘿蔔的爭個你死我活。明天要到井邊汲水，赴河邊捶衣服，回灶房裏發火，塡滿肚子，洗乾淨褲子，打掃淨院子，於是，一大堆幾百年也算不完的雜事，像一個絞索結一個絞索，你的頸子才掙脫這個圈套，又被新的套上。

上面這種說法，至少對亞洲大陸——至少，至少對中國內陸的兩腳動物，是如此。也許，西半球上兩腳動物，早沒有這種木格子窗，或井邊轆轤聲，但那些大雜燴，那些市場上的吵罵聲，依舊沒有什麼變化，即使形式改變，內容基本不變。——總之，那些傲慢的高鼻子們，也有他們這層庸俗的硬殼。

那層硬殼，保護你，又裹牢你，給你縮頭縮腦的空間，有時，也不反對你向外探探頭——那瘦小得可憐的頭，和陽光偶然親個嘴。說來說去，每一條生命，只有這幾吋空間，也只容許這幾吋空間。

不管大江大海千變萬化，日月星辰怎樣開花，你自己的，終於只是這一點，你的屁股，只能坐一張椅子，不能佔有十張，連三張也坐不下。你只能喝一隻杯子，一張嘴不能同時喝三杯茶。這一秒鐘，你的眼球盯在屋角蒼蠅上，就不能同時盯在天空月亮上。下一秒，你的視覺被一泡鷄屙佔有，就不能同時被拉斐爾的聖母像佔有。

又回來了。——永遠是又回來了。早上離開，中午回來。下午離開，晚上回來。昨天離開，今天回來。這星期離開，下一星期回來。即使今年離開，明年也得回來。回來！必須回來，你不得不回來！

萬一這一輩子離開呢？——你的屍體仍得運回來。假如有來生，下一輩子，你仍得回來。你的最後的最後，仍在這裏。這是你的起點，也是你的終點，十萬倍永恆的終點。

這一層殼，在你臉上，在他臉上，也在我臉上。風吹不破，雷打不碎，雨淋不透，太陽曬不進，猛火燒不化。你看不見、摸不到，卻聽得見、呼吸到。它不活於視覺觸覺裏，卻存在於聽覺嗅覺，特別是識覺。它像波希米亞人的鈴鼓，掛在思想四周，思想一響，它就響，逼你按照它的節拍，旋律，跳你陰暗的舞蹈。

這層殼，也像個自鳴鐘，你得扮演鐘擺，永遠機械的動作著，向左又向右，向右又向左，規律的滴噠——滴噠。從早滴噠到晚，從春滴噠到秋。萬一偶爾太累，停止了，一隻無情的手執著鑰匙，使勁開轉發條，於是，你又得滴噠——滴噠——滴噠——，沒有反詰，沒有詢問，沒有變化，永遠滴噠——滴噠——滴噠——直到末日。只當整個地球化爲碎片了，鐘也碎了，這才永恆休止。

好了，讓我們可愛或可恨的鄭先生、甄先生，或佘先生，滴噠——滴噠——滴噠下去吧！這一切，是我們無可挽回的事。

再會了！親愛的鄭天遐先生！鄭天漫先生！佘良弼先生！甄俠先生！以及你們的可愛的

家屬和親友們！再會！再會！

八

這個下午，我們的「三劍客」——二鄭一佘，曾提到唐鏡青先生。我們的提琴家兼化學家究竟怎樣了呢？也許，他早已不是提琴家了。那一夜，他自己粉碎了這個頭銜。當然，他也不是化學家，他只不過是肥皂師傅罷了。在這片荒漠上，他已吹了七年肥皂泡，這些泡泡爲他換來最後的口糧和鹽，也換來繆玉蘭的出現。

那麼，這位肥皂泡泡製造者，現在究竟怎樣了呢？我們將怎樣描畫他的尾聲呢？

其實，要描繪這些一九四七、四八年代的人，畫布上，不需要塗抹細節，畫他們的房屋或衣衫，畫時間的進行，畫他們的腳步、手勢，或夢魅，也不需要畫他們的朋友和妻子，他們的寫字檯或信箱，只要畫一樣就夠了：黑！無窮無盡的黑！一條條一片片一團團的黑！即使畫布上沒有人，沒有大地和花草，你把一桶黑墨水潑上去，讓畫布變成一幅天主教柩衣式的黑布，人們也絕不驚奇。誰都會從這張黑色帆布上，看見眼睛與鼻子，聲音及動作，跳舞與打滾。只因爲黑色力量太濃了，一切肉體與靈魂才深深泡在底層，接受它的強烈洗禮。有經驗的煤礦礦工，能在最深黑夜中，辨認他黑暗的同事，那一張張黑人的臉、黑暗的肉體。活在這個亞洲腹地普遍煤井底層的人，同樣會從這張漆黑畫布上，辨認出他們同類及一切細節。

是的，要描畫我們的肥皂泡吹彈者，只要潑一大瓶墨水在畫布上，就夠了，不需要勾勒細節，繪他那隻高高懸在粉壁上的空提琴匣，描他第一個伴侶繆玉蘭和他們的義女娟娟，渲染他第二個伴侶賈蝶和他們的兩個孩子：鐵牛、鐵虎，現在又加了第三個孩子鐵龍，畫賈蝶如何又從寶鷄遷回西安。不，一點不需要。只要潑一大瓶墨水，就夠了。

假如嫌一瓶墨水不夠，潑十瓶好了。十瓶不夠，潑一百瓶好了。總之，不需要畫，只要潑，就行！

如果嫌潑墨還不夠，那麼，乾脆買一桶火藥，讓畫布燃燒爆炸好了。

自從三年前繆玉蘭出現後，她並不是他的妻子，簡直是一口活火山。他是睡在火山邊，隨時準備被炸得稀爛。這種爆炸，有時，是一月一次，有時，是半月一次，有時，是十天一次。賈蝶從寶鷄遷回來後，則是一週一次，有時，甚至三天一次。假如是星期日，一天之內，幾乎每小時都可能有一次小型爆炸。

宇宙間，永遠沒有眞正永恆的秘密。海王星的秘密形態，早被發現。火星上一些秘密，人類正開始挖掘。賈蝶既不生活於海王星，寶鷄又比火星近得多多多，繆玉蘭不需要四十英寸的折光望遠鏡，或兩百英寸的返光望遠鏡，很快就可洞悉賈蝶的一切。

唐鏡青的主要殺手鐧：離婚，第一秒鐘就像肥皂泡一樣幻滅了。只要望望這位形老心不老的老婦人那塊五顏六色的臉布（這不是臉，是布，我們在上一卷已介紹過了），那雙野獸眼，他就知道，這塊可怕的臉布是永遠從他身上揭不掉了。

「離婚！好一個漂亮新名詞！我看你是發昏！你試試看！……假如有一天，那個混帳法院判決離婚，我就先宰了你，再宰他！反正我不想活了，一條命換兩條！也值得！」繆玉蘭怒吼著。「姓唐的，你放明白點，我不是從前那個姓繆的了！這許多年的苦痛，給了我一個很大好處，就是，我完全明白了：一個人必須狠、辣，越狠越辣，越有辦法！從此，我不再牲口樣，做牛做馬，服服貼貼，牽就你了。我要報仇，對你報仇！你騙了我一輩子，也玩了我一輩子！」

假如手邊有手鎗，當時她極有可能打死他。

確實，這個女人完全變了。她證實了一條哲學「定律」：一個受過最大苦難的人，不是變得特別仁慈、溫柔，就是變得特別凶辣、殘忍。她屬於後一種。

雖然這樣，他還是試著通過調解，請律師出面，爲他談離婚條件。他甚至答應，拿出他和賈蝶正式收入的三分之二，贍養她們母女。但她的答覆是一百個「不」字。狀子終於遞上去了，官司拖延了大半年，由於女的不同意，法庭也只得駁下來。這一期間，繆玉蘭和提琴家打了三次架。第四次沒打成，她往井裏跳，他駭住了。這三次吵打時，她披頭散髮，鬧到關中化學工業社，鬧到他所有友人住宅，鬧到一切鄰居家，差點沒把全西安折騰得大翻身，叫整個大西北變成一口沸騰的油鍋。這樣，他終於清醒過來：這個女人，此時已眞正變成武則天之流，能文能武了。一向只能吹吹肥皀泡的他，絕不是對手。再鬧下去，一定要出命案。因此，他便自動收兵。繆也機警、靈活，有彈性，只要他「識相」，有時她仍給他一點面子。於是，夫妻暫保一隅偏安。

可是，西安一隅偏安，正是寶鷄一角的烽火。眼見離婚無望，像美國老虎巴登坦克師團的一臺坦克，賈蝶怒氣勃勃衝回來，把化學家鬧得個人仰馬翻，差點連吹肥皀泡的勇氣也喪失殆淨。

這樣的畫面，我們還是停止描繪好。否則，人們將控告作者，做人太殘酷、太刻薄，犯戮屍之罪。也許，這比戮屍還更殘忍點。因爲，我們要素描的這座墓窟，比眞正墓窟還要黑暗好幾倍，可怕好幾倍。

我們只能說明一點，賈蝶終於從寶鷄遷回西安了，另租一間房子。唐鏡青花費幾個月工夫，才說服這個壁虎女人與那雙野獸眼，逢單日，他宿蝴蝶處，逢雙日，寓蘭花家。經過幾個月廝殺，蝴蝶與蘭花，也終於同時明白：大一統絕不可能，只能維持南北朝局面，二分天下。不過，這個不成文協定，並不是眞正簽訂和約，僅僅默認既成事實，按照雙方已佔有的陣地，畫一條停火分界線罷了。但暫時停火，並不等於永久休戰，這有點像我們國內形勢，談談——打打——停停，這三部曲，如走馬燈，不斷兜圓圈子。

川江老舟子，愛向人談起一種危險水流：夾堰水。重慶彈子石附近，長江與嘉陵江滙合處，就出現這種水。它是兩條方相相反的水，衝擊到一起，船一入內，就被夾擊沉沒。唐鏡青此刻的船，就像行駛這種夾堰水流中，它的命運，人們可以想像得到。這時，西安市上正出售雙斧牌香煙。有時，唐自我解嘲，對鄭天漫道：

「現在，我是抽雙斧牌。我開設兩個廠，先產這種香煙。蘭花那裏是一廠，蝴蝶這裏是二廠。逢雙日，我到一廠辦公，逢單日，我到二廠工作。你看，我闊氣不闊氣？」

可這只是自我解嘲，現實要比解嘲麻煩得多。在這種現實下，他將怎樣呢？

他唯有拚命製造肥皂泡，讓更多的肥皂出籠，進入關中化學工業社倉庫。可惜是，抗戰以後，物價和鈔票上的阿拉伯數字競賽，他吹出的肥皂泡，本可凝成眞正花朵，卻又漸漸幻滅。一句話，生意不太景氣。賈蝶雖然在宏仁醫院工作，有固定收入，由於三個孩子一天天顯得生龍活虎，仍是他的債主。另外一個，則是他更大的債主。他就是不吃飯、不喝水、不穿衣、光著屁股，也不太容易應付她們。

他究竟將怎樣呢？

在他面前，究竟將有怎樣的路呢？

人已活到這樣一種時刻，他感到，只要一敲擊，就會湧現一種汁液。隨便什麼，只要他輕輕一敲，就會流出液體。假如這是塊木頭，他用手指微微一彈，就能泛溢漿汁。如果是石頭，他一擊（不需用鐵錘），也會瀉出一種液體如椰子汁。即使是一塊鐵、一片鋼，他也會毫不費力，彈出汁液。這個世界，彷彿到處充滿汁液，它浸透一切存在，像菓園裏的汁液滲透一切樹木、菓實。眞的，無論他敲什麼，敲銅、敲紙、敲玻璃、敲磚塊、敲瓦片、敲絲綢，甚至敲陽光、星星（如若他能敲的話），它們都會氾濫汁液。他以爲他是陷入幻覺了，精神完全顚倒了。不，他清醒得很。他終於明白：這些，並不是菓汁，或液體，這是眼淚。——它從一切存在物體中澤瀉，淹沒他。

也許，即使他不輕輕敲擊，它們也會流出來。

這個世界——所謂人的宇宙，又有幾個人能明瞭這種時辰呢？不明瞭的，永遠不明瞭。這些人的眼窠裏，或者從未漾現過眼淚，或者，根本不可能有眼淚。眞弄明白的人，又很快被這些汁液泡爛。世界不屬於被泡爛的人，應屬於沒有眼淚的人。他這一陣子離奇感覺，對第三者，只是白搭，肯牽絲攀籐的，只他獨自一個——也許，還有第二個。但不能再多了。他也不容許再多的人。假如第三者竟能分受，那對他倒是個侮辱。該毀滅的，應該是他自己，與任何人無涉。

有時候，黃昏，他獨自站在室內，望望懸掛壁上的空空黑色琴匣，他想起一些事。漸漸的，他淹沒於沉思中——不，他暫時陷入回憶網罟內。

一生中，他曾抓過許多東西。起先，他抓每一個人所必須抓的：一切夢幻旅程最不可少的——一個起點：一頂學士帽，一點證件，一些空間和貨幣。稍後，他抓藩籬，抓氣氛，抓一種又有形又無形的東西，建築在第三者、第四者，以至第X者視野裏的一種社會建築。接著，他抓生命中最神聖玄秘的，他抓水香，抓荷氣，抓帶麝味的名字，抓一切咬嚙窗子的花，抓蝴蝶與月亮，百褶長裙與柳絲般地髮鬈。忽而，這一切，流水樣沒有了。於是，他抓剩餘的煙縷，零落的花瓣，最後的小夜曲尾聲，以及最荒唐的想像：純粹臍下七寸的世界。大炮響了，他抓火燄與劍，沒有抓住，他又一次抓水香荷氣，最短暫的蝴蝶與月亮。噩夢似地，他竟又開始抓荒漠，抓古城風沙，抓鴉群，終於，他抓兔子籠，抓肥皀泡，抓黃昏，抓最後夕陽光，……。然而，這一切，他一樣也沒有眞正抓住。

甚至連一次最起碼的捕捉，抓眞正自己的妻子、自己的孩子、自己的屋子，與一張可以怡然老死的床，也沒有抓住。

就這樣，整個青春、生命，全流星雨樣掠過去，除了那辛酸的返照、投映於午夜夢中的迴光，他什麼也沒有剩下。

臉上皺紋快像田坎裏的溝槽深，頭髮比殮屍布還白，生命已眞正離開他了，還有什麼可說的呢？

最苦痛是：越是感到最深苦痛，他肉體上越沒有聲音。他找不出一個銀河系宇宙裏的符號，來描繪這一生的苦痛。更可怕的是，這一切悲劇，有時，簡直似乎是別人的，不是他唐鏡青的。他苦痛到那樣冷酷的程度，幾乎要拿起皮鞭，把自己狠狠抽一天一夜，懲罰自己，因爲，這齣悲劇還不徹底，他居然還活著、還呼吸，而有一個時期，還能那樣津津有味的，爲肥皂泡忙得有精有神。

最大的敵人，不是一切迫害他的力量和命運，而是他自己。他自己供給一切苦痛的溫床，有時，卻又連夜落冰雹，把所有溫室溫床與花朵打個稀爛。幾天前，情感還山洪爆發，把他埋葬在黑暗海底，幾天後，他又挾起黑皮包，若無其事的，爲幾塊肥皂奔走不停了。

究竟，他要些什麼？他會取得些什麼？爲什麼他不像窗外雨，經過一陣狂暴的灑落，終於又一滴一滴，緩慢的流響著，直到流完最後一滴，一切停止？他爲什麼還簷溜樣滴滴噠噠的響？他的提琴早停聲了，他爲什麼還要滴？難道停止是這樣可怕？經過這一切最可怕的以後，他還怕這最後的怕？

也許，這一切最後的滴滴噠噠，並不是它們自願響的，那是一種可怕的外力，促使它們發聲的。

於是，他抬起眼睛，又一次凝望壁上的空空琴匣。黑夜籠罩一切，他望不見它了。他轉過頭，向廚房那邊聽去，謝謝天，那裏只一片煙火光，繆玉蘭的矮小軀體，弓曲在灶堂邊，她正靜靜燒火，黑瘦臉上，被火光照紅了。這一刻，她總算安靜，火山沒有爆炸。她的養女娟娟，這個相貌雖平常卻已發育成長的瘦瘦少女，在一邊靜靜幫忙她遞柴火，從沒有隨她的爆炸而爆炸。平日，只要母親一吵鬧，這個總算善良的少女，一直保持中立，除了在一邊獨自哭泣外，並不介入父母的「內戰」。

他喘了口氣，視線又回到檀黑牆壁上。他不想扭開燈。他已習慣枯坐於黑暗中沉思、沉默，默默凝望壁上斜懸琴匣的地方。匣內提琴，早被他砸碎，空空的琴匣，仍高高掛著。為什麼掛？誰也不知道。他自己也說不清楚，只覺得，暫時還得讓它那樣掛著罷了。

他在黑暗中坐著，不斷凝視那看不見的黑色長匣。慢慢的，從它那兒，彷彿發出一種神秘的聲音，正像人失去一切時，感到四周微顫奇異的最後雨滴，滴滴滴滴幽響。不，這不只是一些聲音，它還含含糊糊的雜有一些言語，一些玄秘的言語，宛似古代希伯來語，動詞全是過去式。過去兩年，每當他被兩條夾堰水夾擊得遍體鱗傷時，深夜，躺臥床上，不能入睡，他穿越黑暗，仰視這望不見的黑色琴匣，也曾聽見它流瀉一些奇妙的顫音、幻異的語言，似乎有一片片甘美泉水，汩汩潺潺，從長匣內流出來，不，是從一座黑色古典塋墓裏瀉出來。它像人間世最後的語言。當一切語言死去時，這片泉水語言卻活著。聽著聽著，他自己眼眶內，彷彿也有什麼濕潺潺的液體應和它們。

今夜，這個初夜，獨坐黑暗中，他又一次被這片泉水聲音包圍，被自己眼睛內的汩汩潺式的液體包圍。沒有宇宙，也沒有世界，他整個視覺聽覺裏，充滿這些奇妙的聲音、言語。漸漸的，這聲音又被漆夜染黑，變成黑色言語。聽著聽著，他彷彿睡去了。不，他有點暈眩，他被一種幻異體溶化了。他閉上那雙憂悒的眼睛。他的疲倦手滑到疲倦的膝蓋上。他眼睛裏，仍有一片泉水汩汩流著，流著。

我們提琴家兼化學家的故事，到這裏，本可結束了。但出人意料的，還有尾聲的尾聲（世界上彷彿永遠沒有眞正尾聲）。現在，我們打算把這個尾聲的尾聲告訴我們親愛的讀者。

九

那是一九四七年，十月初，一個下午，隴海路一列火車停在西安站，升火待發，大約再過十幾分鐘，就開車了。

頭等藍皮車廂內，一個中年貴婦，正倚窗閒眺，對這座古城雉堞作最後凝視。她丈夫是武漢一個著名銀行家，半個月前，因公抵此，與這裏最大的一家公司——雍興實業公司，洽談一件有關開發西北的公事。他的夫人，久慕西北古典風光，也和他同來。公餘，他們遊覽大雁塔、小雁塔，登終南山翠華山巓，俯瞰遼濶黃土平原，又訪臨潼華清池，洗了個澡，雅興未闌，還去灞橋，攀折殘柳，攄懷古之幽情。現在，公事結束，名勝古蹟也遊玩殆遍，他們非常滿意的踏上歸程，準備乘這輛快車東返。假如不誤點，明天中午，可達鄭州，當晚就能轉平漢快車抵家，回到自己的燈光下、孩子們的笑聲中了。

半個月前，他們是乘飛機來的。這段期間，正碰著西北航空公司一架民航飛機失事，爲了謹慎，決定改搭火車回去。再說，坐在這條長龍式的鐵車上，沿途還可略略欣賞華山雄姿、黃河古貌，和潼關險勢，等等名勝，總算進一步親炙祖國大西北的壯麗形相。

她的丈夫，那個白白胖胖的小眼睛中年紳士，正在餐車和幾個送行的同行大腹賈閒談。這是他的老習慣：沒有一杯咖啡在手，彷彿就不能談話。於是，她暫時獨留在車廂，海藍色天鵝絨高高沙發座子上。這種貴婦人，她的年齡，照例被鎖在抽屜內國民身分證上、而不在臉上。鐫刻於她肉體的時間，總要縮短得很多。從她細膩白皙的肌膚看來，不過三十四、五歲，實際上，她可能「年開四十」了。她本有一枝修長身材，由於過豐富的營養，目前有點發胖，幾乎沒有什麼腰身了。她的臉蛋是秀雅的。特別突出的，是那雙濃黑黝深的大眼睛，似乎滲透一些匈牙利人的風味，一派混雜蒙古血液的中歐瑪札爾族的形態，也許，時間沖淡它們的黑味、深度，但比起一般中國女人眸子，它們仍嫌過分黝黑和深凹。她穿一襲米黃色哈咪長旗袍，外罩一件鏤空嵌花的藍色絨線馬甲，配上她那頭繁茂捲曲的黑髮，神韻上，更顯出高貴、華美，第一眼瞥見後，對美學發生興趣的人，不可能不想看第二眼、第三眼。

她爲什麼伴隨丈夫來西北旅行？上面我們已說了點理由，另外是不是還有別的理由，沒有人知道。不過，這一刻，她的確是愉快的。她眸子裏，雖然帶點沉思意味，但更多的是輕快，彷彿才跳完一支華爾滋。反射於車窗上的午後陽光，使她這張雅麗臉孔透露紅光燦煥。人們幾乎可以說，她或許是沉醉在華清池或大雁塔的美麗回憶中了。

她憑窗向外望著、望著，突然，她紅光燦煥的臉孔變得蒼白，那雙黝深濃黑的匈牙利型的眼睛，陡然閃過一片恐怖光色。

她看見什麼了嗎？她的臉色爲什麼這樣緊張？她的眸子爲什麼這樣淒慘？難道有什麼意外事物，闖入她的視線，像一顆殞星猛然穿過行星軌道？

假如她同車廂的旅客向外注意一下，便可發現，在這頭等藍皮車廂一丈外的月臺上，正走過一個老人。他身材五短，胸部寬闊，五官端正，半傴僂著脊背，蹣跚踱過來。這樣的老人，和其他千千萬萬老人一樣，臉上並沒有特殊觸目的形相。他雪白的兩鬢、斑白的鬍鬚，是一般老人的「共相」，不算觸目。他唯一的或主要的觸目的符號，是那太多太深刻的皺紋。這個老人可能比別的老人皺紋更多一些，橫一條，豎一線，簡直不像眞實肉體上的皺紋，而像後期印象派畫家筆下有意渲染誇張的線條。如果上帝允許頭髮上也長皺紋，那麼，他連頭頂上肯定也會呈現這些可怕線條的。他的臉孔，是一片老槲樹皮，又乾、又癟、又粗，眼睛裏很少閃光，只頹喪的懶散的四下望著。從他那副神氣，人們可以相信，他已經有好幾年沒有興緻抬頭望青天了。他穿一套土布制服，你很難分別，它們是什麼顏色，可以說是灰，可以說是黑，也可以說是紅、黃、藍，總之，所有色彩中，沒有這種離奇色彩。這種色彩的唯一解答是：他外衣大約只有這一套，洗滌次數太多了，而土布染料質地又差，終變成這片古怪色澤。他這個人的樣子，與其說像個潰散的敗兵，不如說有點像一個襤褸乞丐，特別是他那頂深褐色窄邊呢帽，四邊捲得彎彎曲曲的，很像上海灘羅宋人吃的小小乾麵包圈，又像馬戲團小丑的帽子。這份滑稽形態，加上他的破舊衣服，和那雙破舊布鞋，以及有點搖搖晃晃的衰老腳步，分外使他顯得非常淒慘、可憐。假如剛才我們說，車廂中貴婦的年齡，不是刻在肉體上的，那麼，現在我們說，他的年齡，是飄在肉體外面的，看上去，他已有六十多歲了。

這時，頭等車廂內，那雙匈牙利型的大眼睛，正從這頂奇怪帽子轉移到他充滿皺紋的老臉上。

她認識他麼?從時間和肉體上說，她不可能認識他了。然而，即使這張臉孔變成化石，化為史前內安達塔爾人頭蓋骨，她還是認識他的。

像吸鐵石一樣，她的眼睛被他緊緊吸住了。

不知何時起，這個老人偶然抬起頭——

當年聖母看見死了的耶穌又從石棺裏坐起來，也不會比他現在的感覺更沉痛、更奇妙、更驚人。不同的是，當時聖母終於張開熱烈臂膀，現在，他對她才看完第一眼(這一眼比平常人的第一眼要長得多)，卻羞愧的深深低下頭，像遇見一場又意外又可怖的魔魘。但不久，他又彷彿沒有看見什麼似地，以更蹣跚的姿態，迅速走進車站，消失於人叢中。

她正想站起來，丈夫和幾個送行者走進車廂，汽笛已開始鳴奏，還有一分多鐘開車了。

不用作者註釋，讀者們也會想像得到，這個貴婦是景藍，那個老人是唐鏡青。

十

「達玲！你看見什麼了？」

「沒有什麼。」

「不，你一定看見什麼了。」一個最笨拙的丈夫，即使感覺比石頭還鈍，現在，也會如晴雨計一樣，或多或少，立刻發覺四周氣候的變化。

商翰文再回到車廂時，發現妻子有一張異乎尋常的臉。臉形並未變，仍是那雙黑魘魘的黑得發亮的眼睛，那隻端正的鼻子，一抹明淨的額頭，但這上面卻添了些很神秘的東西，和二十分鐘前大不同了。僅僅才離開二十分鐘，她面部即使有變化，也不該是現在這份變。它不是二十分鐘時間所容許的。那是一種可驚的光輝，青春的絕頂色彩！在一個四十出頭的女人臉上，在他們結婚十五年後，特別是僅僅二十分鐘離開後，一般說來，是不大可能突然出現這種色彩的。

「我看見一個——」

「一個什麼？」

「我看見一頂非常奇怪的帽子。」

現在，晴雨計上指針，是指著一個錯誤數字。「怎麼個奇怪法呢？」這位白白胖胖銀行家從袋裏摸出三B牌煙斗和煙袋，裝滿一袋淡巴菰，悠閒的吸著，神情仍帶點懷疑。

「奇怪就是奇怪罷了！我說不出……也許，它使我聯想起卓別林的帽子，以及他的某一部影片，它的結局叫我很有點什麼——」她有點不高興的撇撇嘴，扭轉頭，仍去看窗外。其實，她的臉一直面向窗外，此刻，那隻美麗的頭的傾斜度，只不過更大些而已。她還是想著那個月臺，但它早變成一隻古怪爬蟲，向後爬行，溜出她的視線了。一些電線桿開始奔馳。但她眼睛仍死死盯著窗外，許久許久後才緊緊閉上。

銀行家不開口了。對任何事物，只要有一個比較合理的答案，他和他這類人，就很滿足了。火車早已開出西安，那頂奇異帽子早被扔到古城內，它與她臉上的色彩，究竟有什麼關聯，那不是他這類人的興趣對象。他輕鬆的噴吐煙霧，沉在一片愉快潮水中，滿意於此次西行的收穫，以及他主持的那家銀行的奇異美麗的遠景，這些，比他這次遊覽過的終南山、翠華山的遠景還美。

「給我一包煙——菲利普毛理斯。」景藍睜大眼睛，招呼白衣侍女。

銀行家又一次張大那雙驚訝的小眼睛。妻子從不抽煙。即使極少數最重要宴會中，強迫她偶然逢場作戲，應酬應酬，她也很少牽就。現在，她——可女人有時總有些恢詭怪誕，而且，這也是她個人自由。從新大陸自由女神像旁邊回來的人，不該爲一包菲利普毛理斯和太太抬槓，以致破壞這次旅行愉快的。

他沉浸在自己煙霧中。

讓太太也沉沒於她自己煙霧中。

火車風馳電掣。商翰文忽然像想起一件事，噴了口藍色煙霧，沉思著，對太太道：

「達玲，我忘記告訴你一件事了。前一年多，我回杭州兩次，探探族親，游湖時，遇見瞿槐秋先生。他邀我去吃飯。在他家裏，我重逢了久別的印先生和他的新婚妻子。席間他們談起唐鏡青先生種種。回漢口後，我曾把這些告訴你。想不到，這樣湊巧，這次來西安，幾次宴席上，我偶然問起唐先生，有好幾個人，全知道他的情形，一五一十告訴我，比瞿先生講的詳細多了。他們都爲這位過去的著名提琴家和科學家的晚景惋惜。」

他扼要敍述唐的近況，兩隻小眼睛，望著車窗外。

「我很感遺憾，時間太匆促了，事情也太繁忙了，我抽不出空去看他一次。」沉思著。「也許，以他目前境遇，他不願意接待我，也說不定。」白胖臉上顯出點微笑。「算起來，他還是我們當年媒人呢！要不是他，我們還不認識呢！」

他帶了點情意的，緊緊盯著她。

她臉上一陣紅，一陣白，說不出什麼味道。可她一直沉默著。她只是怔怔的吸著煙捲。

閃光一樣，她想起抗戰期間，那一年，繆玉蘭來昆明，找到她丈夫。後者根據提琴家C的消息，說前些年唐曾路過重慶，往西北去。原來唐抵陪都後，幾個音樂界老朋友——提琴家們，曾花過不少口舌，苦勸他留下來，參加實驗歌劇院的管弦樂隊，他死活不肯，還是走了。其中勸客之一，就是那位日後赴昆明舉行個人音樂會的C。這次音樂會，商出力支持過。宴會上，和C談起國內一些提琴家，由C口中，他才知道唐的一些情形。這些情形，便成爲他以後提供給繆玉蘭的資料與線索。但他從金融界方面知道，林爵也在山城，對唐的近況，可能知道得更多，這才建議她去找林。

繆到西安後的情形，直至商翰文自杭州回漢口後，她才知道得更多些。剛才，丈夫又提供了更新的場景。

然而，超於一切的，卻是幾十分鐘前那一幕。

天知道，她爲什麼隨丈夫飛西安！

天知道，火車開駛前，她爲什麼一直凝望窗外月臺！

不顧丈夫的驚訝眼睛，她又換了一支新煙，讓自己繼續沉沒於藍色煙霧中。

可這絕不是一次輕鬆的沉沒，像他現在吸煙的神態一樣，那僅僅像一種蛙式游泳。

她是在一次海嘯中沉沒了。一場平地海嘯。荒漠上的海嘯。

一剎那間，多年沉入海底的那些生命和無生命。海葵、海菊、海扇、海百合、鯨魚和籐壺的屍骨，鮋鱺魚與海鞘的殘骸，一下子全泛湧上來。它們過去那一陣子燦爛、光華，幾乎叫她暈過去。火車不斷飛馳。美麗的灞橋楊柳，淺淺的渭水，迅速過去了。幾小時後，遠處出現華山幾座山峰，如朵朵蓮花探出雲層，接著是雄壯的潼關、天險風陵渡、古老的黃河、洛陽的燈火，終於，鄭州換車了。他們踏上平漢路。這一切，她望著，卻甚麼也看不見。她只看見那頂破舊呢帽。帽沿下，雪白的兩鬢，斑白的鬍鬚，深湛的皺紋，……假如，她有蘭勃朗的天才，她也許像他描繪不朽的老婦一樣，畫出這個年齡上其實並不老的老人的永恆形象，使羅浮宮多一幅人類傑作。但她沒有這份天才，即使有，可能現在也畫不出。她只能一遍遍用記憶作畫筆，又以記憶作畫布，一次又一次塗抹著；從出西安車站起，一直塗到漢口大智門止。

這以後，她仍不時繼續畫，一直畫到現在——今天，是回家第十天了。這個星期日午後，一家人都午睡了，靜悄悄的，她佇立頂樓窗前，凝望院子裏幾本大芭蕉。她仍在塗抹，畫這幅永遠畫不完的畫。

那兩天旅程，是怎麼度過的？這十天家居，又怎麼消磨的？她似乎知道，又似乎不知道。可能，她一生中，這是一次最荒誕的旅程，接著也是她最詭異的十天——這是波卡錫《十日談》裏的十天。也是她自我行星極驚人的十次旋轉。即使纈草根最能叫人——鎮靜，她也找不到一種纈草根，能把她鎮靜下來。假如太陽裏的黑子，能熄滅華氏幾萬萬度火燄，她彷彿也找不到一種黑子，能熄滅她靈魂深處的火光。它本熄滅十幾年了，這一次，在西安下午陽光中，又無意燃著了。這以後，由荒漠平原直燒到長江邊、黃鶴樓頭，又燔燃到今天下午，這高高頂樓上。

火並不大，可很固執。它並不是燒，是奇妙的、火熱的鐫烙於她肉體上，烙得深深的，正像十五年前，她曾把許多神異的東西，雕刻在她胴體上。這是一些熟透了的東西，每一種都像開花在熱帶，結菓在非洲，飽和著赤道太陽光，與最黑最深的剛果之夜的魅力。此刻，新鐫在她肉體裏的，幾乎也差不多，唯一不同的，那是些絕頂蜂蜜味的，這卻是一杯杯蘆薈根汁，混合了點維他命B的香味。是他的肉在肉她的肉？或者，光她的光？還是她的心在夜他的夜？他曾光亮過她的肉體，目前，他卻沉入深淵底永恆黑暗中。雖然，她還有光，那也是最後的光，是過去的光。假如她不曾遇見他，她這時甚麼光輝也沒有。在靈的宇宙，她只能光他的光。即使離開他十五年，她也還活在他的光裏，只是，先前她不知道，這一次，她突然意識了。

今後，他將永遠沒有光輝留給她了，她所獲得的，將是永恆黑夜。十五年的朦朧紗幕，一下子戳穿了，即使傳說中有關他的、曾刺痛過她，可她依舊保持幾分朦朧，這一回，一切清清楚楚，比太陽還明白。

這正是午後一點三十分鐘左右，是太陽光極強烈的時辰。暮秋季節，難得有這樣燦爛的陽光。它似乎向生命複述夏季的故事和光芒，那些熾熱的故事、赤道味的光芒，以及它們鈐印在海灘上的形相：如何把一雙赤裸裸海男海女曬得火火熱熱的。可能，這是十月裏最後一次華麗光輝了。正是這種光的吸引力，午飯後，她慢慢爬上這幢洋房頂樓，它是她的琴室，壁上懸著黑色小提琴匣，窗口蹲著黑色披霞娜，它們是她十五年前心愛的珍物。無論在杭州、在昆明，或後來商翰文調到漢口，她總保持老習慣，把最高一層三角頂樓佈置成琴室。寓杭州時，窗外是西湖。在昆明，樓外是昆明湖。這裏，可以眺望揚子江。然而，從抗戰起，她就難得踏上頂樓了。琴室幾乎虛設，與其說爲了音樂，不如說爲了一種象徵，一種靈魂深處的裝飾。假如英國女王皇冕上缺少一粒大寶石，就不成爲皇冕，那麼，一個人的精神皇冕也是這樣。這座琴室，就是她精神皇冕上最大一顆寶石。其實，時間長了，她終於怕再登無人高樓，一部分由於塵凡壓力，一部分則由於那太孤獨的腳步聲(她是不願帶伴侶同上來的)，它們的沉重迴聲反而彈起一片巨大空虛。一入高樓一間斗室，自己形象似乎也可怕的巨大了。這些歲月，她是絕不願自己影子太巨大的。也許，這片象徵空間涵有太多的昨日香味，和依稀的夢幻聲音。這隻提琴與鋼琴雖封閉著，她一出現，它們彷彿又激蕩著聲音與香味。這一切，仍對她具有一份古老壓力。人是不該永遠生活在壓力下的，特別是一個女人。假如世界上有各種各樣壓力，那麼，就選最輕的一種吧！

丈夫與三個孩子正在午睡。這是禮拜日午後，他們眞在夢幻琴聲中泛舟。她可不想睡。

她必須走上樓，靜悄悄的，一個人，讓窗外陽光與窗內沉默琴匣陪伴她。她必須這麼站一會子，一切必須有個結束。即使有些早已結束了，但最後的結束之結束，也讓它結束吧！

不管怎樣固執的火，總有結束的時辰。

這一幢荷蘭式三角形紅磚洋房並不壞。昆明湖畔那幢西班牙式鵝黃色屋宇也不差。一個女人，必須在一些「不壞」和「不差」中把生命支付掉。像這樣的大都市，能擁有自己庭園，並不是一件容易事。她總算活在幸運中。現在，她可以看見樓下小園裏的蟠槐輕輕搖曳，香水樹木的枝條迎風款擺，兩株竹節海棠，舒展嫵媚葉子。金魚池內，游著瑰艷的桃花龍睛魚，透明的玻璃花高頭，有美麗的瑪瑙眼的鵝頭，和齊鰓紅。牠們活潑的泅泳著，顯得悠閒。另外，還有一些別的美麗花樹，點綴這座精緻園苑，她生活得眞不算差。

當全世界幾乎變成沉船時，她依然有這間嫻雅的琴室，這座有紅有綠有魚有鳥的園苑。直到此時止，個人生活以外的許多事物，似乎還未侵入她私生活，這是不是就算幸運呢？遺憾的是，今天午後陽光太強點，而人們都在午睡，只她一個，獨自憑窗小眺。

遠遠遠遠的，揚子江也嫌太長點，有那麼多流不盡的水。

她嘆了口氣，點起一支菲利普毛理斯。

十一

她凝望樓下園子裏的蟠槐，那如一綹綹女人長長髮鬈的綠色槐葉下，有一片篩下的陽光。不管這光是怎樣稀疏、細碎、殘破，漸漸在淡下去，但仍像一朵又一朵火燄，——是火燄，就是熱的、挑逗的、刺激的。

在生命中，有一樣東西，人不容易全部交出去，一交出，今生今世，甚至來生來世，也絕不能再收回來。假若交出去，想再收回，或把它全部塗抹掉，那所得的，是一種可怕的懲罰。這種懲罰，有時是永生，有時是幾十年、幾年，或幾月。

她所處的，正是這種懲罰狀態，大約有好幾年。

她不敢再回憶，那躺在床上的五個月。那很難說是一種肉體上的病，那是宇宙整體的瓦解，以及生命總核心的大癱瘓。她像在和空氣打仗，想驅走四周的氫、氧、氮、氦、二氧化碳，但它們總又波浪樣包圍她。才趕走這個，那個又來了。即使她推開波浪，它們的水跡依然留在她手上、臉上。她又像卸脫一件霧織的長袍，怎樣脫，也脫不全，只能零零星星，一片又一片撕掉，可才揭去，又彈回來。最後，她只能把它們貶值，既不拿它們當空氣與海水，也不把它們當雲霧，只把它們看成一件穿得太久的綢衫，由於過長的時間，它舊了，發黏了，與她的皮肉結成一片，她無法脫掉，於是只好一塊塊慢慢撕掉，不管撕多少年、多少月。這是很麻煩的手續。但撕一塊，算一塊，總有一天會全撕光的。就這樣，她撕了好幾年。

悲劇不在悲劇本身，在那些歡樂：他那些紅色襯衫、桃色領帶，以及比這些紅更紅的一些東西。痛苦也不在痛苦本身，在那些歡樂，那許多「玫瑰瑪麗」與「白鴿舞曲」，以及比它們更玫瑰更白鴿的事物。人與魔鬼打仗，很容易，和玫瑰與鴿子作戰，卻極難。特別是，那些走熟了的道路，看熟了的水、月光、朝霞與落日，夏季和秋天，畫眉與黃鸝。法國皇后瑪麗安朵互納送上斷頭臺後，她的戀人瑞典福森將軍去維也納皇宮，長長扶梯邊，看見她的女兒時，也正是這麼一份心情。很少有人能理解他當時的眼淚。（女孩子當時對他非常冷淡。）現在，她卻深深咀味到它們深處了。

任何絕望字眼不能描畫這些，因爲，這裏面還滲透幸福、快樂、沉醉，以及它們的迴聲。有時候，一切噩夢簡直就像從未發生過，她還是一年前或兩年前的她，四周充滿幻覺與豞艷。只當商翰文白白胖胖臉孔出現在床邊時，她四周所有的小夜曲與吻舞才漸漸停止。

有時候，沉下去了，沉得極低、極深，彷彿全部印度洋都壓到自己身上。整個靈魂被淹沒了。不僅明天給淹沒了，連今天和昨天，也被一片泛濫呑捲了。開始只不過洶湧於一隻醬油碟裏、一個糖勺上，或者是幾顆塵沙上、幾條皺紋裏、幾句話裏，突然一下子，就咆哮成大海。海太深了，她無法游泳，而且，也游倦了，只好沉、沉、沉。她眞不管自己了。這個肉體是誰的，她不認識。明天，她或許認識，昨天，也許認識，就今天陌生。這不僅是痛苦。人在痛苦中會喊、會動、會呻吟、輾轉，但她這時什麼也不會，只一片昏昏沉沉，巨大的暈眩，彷彿一顆萬噸炸彈剛從附近爆炸過，她的神經完全震昏了。

漸漸的，茶出現了，咖啡可可擎過來了，晚餐端上桌了。杯盤聲和燈光使她從海底清醒了。人是不能永遠活在海底的。人必須接受茶、咖啡，或晚餐的燈光。

只由於幾件突然變化，她的無期徒刑，才減成有期徒刑，最後，又縮短成四年——五年徒刑。第一件大變化，是她父親大公司破產了，這使她從一個富豪小姐跌到破落戶深坑中，娘家的崩潰，等於她的最後軍事基地瓦解，沒有這個基地，一切最新式飛機，起飛不了，所有重炮也不能射出炮彈。第二個大變化，是父親的死。這一巨變，使她在這個世界上頓然赤裸裸了。她腳底下最後一塊磚石，也抽掉了。她永遠不能獨立了，更無法再退後一步了。接著，是蘆溝橋炮聲爆響，杭州淪陷，她必須跟丈夫隨銀行遠遷昆明。這一來，所有記憶瓦片和樓柱，都拆光了。幾千里外的西南陌生城市裏，連每一隻蒼蠅都像史前化石一樣陌生、無情。自然，這裏面，還有許多其他變化。但單單這三件，也就夠了。世界是這樣小，她自己生活所在地，更是如此狹窄，沒有多少空間能裝得下三十件、五十件這類大變化。萬萬千千幻覺是白費。千千萬萬夢想，也是白費。一句話，宇宙是命定了。亞洲是命定了。她自己也命定了。這以後，剩下來的，是如何鞏固的守著這份並不太壞的命運。

歸根結柢，地球必須繞著太陽打圈圈，一切沒有什麼可更改的。

除了這些大變化，另外還有一些變化，一些叫人深思的因素。

常常的，她用一雙驚訝的眸子，凝視女傭鄔嫂：她全部青春與中年，幾乎都消耗在一隻煤球爐旁邊。自從二十年前來到商翰文家起，她的整個命運，便與這隻圓椎形的存在打成一片。天才亮，她就叫它與黎明同亮，夜裏，一切都睡了，這個圓椎體還沒睡。她必須守住它，因爲它是一切核心。沒有它，人們生活會完全攪翻，生命又將回到幾十萬年前。她必須守牢它，因爲它蘊藏生命裏極神聖的質素。怎樣用最少幾塊柴發火，怎樣施巧勁搧，如何拿拘子從爐底鈎灰，執鐵條從上面通孔，什麼時候，多加煤，什麼時候，少加煤，什麼時候封閉，中留一洞，封後再開，應怎樣加煤，陰天又怎樣對付潮濕了的煤球、松柴、麻栗柴等等，這一切，在她是一成套藝術，做來有節有奏，不慌不忙。即使她出門了，靈魂仍拴在爐子裏。和人談不了三句話，她就託辭回廚房：「我要看火去！」「水要開了！」她的生命是那樣單調，卻又那麼基本——她爲這一家牢牢守住火，不讓它熄。這一家肉體的全部精力，都是這個圓椎體供應的，一切華麗的晚宴，除了從館子包整桌外，不少也從它和它姊妹（另一隻爐子）火光中升起的。她是平凡的。這是她的平凡義務。從這平凡責任中，她與這朵火做了永恆朋友，叫它明亮，又叫它休息。她可並不瞭解這裏面的詩的象徵意義。她只是平平凡凡活動著，守護著這隻又平凡又不平凡的圓椎體。而旁觀者看來，她是怎樣塵俗的消耗了半生：僅僅爲了一、兩隻小小煤球爐。

這十五年來，景藍自己，其實多半也是這樣。

她目前生命中，也有那麼一個圓椎體存在，支配她整個命運。僅僅由於一種庸俗義務，她必須守牢它，和老鄔嫂守牢那隻煤爐一樣。也許，她那隻爐子裏，藏有什麼神奇光輝，但她看不見。她視覺裏，只充滿煤球的漆黑；嗅覺裏，只洋溢刺鼻的煙霧氣和油脂氣。也有人說，只在最深的煤樣漆黑中，才升起燦爛的紅火，可她命運裏沒有這個，鄔嫂生命裏也沒有這個。有的只是一份單調責任。當「責任」像爐子一樣吃飽煤球後，也會發出通紅的火，但它只燃燒自己，不能燃燒別人。她只謹愼的守住這片「責任」的火，不讓它熄，就算完成一件大事。最深漆黑裏，萬一有眞實的火，那是另一種——回憶之火，晚霞樣閃耀，可並不常出現，出現後，也很淒涼，它絕不是熱熱的，而是冷冷的。

就這樣，她爲了一份庸俗的觀念，消耗了她——可能是眞正光輝燦爛的十五年。

也許她錯了。唐鏡青以後的全部經歷——從抗戰後，她斷斷續續聽到一些主要輪廓。至於印蒂與瞿縈的故事尾聲——前兩年，她從丈夫那裏，才聽到新輪廓。這一切，都證明她錯了，錯得很厲害。但當時，在錯誤與眞理之間，她無可抉擇。因爲，眞理本身同樣是個錯誤。她只不過挑選一條眞理強迫她走的錯路而已。常常，她想起印蒂的幾句話，那是當年他在H市重逢瞿縈前講的。那一夜，他們大家泛舟到午夜，他複述一個南洋朋友的戀愛故事，也複述了這個傷感戀人的結論：

「……一個女孩子，去年愛你，今年也愛你，上個月、上星期也愛你，甚至直到昨天，她還對你笑著極嫵媚的笑，但今天，她卻突然宣佈與一個她並不愛的男人結婚了。主要是，她疲倦於愛你了。因爲你曾要她等待，等待，又等待。兩個星期後，你本擬向她求婚的，但她卻疲於等待了。微妙處就在昨天與今天。……」

當時，她聽了，並不相信。幾年後想想，其實大有道理。那種致命的等待，確是可怕的。也許，她或他再多點耐性，事情將是另一個樣子。這種偉大堅韌性，印蒂有，瞿縈更有，提琴家和她自己卻沒有。偉大的愛情，正像偉大的畫幅蒙娜麗莎，需要畫家畫半生，甚至一生。在創造這類「偉大」時，只要再多一點點忍耐，你就可以跨完最後一級樓梯，登上頂樓，但她們偏偏就差這丁點子。在應該眞正偉大的時辰，她渺小了、庸俗了，那條最後的紅線，她未能衝過去。對於一個只想畫平凡畫幅的人，這不會變成悲劇，對於正在畫永恆壁畫的人，這也不會成爲悲劇。但對於一個企圖畫永恆畫幅的平凡人，這卻成爲永恆悲劇。一不小心，米開朗基羅從西斯廷教堂天花板邊梯子頂上摔下來了。

一摔下來，一切永不可補救。多少年後，當醫生想起眞正的治療藥劑時，病人早躺入墓窟底了。——世界上很少有過眞正的補救。

她點起第四支煙，緩緩的、深深的鯨吸著，吐出一圈又一圈煙朵，藍色的煙霧之花，它們像她名字一樣藍。她的有點疲倦的凹陷的大眼睛，又一次轉向她身邊黑色鋼琴，和壁上黑色提琴匣。這兩件靜物，比她幸運多了，十五年來，一直休息著，應該不會像她眸子一樣疲倦了。過去，她的眸子與它們一般濃黑，現在，它們可能漸漸淡下去了。

她靜靜靜靜的、噴吐煙篆，深深深深的沉思。

有的魚睡眠時，顏色會變，銀灰色的赤鯛和棘鬣魚，變成暗銅色，褐紫色的烏賊魚，色澤也更暗了，這是爲了保護自己。近十年來，她的靈魂漸漸睡著了，幾乎不再醒了，它的顏色也必須慢慢改變，爲了保護自己。人必須保護自己，特別是女人。起先，僅僅爲了保護最低存在，不讓人把自己送入瘋人院。後來，這個「最低」成爲唯一的、一切保護色，這樣，它就像妾升爲妻，扶正爲主要的精神色彩。由此而引起的一套姿態、方式，動作、軌跡、關係，也就形成正式的生活形態。和商翰文一起生活後，就這樣，她對付了那漫長的十五年。比一切更重要的是，假如她不希望被送入精神病院，首先，她得對商翰文盡床上床下、戶內戶外的一切義務。這一關通過了，別的千門萬戶就城門樣敞開。不管她是耗盡多大忍耐，才通過這一關的，也不管其中包含多少牽強與抵抗，才一寸寸前進的，但一過關，情形就大變。起先是鄙夷自己，讓靈魂緊緊關閉，把肉體當一根嚼剩的骨頭，隨便扔給任一條過路野生哺乳動物。可是，放棄一切，並不等於放棄最後一口呼吸。在最後這一口上，一切集中著、凝鑄著、濃縮著，結晶成新的起點。歸根結柢，做一個博士夫人，一個銀行家太太，並不是人間天字第一號殘忍，也不是亞洲女人生活中獨一無二的荒謬，何況商這個人，也還有他一套聰敏、練達，和適應能力。關鍵正在這裏，只要能建立最初陣地——哪怕是極飄飄蕩蕩的橋頭堡，就能築城最後陣地，來代替那最後的呼吸。

隨著上面提過的娘家變化，一連串新變化來了（這是必然跟著橋頭堡來的），兩個男孩子大藍小藍，相繼出世，銀行家事業蒸蒸日上。蘆溝橋炮聲響了，中國大陸東部人口洶洶湧入西部，丈夫新的事業開始了。最小的女孩子，美藍也出現了。珍珠港事件又發生了。漸漸的，她在她那個小圈子裏居然混熟了，認識許多新朋友了。突然，天皇發布投降詔書了，大陸上新的表面和平暫時降臨，一剎那間，她也忽然發覺，自己已四十歲了。於是，最浮蕩、最危險的橋頭堡，終於變成新的馬其諾防線，即使新的希特勒再來二十個閃電戰，大約也衝不破了。

起初，只不過想隨便活活看，以後，又想隨便玩玩看，再後，想玩得更痛快更舒服點，終於，一切遊戲的附帶條件——義務，代替遊戲本身。爲了活著，人總得做點什麼。在馬郎哥戰役，拿破崙是拿破崙，在聖赫勒那荒島上，拿破崙還是拿破崙。他可以指揮馬郎哥戰役，也可以在荒島投石子比賽中壓倒孩子們。這是很庸俗的，可人總有些弱點，特別是一個女人，又特別是一個中國女人。就盡義務安本分這點說，在她那一小圈圈裏，這些弱點也許還是主要優點呢！

等到一覺醒來，發現明天就是自己四十華誕時（像拜倫爵士一朝醒來，發現自己名滿倫敦），過去那些藍色音樂會、粉紅色音樂會，小夜曲與西班牙舞曲、玫瑰與丁香、琴聲和笛聲，早已被她客廳裏一層厚厚紅色天鵝絨窗帷遮住了。這一切，也許是悲慘的，卻也是科學的。她過去那位好朋友，用一個化學方程式所不能完成的，她卻無意中完成了。

樓下庭園蟠槐髮鬈下的陽光影子，漸漸淡點下去了，它們慢慢向西移，蹀躞到那兩棵竹節海棠與一棵貼梗海棠之間，似乎有一些火花閃耀於它們枝幹上，一些內裏虛空的殘火。她扔掉手指間煙蒂頭（今天下午她不知道吸多少支了），輕輕坐下來，掏出鑰匙，悄悄打開琴蓋。她聽見二樓寢室內的笑聲。那是美藍的聲音。這笑聲告訴她午後的時間。他們已從午睡中醒過來。這笑聲也告訴她：樓下她那雙眼睛，像她自己一樣濃黑、黝深，帶點匈牙利女人的味道。她將來會不會像自己，有一個又濃黑又黝深的遭遇？她又聽見大藍、小藍的笑聲，這都是一些吃得白白胖胖的孩子們的笑聲。有時，即使是最黑的夜裏，他們也像白晝一樣笑著。銀行家也醒來了，他大概在枕頭上親美藍，接著是小藍、大藍。於是，他點起一斗板煙，躺著，一面悠然噴吐著煙，一面溫和的問著：「達玲！你睡得怎樣？今天下午，你打算穿什麼顏色的衣服？……」

當他發現旁邊並排那張床上空著時，他一定會睜大那雙驚訝的小眼睛。

沒有多少時間留給她了。樓下海棠枝幹間的陽光，也將沒有多少留給她了。這一盒菲利普毛理斯，也沒有多少留給她了。投映於大十字窗格玻璃上的白晝的光，也沒有多少留給她了。

她的象牙色手指，在琴鍵上輕輕滑著，是這樣纖麗的手指，卻又是這樣笨拙的手指，每一根指尖，比一塊石頭還重，她不是在彈奏，簡直是搬運石頭造房子。

石頭也好，嫩筍也好，終究，這是小夜曲，而且是蕭邦的：E小調夜曲。當一切曲調忘去時，這一支總不會忘記的——這是他常常愛用提琴演奏的。

「媽咪！媽咪！媽咪！你在這裏！」

「媽咪！媽咪！爸爸到處找你！你躲在這裏！」

「媽咪！媽咪！你怎麼不午睡，來彈琴……要不是琴聲，我們找不到你！」

一陣奔馬樣的樓梯上腳步聲，跟著是潮水般的笑聲與喊聲，這間修道院僧房式的謐靜琴室，剎那間，變成學校幼兒園。美藍首先撲過來，滾在母親懷裏，小藍則撲在美藍身上，大藍又從後面齊腰抱住她。蕭邦被割斷了，所有海棠枝幹間的光與影，都從她視覺消失了。

「媽咪！媽咪！你眼睛裏怎麼有眼淚？」大藍貼著她的臉，驚訝的喊著，像哥白尼發表地球繞日的理論。

「媽咪！媽咪！我來替你拭！」小藍掏出小手帕。

「我來拭！我來拭！我來拭！」美藍喊著，爭著，兩個孩子笑打成一片。大藍乘機掏出大手帕，替媽媽拭乾眼睛。他正要開口，汽車夫老晏上來了：

「太太，剛才到處找您，找不到。下午來了好幾個電話，等您回話。張經理太太來電話，請您今天下午過去打牌。」

「你替我回一聲，說今天我有點不舒服，不去了。」

「王處長太太也來電話，明天是她小生日，請您和老爺去吃晚飯。」

「你要老爺回一聲，明晚準到。」

「還有，方團長老太太七十大壽，後天在玉佛寺做佛事，唸消災血盆經，請您正午過去吃素麵。吳董事長家裏菊花開了，明天中午，請您和老爺過去吃螃蟹，賞菊花。」

「你要老爺回一聲，都準時到。」

老晏才下去，男僕兼廚子小李上來了：

「太太，今晚您和老爺出去不？不出去，我那神仙鴨子，就燒起來了。」

「老爺今晚在行裏請客，我不出去，你燒吧！」

小李還沒走，鄔嫂出現在門口：

「老爺請您下去一趟，他晚上出門應酬，要穿那件芽黃色帶紅點的新府綢襯衫，我找不到，請您去找一下。」

「在大衣櫥第五個抽屜裏，有一隻白色大紙盒裝著的，我等等就下來。」

她闔上琴蓋，鎖好了，站起來，那雙黝深的黑眼睛，又一次凝視園內海棠樹下的日影，不知何時起，它們漸漸更淡了，又往西走了一段，微蹉到那棵紅櫟樹杈椏間了。如果再向西行，它們將影綽綽在凌霄枝條下、紅色磚牆根，也就是這個小小園子的終點了。

望著望著，一條堅硬的皺紋出現在她唇角，接著，是一片剎那的殘酷閃光，掠過她黝深凹陷的眸子。這是最後的閃光。當生命準備徹底結束一段華麗的過程時，有時，會掠過這樣的閃光。她伸開兩臂，把三個孩子緊緊摟在懷中。她聽見樓梯上沉重腳步聲。她知道，這是商翰文的皮鞋聲。那是一雙又重又厚又大的紋皮鞋，英國貨，新從香港運到，今天上午才穿上。

二十分鐘後，丈夫和孩子們下樓了，找了點藉口，景藍又一次單獨留下來。她從壁上拿下那具黑色提琴匣，用鑰匙啓開，取出杏紅色提琴。她對它凝視許久，像望一朵玫瑰花，又像看一個史前時代石製紀念品。最後，她關閉琴匣，鎖好了。她從書櫥邊取出一個紅色大箱子，裏面盡是書。她搬出一部分，放到書櫥內，把那架長長提琴安置在箱內，闔上蓋子，再用鑰匙鎖上，放回原處。

她對這隻紅色箱子又凝望一會，彷彿仍嫌它太刺眼，便低下身子，把它搬起來，深深藏到屋角另一疊書箱背後，這樣，它就不再映現在她的眼裏了。一切料理停當，她嘆了一口氣，像永遠告別一個老朋友。她對它所在的那個角落，投去最後一次注視。

終於，樓梯上又一次響起腳步聲，是一雙女高跟皮鞋冷酷的聲音。

大約就在景藍把提琴深鎖入箱子內的前一週，也是一個星期日下午，不是黃昏時分，唐鏡青也從壁上取下那隻空空的黑色琴匣。他既未凝望，也沒有對它沉思，卻直接走到廚房裏。他拾起旁邊柴刀，劈劈拍拍幾下，把這隻長長的木質琴盒劈開，一片又一片，投到熊熊灶膛內。

繆玉蘭正在燒夜飯。他望也不望她一眼，逕自把它們投進火中，彷彿做一件與自己、與別人毫不相干的事。

不到幾分鐘，它們變成一片火光。

這片熱烈的火光，暫時照亮他那雙陰沉冷酷的眼睛，它們是如此陰冷，好像再加一千斤柴火，再加一萬次燃燒，也不能使它們增加分毫熱氣與亮度。

這是他生命中最後一次眞正火光。

活在亞洲大陸上的人，可能沒有一個知道，他爲這些火光究竟曾付出多少代價！

第四章

一

許多想走出地球的人，全像牛頓那隻蘋果，終於又墮到地面。幾乎相當不少的一部分現代中國知識分子，在生命的第二個時期，或多或少，都曾厭倦過這個星球，渴望變成一陣風、一片樹葉，被遠遠吹出這顆行星。可不管是風中葉子或花朵，只能吹出地面幾尺或幾丈。跳躍得最高的海嘯，也僅僅離地幾十丈。變鳥吧，沒有一隻鳥——即使是兀鷹，能飛出幾十里高。變流星吧，縱然萬丈光輝遨遊太空，終結還是一顆石塊，跌落地上。一切翅膀都不能背叛地球。即使那些極奇異的觀念，有時雖超越地球，但這些星球以外的靈感，一化爲星球語言或高空語言，一納入可摸可觸的形相，仍得按地球的生命模型雕塑，按行星軌道運動。

上面一章，我們曾約略敍述幾隻蘋果落地的故事，描畫它們從高空投下時的線條，在地面最後的滾動痕跡，最末的聲音，與定命的終止，以及承受它們的泥土的厚度、氣味、顏色。在這一章，我們將繼續談另外十幾隻蘋果的墜落。

不管蘋果怎樣瑰麗、鮮艷、芳香，歸根結柢，蘋果總是蘋果；假如它一定要投入高空，那麼，最後的時辰，它的最後命運仍是：墮落。可能，接受墮落的空間稍有不同，有的仍像蘋果一樣芳香、鮮艷、美麗，有的卻完全相反。

我們這本大書既已到達最後時辰，就必須最後一次談談這片最後空間，一切蘋果安息地：地球。

人們爬行地球面，運動於地殼上：扇狀地、丘陵地、傾動地塊、地壘地塊，又呼吸在斷層上、硬層上、軟層上、濕地裏、地溝裏，但一般人的眞正生活，並不是地球本身生活。正像古石器時代，跳躍在歐洲地殼上的飛鼠、極地鼠、黑膝鼠、短尾鼴，從沒有深入經驗過地球生活一樣。這個大星球的旋轉節奏，並不是人們日常生活節奏。舞廳內的爵士樂，劇院中的前奏曲，也不是銀河系宇宙的音樂。大多數亞洲女人，都沉醉在印度大金獅子法輪，和巫性的永遠輪迴裏，卻從沒有一個人沉酣於地殼的風蝕輪迴、冰蝕輪迴，和喀爾斯特輪迴中。火星上橘黃色、暗綠色的光輝，從未照亮過他（她）們的玻璃窗；土星上的透明光環，也永遠不會暈眩他們的視覺。有太陽，他們會想起太陽，沒有時，也會忘得一乾二淨。當千萬條軀體千萬次沐浴金色日光時，難得有幾條有幾次想想：「多奇異的美麗太陽呵！它的內場景究竟是些什麼呢？」月夜，一萬人中，也難得有幾個眞正徹夜醒酣於月光，並思索月球風景。

同樣，人們生活於大城市，並不是全身心浸透它的眞實血液。萬萬千千人聲人色人形，並未徹底混在它們聲音顏色形體中，因爲，沒有一個人，從早到晚，能跑遍所有街道，走完一切人家和店家。都市外層形體，是街道與房屋編成的，看起來複雜，其實只是一堆簡單的磚瓦木石、鋼骨水泥、柏油溶液，與花草樹木等等而已。大部分人，幾乎僅生活在一條街上，一間房內，只能常守著一小堆磚瓦木石，及一小段柏油道等等（乘電車汽車經過許多街道，那不是生活的眞正本身）。即使你私有一幢房子，日日夜夜，你也不會從三樓到底層，跑個不停。你的固定空間，仍只是一小片或一大片。許多店員，大部分生命，甚至不是生活於一間房子中，只生活在三分之一或二分之一的房子內——一排長長櫃臺邊。即使這段櫃臺，也不是他獨個佔據，另外還有一些人。

不少偉大人物，一部分生命，只消耗在一張桌子邊，一隻椅子上。

女傭生活於廚房，會計師生活於算盤、電子計算機，與帳冊，理髮師生活於穿衣鏡和理髮坐椅之間，擦背的生活於浴池，廚師傅生活於一口鐵鍋旁，小堂倌生活於十幾張油垢桌子間（蚊子樣飛來飛去），售票員生活於一扇小窗畔，或一輛電車或公共汽車上，人的主要生活空間，並沒有二十平方公尺，緊張時，售票員的全部生命，除了票子——電影票、戲票、車票、船票或鈔票外，再看不見別的，可以說，他們的眞正生活空間是一、二十平方公尺。

即使是同一座大都市，也幾乎沒有兩隻眼睛相同，兩隻耳朵共似。當你坐在一間石庫門新房裏，一扇舊式木格子窗欞畔，面對那陰暗湫隘的天井時，你思想水池內激起的，是某一種光與影、線與色。當你站在西班牙式小洋房的鋼窗前，看精緻的小花園與金魚池時，你感覺小池中，蕩起的是又一種光與影、色與線。窗外窗內的不同構圖、樂譜，爲你彈出相異的生活樂調：是古老亞細亞型的，還是舊俄羅斯型的，是北歐的，還是浴在玫瑰薰風裏的維也納型的，是莫札特的，還是柴可夫斯基的，是巴哈的，還是兪伯牙的，一半取決於你肉體以外的空間，不是你肉體以內的空間，沒有人能同時沉沒在幾百幾千種大相懸殊的光與影裏；也沒有人一隻手能同時抓住萬千種不同的線條及顏色，更沒有人從日出到日落，能輪流游泳於這些複雜的光與影、色與線裏。

大多數中國人，也不是候鳥，澄秋飛向溫暖南國，春季再返乾燥北方。他們幾乎永遠生活在一個城市，一條街上，一間屋子裏，一張桌子邊。有些老婦人，像蚯蚓，整整七、八十年生命，僅僅蠕動在廚房、客堂與臥房間，生活中心，永遠是一些瓶瓶、罐罐、抹布、尿布、油鹽醬醋、柴塊煤球。她們的永恆話題，是那些永遠談不厭重複不厭的小菜價格：她們以怎樣的英勇與智慧，勝利買得一斤便宜青菜或蘿蔔、莧菜或茭白、長豇豆或四季豆。在這種情形下，彭大衛先生的生活，算是很複雜了。（所有各色人中，知識分子的生活，總是最複雜的。）他飄過紅海、地中海，喝過塞納河水及諾曼地蘋果白蘭地，啜過地獄沙龍和天堂沙龍的咖啡，曾經生活於遠東最長最直的一條柏油街道上，又見過三峽，嚼過重慶的霧，現在，又回歸這個亞洲最大城市，這個翻版得極好的古代巴比倫城。不管是西方巴比倫或東方巴比倫，在重慶或在這條偉大街道的拐角，他主要的生存空間，仍不過幾十平方公尺。不錯，這一切是美麗的：描金紅燭、藍色織絹宮燈、綠色鳳尾樹、白色維納斯雕像，而經過八年大苦痛、大流血後，依舊還是這些旖旎的紅色、藍色、綠色及白色。並沒有多少人有這許多「依舊」，而且是非常迷人的「依舊」。可能，彭大衛夫婦是少數幸運者，才永遠抓住這許多典雅的「依舊」。

最大幸運是，經過這麼多年死亡與殘忍，他的藝術沙龍咖啡館「依舊」存在。他們夫婦「依舊」不損毫髮的歸來，「依舊」是這個沙龍的主人。他們的叔父完整的保存這個精緻空間，此刻又完整的頂讓給他們，自己與頭頭的從事更能發財的商業了。這個每秒鐘蘊藏無量數毀滅的時代，一個人生活能擁有這麼多「依舊」，那幾乎是類似上帝型的代表人物。

在這許多「依舊」以外，還有一個更偉大的「依舊」是，他的那些老朋友、沙龍早期元老顧客，居然又「依舊」從四面八方回來了，再一次出現於這個東方巴比倫城「窟」，而且，居然第一次又約定，今後「依舊」聚集於沙龍，招待新從歐洲與漢城返S市的韋乘桴和韓慕韓。他們打算，明後天再正式在酒店爲他們接風。

這些元老客人中，最早歸來的是林鬱與莊隱，其次是楊易和范惟實，接著，藺風子、喬君野夫婦，與馬提爾夫婦，也翩然返S市。不過，這群畫家，不再像過去那樣迷戀沙龍了，特別是藺風子。他很少露面於這一盞盞藍色織絹宮燈下面，他似已預感，這裏氣氛和他目前畫面有點不調和了。

這些舊客中，最得意的，是林欝。他以接收大員的姿態，從重慶飛到S市，是銀行區一幢紅色大廈(某信託機構)的統治者之一。他忙極了，除了星期天，平時沒有時間欣賞彭大衛先生的咖啡。最不得意的，是范惟實與莊隱。范在新疆宦海沉了船，從沙漠逃回來，擔任這裏一家畫報的編輯主任，大部分業餘時間，消磨於沙龍及酒吧間，但經濟狀況卻遠不如前。因爲，二次世界大戰，日軍佔領馬來西亞後，他那個南洋橡膠商叔父已死於戰火。他最後一個僥倖致富的機會，完全失去了。莊隱一身郎當的抵S市後，寄居親戚家裏，靠借貸生活——更科學點說，靠情婦司徒玉嫣維持他的生活。他準備利用她的經濟支持，再飄海去朝鮮，跑幾次單幫。目前，正等韓慕韓因公蒞S，帶來海那邊的消息。楊易則介於不得意與得意之間。以現狀說，自從出神經病院後，他一直潦倒。但他已制訂一套得意計劃，打算藉幾個厠身顯貴的留德老同學幫忙，再一次回大學教書。而且，他還想再度結婚。

可是，不管得意與不得意，是面臨天狼星或天狗星，他們肉體上卻有著同樣變化：那份時間濃厚堆積。石頭既然在水裏變爲水成岩，在火裏化爲火成岩，他們的肉體，也會在時間裏變化爲某種粗獷岩石。

八點左右，我們所熟悉的這些銀行家、詩人、單幫客、新聞記者、教授、學者，以及永遠旅行家等等，相繼出現了。究竟誰先出現？誰也不清楚。究竟誰先說第一句話？誰也不知道。反正，他們又一次滙集於這描金的一角空間了。

今夜，主人以拉伐爾的「波麗羅舞曲」接待他們，這是一闋充滿厭倦與陰沉的音樂。於是，一開始，這次集會，便顯得荒涼淒鬱，有點陰森森的。

這些人是誰？是我的朋友？你的敵人？是永恆的上帝？剎那的魔鬼？是虹色的光譜？瘋的展覽？是太陽黑子四周的風暴？北極漂浮冰塊？是原子透視？還是岩石的痲痺？爲什麼他們坐在這裏？爲什麼一次又一次，他們總瀦滙在這裏，像白螞蟻聚於一段腐木。爲什麼他們臉色如此疲倦，眸子裏畫滿灰塵，肉體上廝纏著衰老，一個個又如此驚悸、不安，彷佛剛從維蘇威火山腹部搶救出來？他們坐在這兒幹什麼？是因爲幾十年來，喝下過多海水，而這種液體太鹹、太苦，他們必須找尋那種離子交換劑，讓海裏的鹽分和電離出來的陽離子或陰離子發生交換作用。因而排除全部鹽分，使它再一次還原爲可口的甘醴？他們找到這種交換劑沒有？正在找嗎？還是已倦於追求這種球狀的顆粒狀的物質？也許，他們各人已自有一套天然交換劑了，不需要捕捉了。可今夜他們爲什麼又坐在這裏，永遠不厭倦的相互廝守著，像一位最悲觀的哲學家們描畫的刺猬？我們怎樣素繪他們才好呢？這都是我們的熟人，今夜，卻如此陌生、奇異、冷靜，還有誰認識他們嗎？但不管他們是毒蛇、是猛獸、是恐龍，還是蜥蜴、鼻涕蟲、蝸牛，多多少少，我們現在還得再一次面對他們的有點絕望的集體形相。

……

「眞奇怪，你們爲什麼都不開口？自從我開咖啡館以來，它第一次像今夜這樣沉默，這不再是藝術沙龍，是無聲沙龍了。」彭大衛把BBORIK煙斗裏的淡巴菰灰燼敲出來。他那開始發胖的淡巴菰色臉孔，透著點興奮。「爲了祝賀老朋友們第一次團聚，爲了對老朋友們表示敬意，今夜，我把整個沙龍空間奉獻給你們，謝絕所有其他顧客，瞧門口的牌子：『本沙龍今晚已爲某團體全部包下，另有任用，暫不接待顧客，明日請早。』可是，你們卻把我這片描金空間變成一片無聲沙漠。」

沙龍夫人戈黛諾微胖的粉臉上露出笑容。

「我們的將軍新從獨立了的祖國歸來，應該很高興，有一番激昂慷慨的話，爲什麼你也這樣沉默，彷彿我們門口維納斯雕像一樣？」

韓慕韓望了她一眼，默默喝了口啤酒，一響也不響。

「老韓，自從認識你以來，我從未見你這樣噤默過。你完全變了。」彭大衛又裝了一袋煙，輕鬆的吸著：「老范呢？往日你很健談，今晚你怎麼了？」

「今天上午，我接到西安一個朋友電報，我的妻子紅尼被送進瘋人院了。你們知道，這次從新疆回西安，我花了許多時間與精力，和她辦好離婚手續。我的孩子可能在她姑媽那裏。……」

「唔！」

不約而同，大家轉過頭，瞧了范惟實一眼，彷彿他的臉部有一座瘋人院，在那兒，一個年輕女人正在瘋狂滾轉——舞蹈？於是，先前那層結了冰的沉默，現在又一次遇到新的零下三十度，冰層結得分外厚了。

他們吸著煙，喝著酒或咖啡，低著頭或偏著頭，睜著眼或半閉著眼，一片深深的厭倦，浸透他們，也淹沒這個咖啡館。那紅燭與美麗的玻璃，那花朵與法國鳳尾樹綠葉，不知何時起，全變成一些毫無意義的存在。雖然毫無意義，卻又有點神秘，與另一些事物牽扯著……

啊，紅燭、星光、綠葉、玻璃、絲綢、沙石、海水……那最咫尺的，組織著那最遙遠的，彷彿你一伸舌頭，就可以舐到北極冰塊、赤道熱氣；那最纖維的，也攪拌著那最巨大的，你的頭髮絲裏，滾轉著雄偉的太陽；而比一切更致命的是，那最生命的，卻滲透最死亡的汁液，一泓非洲蝮蛇液在你猩紅血液中流動。

燭火來自烏桕的燃燒，那些子核衝出幽閉的硬殼，衝入今夜，讓光燄淹沒人體，可這兒的紅燭沒有光，只有紅，它表現特殊的環境色素，和對比色，叫他們想起那些火山展覽，以及那些永不沉落的星座：摩羯座與天鵝座、武仙座與獅子座，特別是，那顆永遠照耀他們的最後一顆星——那似乎是天穹核心的北極星。今夜，這兩枝沒有燭光的紅燭中，他們又一次看見這些星從東方升起來，在找尋西方，追逐沉落，和那永恆的明夜。也曾有許多夜，這些美麗光輝，捕捉一些奇異的綠葉，在森林裏、在室內。而這株茁壯的鳳尾樹的綠葉子，曾承受過數不清的類似星星的明亮眼睛，也接納過無窮的透過玻璃窗的類似眼睛的星光。然而，這一片映襯紅燭的綠，終於不是綠，彷佛是血，綠色的血液。我們時代的青春血液。

啊，玻璃，永遠是玻璃，它給予紅、反映綠，顯示燦爛星光。今夜，他們又一次坐在玻璃中間，那通向世界的玻璃窗，和通往他們靈魂深處的玻璃杯。只要輕輕一摔手，或重重一拳，它們便化爲碎片，可是，沒有一種肉體會輕易傷害它，或投入這一運動。他們必須在最大脆弱中獲取透明和沉醉，以及由此而獵獲的剎那永恆。與玻璃同樣脆薄而透明的是絲綢。窗外街上似乎不時輕響著綷縩聲。不，是一些柔和的肉體上，一陣陣絲綢窸窣聲，如擦響的玻璃聲，藉以裝飾都市之夜。有時，人們愛找一種更透明的纖維裝飾自己肌肉，以饜足一些強烈官能性的視覺。但現在，不管是怎樣透明的纖維，尾聲好像仍是一些碎粒。

是的，不管是玻璃、絲綢，或紅燭，現在似化爲一些噩夢，沉默的噩夢。

「我剛從歐洲回來，本有許多話要談，但一看見大家的形相，特別是老韓的沉默，說不出爲什麼，我的舌頭凍結了。我第一次感覺，自己是在西伯利亞冰原旅行。」韋乘桴苦笑道。

「我是有話可說的，但我唯一的話是：『無可奉告。』」林鬱苦笑說。

「今夜，我本想暢談我在神經病院的一些心靈感受，可是，我覺得，還是不談的好。」

楊易吐著一圈圈煙篆。

「我走進來，一看見兩位老朋友：老韓與老韋的臉，特別是，一感到我們又一次聚會了，我心裏突然陷下去了，像結了層冰。我不知怎麼說才好。」

「我們大約都老了，或多或少，頭髮都有點白了，臉孔也變得醜陋了。」彭大衛嘆息著。

「坐這樣的咖啡館，沐浴在這樣柔和的燈光下，凝望著這樣紅艷的康乃馨，可能，這是我最後一次了。」韓慕韓摸摸腦門那塊禿亮處。

「爲什麼呢？」林嶽問。

「沒有一隻鳥永遠棲止於同一座森林，或同一棵樹梢。也沒有一個飛鳥式的生命，永遠迷戀同一盞室內燈光，同一隻瓶裏的花。」

「你將怎樣？」彭大衛問。

「我將沉默。」

「在哪裏？」

「在高峰頂。在深山古寺。在岩窟或森林幽處茅屋中。在凡是可以准許我長期沉默的空間。」

「什麼事也不做？」莊隱望著他。

「我可以打獵、釣魚、伐木、砍柴，過一種原始生活，就像『九、一八』後我們在外興安嶺一樣。」

「你厭倦政治了。」范惟實輕輕嘆息著。

「我厭倦一切，除了肉體的最低限度的保存。沒有這份保存，今夜，我不可能和你們共同欣賞這裏的燈光與鮮花。」他點起一支煙，楊易遞給他的：「沒有一片綠不黃，不悄悄墜落、變泥、變雪、變水，又化成空氣，飄散入永恆謐靜。我們也該沉沒於一片永恆謐靜，像喜馬拉雅山頂千萬年積雪一樣寧靜。」

韓國將軍的聲音，眞是喜馬拉雅山巓的萬古冰雪，或西伯利亞的巨大冷氣團。聽到他的聲音，這片描金空間所有肉體內的最後慾望，似乎都被化成冰塊。不約而同，大家打了個寒噤。一個眞正最後的龐大現實，突然屹立他們面前；只有這一次，時間是眞正離開他們，殘忍的拋棄他們了。先前無數次的嘆息、皺眉、憂悒、哀悼，不管怎樣，那時他們杯底還有餘瀝。生命的鮮花雖沒有了，雕刻墓碑的斧鑿聲卻尚未響起。這一次，他們杯底卻乾燥得像沙漠，他們開始聽見那可怕的斧鑿聲。沒有人能從杯底與斧鑿聲中得救，也沒有生命能從這裏挽回。他們第一次發現，在座的老朋友們，幾乎沒有一個不出現白髮，有的稍多些，有的稀少些。就連一貫懂得用巴黎方式保留青春的韋乘杼，由於染髮藥水接近失效期，兩鬢和腦勺也叢生了少數白髮。（明白個中眞相的人明白，這是他溺於某種癖嗜的後果，倒不全因爲他的年齡。）變得最厲害的是韓慕韓。從海那邊回來後，頭髮小半白了，連下唇也有幾根白髭，彷彿一夜之間，他突然老了。雖然他精力充沛，大體不減當年。七、八年來一直乘順風船的彭大衛，也不例外。他兩鬢已經蒼蒼。就連美麗的沙龍夫人，雖然還能依賴濃脂重粉，把自己化粧成一個豐腴艷麗的中年貴婦，但頭頂心也茁長三十幾莖白髮，不過，她遮掩得很巧妙，人們一時看不出來。從新疆歸來，多少年月，最充滿樂天色彩的范惟實，雖無白髮，額上卻已重疊皺紋，背脊也開始有點微駝了。

那個最古老最致命的生命暗室，這一次，不折不扣，是徹底向他們敞開，展覽了。僅有的三件展覽品是：老、病、死。

人死了，語言活著。相反的，人活著，語言卻會死，思想也會死。他們此刻正是這樣。肉體在動，血液在流，思想和概念卻幾乎不存在了。它們與他們似乎毫無聯繫。有生以來第一次，他們發現，沒有這些，他們也能生活。石頭就是這樣生活的。榛楛就是這樣生活的，蝸牛也是這樣生活的。他們生活裏，已不需要這些了，正像一隻鼻涕蟲並不需要柏拉圖的「巴曼尼得斯」或康德的先驗邏輯。

整個咖啡室淹沒在一片驚人沉默中。對於這座巴黎風的沙龍說來，坐滿了生命而又似無生命，這還是開天闢地第一頁。恐怕全世界咖啡室，也很少出現今夜場景。

終於，在這片開天闢地的沉默中，人們聽見韓慕韓的盤古氏式的聲音。

二

你們在座的都知道，我耗盡一生，追求一個理想，一個不死信念：我的祖國必須復活，三千萬檀君子孫必須從東京鐵蹄下解放出來。爲了把這一信念兌現，「日韓合併」的亡國條約訂立後，我，一個十四、五歲的貴族孩子，還未成年，就憤怒的離開漢城，逃出那可恥的龍洞宮，投奔你們中國。我不惜跋涉幾千里，從東南S市趕到西南昆明，入講武堂，學習軍事。我知道，用寶劍奪走的，只能用寶劍搶回來，眼淚與禱告既不能鬆開魔鬼的拳頭，也不能軟化上帝的心腸。這以後，你們知道，我跳進「三、一」革命運動急流，參加了第一韓國臨時政府。此後，爲了爭取斯拉夫民族的援助，我又躍入俄國十月革命洪流，接著，到廣東，成爲北伐大軍裏的一員。國共分裂後，我回東北，從事恐怖運動。「九、一八」事變爆發，我把生命奉獻給馬占山起義軍隊。抗戰炮聲響了，我轉戰北方，跟著，響應韓國臨時政府號召，輾轉赴重慶，先後擔任韓國志願軍第一大隊隊長，和參謀長。這一切，爲了什麼？僅僅爲了那個不朽理想：我必須——以一個光輝的自由人的姿態，勝利的踏入祖國，回到漢城。我必須再在美麗的漢江清流中濯足，像兒時一樣。我必須再攀登漢江對岸的南山，直達透逸的峰巒巓頂。我將站在峰頂狂嘯，莊嚴的高唱韓國國歌。

就這樣，三十多年從我身邊流逝了，我獻出全部壯年、青春，甚至中年，爲了我記憶裏的不死城市：漢城。在我記憶中，這個城池永遠是偉大的、聖潔的。儘管它被強盜姦污過三十四年，它依舊像聖瑪利亞一樣純潔，白璧無瑕。

日本天皇公佈投降詔書那一晚，我癲狂的投入重慶群衆歡騰狂潮中。那一夜，瘋子一樣，我不能睡，不能吃，甚至不能談話。我不知道怎樣才好。三十四年來的理想實現了，一個比金剛石更恆久的夢幻，居然化爲手邊現實。信念的花朵，不再開放在高空雲際，正展現在我茶几上、磁瓶中。我怎麼辦？我怎麼辦？

一夜失眠，第二天，太陽上升，我第一個決定是：要求美軍總部許可我代表臨時政府，隨第一批盟軍飛到漢城。我能操日、俄、華、韓四國語言，我的同行，對盟軍不是沒有用的。

當我的肉體進入波音飛機、在珊瑚壩起飛時，才一升上雲際，我的靈魂就迅速溶化了。同行的軍官不斷談政治與軍事。我卻一言不發，屛心斂氣，彷彿就要會見闊別三十幾年的永恆戀人。我的身體變成一枝蠟燭，我的血液更有點像火溪。一個韓國同伴望著我的臉孔，奇怪的問我：

「你出了什麼事？你的眼睛，好像失火，又紅又亮？」

我沒有回答，也不須答覆。每一個人都知道，一個剛掙脫三十四年枷鎖的奴隸，第一點鐘是怎樣舞蹈、發聲的。

路上遭遇黃海風暴，天氣壞極了，飛機幾乎失事，可我一點也不驚惶。這個時候，即使暴風是萬萬千千尖刀，雲霧是千千萬萬毒蛇，我也不會撐開降落傘，跳下飛機。幸運的是，仗著飛行員智慧、勇敢，我們終於在漢城機場降落。

這是八月中旬，當時還面臨危險。日本僅僅宣佈投降，法律上尙未正式簽訂投降條約。

我以一個解放者身分踏入漢城，隨時可能遭遇法西斯匪徒和日本浪人尋仇，有些韓奸，也會謀害我。假如這些人殺死我，法律上，日本政府是不負任何責任的。可我不管這些。

正是上午。經過一夜飛行，大家很疲倦，盟軍使節受到禮貌招待，下榻漢城飯店。大家急於獲得短暫休息。我利用這個機會，換穿便服，悄悄離開旅館。我的外形，有點像日本人，也有點像本地人，人們並不如我想像的那樣，大驚小怪，用詫異的目光掃射我。

我幾乎想向每個人大聲喊叫：

「我回來了！——我回來了！——我回來了！」

可我沒有叫。因爲，一出飯店，我的心就開始萎縮了。代替喊聲，另一個秘密喊聲在我心裏響：「我的漢城呢？——我的漢城呢？——我的漢城呢？」我擦擦眼睛，我不是踏著漢城大街麼？那座記憶裏如此美麗神聖的漢城，不就在我腳下麼？啊，我的上帝，這是怎麼一回事？這就是那光輝萬丈的故國京都？海外上百萬韓國人民日夜夢想的莊嚴空間？不，這不是！這只是一條狹窄的街道，湫隘、零亂、污穢，兩邊是破破爛爛的舖子。更其破破爛爛的，是行人。每個人都像逃荒者，又窮、又破、又陋。衣衫襤褸且不說，最叫人苦痛的，是那種骯髒、齷齪，好像一生一世從未洗過澡。我走過好幾條馬路，沒有一條眞像樣的。最後，即使到達最寬大的京城大街，行人的庸俗、猥瑣、污濁，仍然一樣。我少年記憶中的韓國人，不是這樣的。我的祖國人民變了。

於是，我想起一件小事。今天在飯店早餐，日本總督府派來的招待員，向朝鮮侍者要幾瓶葡萄酒。侍者回說沒有；後來，那日本矮個子塞了幾張鈔票在他手裏，他突然笑逐顏開的走了。不一會，我們餐桌上出現四瓶上等法國酒。當時，我就感到難受。他們簡直忘記，今天是什麼日子？我們是什麼人？但我仍以寬容心情原諒他。一個剛回祖國的流亡者，不該太計較這種事。這滿街襤褸景象，和這四瓶酒一聯繫，我不禁開始明白一些事。

最致命的，還不是這一片污穢、襤褸、平凡，而是，沒有一個人面帶異樣神情。他們完全忘記了：八月十五日是什麼日子？今天又是什麼日子？一些小茶館內，擠滿破破爛爛的茶客，一些馬路邊，小攤子上，挨坐著一些骯髒客。看樣子，他們仍和過去三十幾年一樣，喝茶、吸煙、吃飯、拉屎，沒有一丁點石破天驚的改變。這裏，既沒有火山，也沒有海嘯。

也許，眼前漢城街頭的襤褸，是日本軍閥三十幾年殘酷壓榨的後果，應該同情。然而，大韓白衣民族一向是愛潔的。再說，他（她）們臉上表情，爲什麼這樣麻木呢？彷彿不知有八月十五日這回事似地。

走了幾條大街，我實在乏味、厭氣，便乘一輛人力車，到漢江邊。我渴望看看瑰麗漢江與京城南山。三十四年來，它們是一朵朵偉大牡丹，常常在我夢中盛開。假如不是爲了這一朵朵牡丹，我那些淒艷而顫震的過去，幾乎無法形成。那些猩紅的血，也不會從我脈管裏流出來。那些鹹澀的淚，也不會由我水樣液與玻璃體裏滴下來。

不管這個城市怎樣平凡，我必須找尋我最後的牡丹，那眞正的生命泉源與色彩：偉大的漢江流水和崇峻的山峰。

黃包車夫把我帶到漢江邊，我的血管熾熱起來，它們幾乎像雨虹一樣，環繞我肉體，發亮、放光。我的心臟跳得像網球，每一跳，彷彿都要衝出胸膛，躍過喉管。所有回憶同時向我呼喊：「一個偉大時辰到了，是凱撒的還給凱撒，你所要的，終於得到了！」

啊，天！我怎麼說才好呢？我怎麼說才好呢？

（說到這裏，韓慕韓的疲倦眼睛裏，第一次閃爍淚光。）

這就是韓慕韓日日夜夜夢想的偉大江水和山峰麼？這就是一個亡命者用畢生鮮血換來的祖國山水麼？

呈現在我面前的，是一條渾濁的狹窄的江水，幾乎比我所見的哪一條中國山水都渺小、平凡。漢江彼岸，是幾脈矮矮丘岡，平庸無奇，幾乎不能說是山峰，比起我所見的中國偉大山峰，只能算是幾座土墩子。在這片山水之間，既沒有神聖的光輝，也沒有巍峩崇高的氣象，任何一個偉大磅礴的夢，不可能與它們相聯繫。難道我的記憶完全錯了？還是我一生鬥爭整個錯了？這裏，既沒有我的偉大祖國的偉大山水，也沒有偉大城市。

我忽然發現，我自己的身軀矮下去，我剎那變成一個侏儒。不，我所有夢幻破滅了。我生命中一切驚人的浪漫主義，一剎那間，化爲碎片。我坐在江邊，哭泣起來。

這個上午，我不知道怎麼過去的。我坐在江邊街上一家小茶館內，泡了一碗苦茶，默默面對當前山水，沉思了近半天。

千山萬水，不正是這一座山麼？我爬遍千山萬水，不正爲這一座山麼？現在，我站在它面前，一伸手，幾乎就可摸到。（乘船渡江，很快就到。）然而，它究竟能給我什麼？是山的光——這樣荒枯的光？山的形——這樣簡陋渺小的形？就這樣一座座侏儒式的，騙了我一生麼？三十四年來，回憶中，常常它和喜馬拉雅山一樣高，不，比珠穆朗瑪峰更高，閃耀珍珠的光、翡翠的光、珊瑚的光。宇宙間萬光千色，全似絞盤上的纜繩，絞集於它身上，也把我靈魂與它絞在一起。可現在——是這樣矮小的山，比我所見的任何中國山峰還寒傖、庸俗。我簡直不懂了。人怎麼可以——用三十四年以上的時間，追求這樣一座座平凡山巒？我支付鮮血，交出生命中最精華的，我當初在長白山頂、在中國南海，日日夜夜企盼的，難道竟是這樣一座座山？此刻，經過三十四年鬥爭，我回來了，一切完全不對。

我曾見過那麼許多山，它們有血、有肉、有骨骼。我曾泛過那許多水，它們也有肉、有血。是的，我吃過山肉、水肉，也喝過山血、水血，可我從眼前這一座座山丘江水中，卻喝不到、嚼不到什麼。它們既無活生生血肉，也沒有鮮花的味道。是我自己不對勁，還是這山這水不對勁？不夠味？是山騙了我，水騙了我，還是我騙山、騙水？我可從沒有騙過任何眞正屬於自己祖國血肉的一切。

難道我老了，我用拳頭敲擊下巴，骨骼比這座山還硬，我嘴邊也沒有掛滿荒涼的白鬍鬚，像對江山上掛滿那麼多荒草。我雖經過千生萬死，卻沒有極度衰老。可這一座座山，卻早衰了，喪失了大部分精力。

從任何異國音樂裏，我常常聽見(不是看見)星光、雲彩、風颸、流水。星光像風、雲彩像流水。但從這一座座山崗上，我卻聽不見風颸、星光、雲彩、流水。這裏，沒有一點瑰美神秘的音素、色素，像它們過去曾日夜繚繞於我靈魂最深處的。也沒有一種珍奇靈幻質地，如螭髓麟脂，沉浸我官能深處。我夢中常常看見的，這裏沒有。三十四年來，絕對想不到的，竟出現了。正是這些絕對想不到的因素，叫我，一個伍子胥崇拜者，一個出生入死的軍人，一剎那間，突然變成一個詩人，一個哲學家。我不想再當將軍了，我要改行了，一切必須從蘇格拉底和斯賓諾莎來起。

不，希臘的蘇格拉底與荷蘭的斯賓諾莎，對我也不算什麼了。無論是希臘磁皿畫、奧林匹克山上的大神、荷蘭邊陲的海水，或是紅海落日、非洲坦卡伊喀的獅子，對我都沒有什麼了。生命已把最後一張底牌揭開了，再沒有更新更驚奇的事物了。

（說到這裏，韓慕韓喘了口氣，點起一支煙，使勁吸著，彷彿要把他生命中的殘餘呼吸都在這幾口吸光。）

山水的城市、理想光輝的幻滅，還不是我的幻滅的全部。更殘忍的是，連最低的現實低地，也出現颱風和毒汁。我即使抱殘守闕，緊摟著破裂的記憶花朵，平凡的廝守著祖國空間，似乎也不大可能了。

這以後一年多，在一些國際電訊上，你們可能看到一些韓國政治動態，但那些遠不是眞正現實。眞實是，許多曾用鮮血鬥爭過的革命軍人，回國不久，就被另一些奇異怪物打倒了。也不知道這些怪物是從哪裏來的？他們既沒有爲祖國獨立付出任何血與淚，更沒有幾乎眞正奉獻過生命或巨大代價，甚至誰也沒有聽說過他們的名字。可是，就是這批從沒有革命過的革命者，佔據一些政治寶座。當然，他們也有一面保護自己的老虎皮大纛旗，那就是從新大陸回來的X博士。這位博士，在韓國革命史上，曾經有過一定聲望，目前，又有華盛頓撐腰，自然青雲直上，攫奪了政治大權。（其實，過去十幾年，他的眞正貢獻，比不上金九。）儘管他本人具有掌權條件，可他手下那批人，卻不像話。彷彿對待死仇似地，排擠從中國去的革命元老。從中國去的一些領袖，最著名的金九先生，韓國臨時政府主席，憤而退隱，終於被暗殺。另一些領袖，有的變成投機倒把的政治掮客，有的改行經商，發了財，有的比較正直的，就消聲匿跡，沒沒無聞。我的處境很困難。各方面都想拉攏我，又嫉妒我、排斥我。他們想要我扮演傀儡戲，借我的臉孔和嘴，發他們的聲音。我作爲一個還有半點半滴良知良心的人，自然不可能做這樣一筆骯髒政治買賣。於是，嫉妒與懷疑的浪潮騰入空中。假如我稍不謹愼，那粒射穿金九腦袋的子彈，很可能會打碎我的頭顱。連西安時代我手下那些分隊長，也有幾個回國鑽營，爬了上去，跟在一些人後面暗算我，爲了避禍，我只有隱居。

在這裏，我必須向你們洩漏點政治機密，提一件事，作個例證。

一天，X博士派了個心腹來找我，說博士打算請我擔任極高職位，條件只有兩個。一個是，站在他們這邊，揭發金九的幾個親密老同志，揑造他們在重慶時代的一些錯誤，甚至罪惡，以便把他們一網打盡。一個是，我上臺後，必須學習中國大廟裏的彌勒佛，對博士一切政治措施，都要「阿彌陀佛」，絕不堅持個人意見。

我回答他：我辦不到，我也不想入內閣，做大官。

「老兄，你太傻了。你爲革命忙了幾十年，臨到分享菓實，現現成成的享受，你沒有理由拒絕。」

「我幹革命不是爲了這個。」

「你知道，博士在今天國內的地位，你能辜負他一番好意？」

「請你代我謝謝他。可我姓韓的不能拿靈魂做政治交易。」

「什麼『靈魂』，你相信這個！政治和商業一樣，就是交易，而且是將本求利的交易。你幹政治幾十年，連政治ABC還不明白？」

「謝謝你給我開了眼界。原來你們的政治定義是如此，難怪今天局面永不會澄清了。」

「你說話可得當心，得罪了博士，對你沒有什麼好處。」

「隨他們！他們愛把我怎樣就怎樣！反正我對政治舞臺沒有興趣了。我這桿手鎗，已喝血喝厭了。我再不會傷害任何人了。可誰要一定平白找我麻煩，我也不是好惹的。」

我這段又軟又硬的話，終於應付了來人。此後，他還來談過幾次，我措辭變化，原則不變，終於算搪過去了。

夠了！這些卑鄙的政治交易，我看夠了。過去三十幾年，爲了祖國獨立，我不得已，捲入這片黑暗漩渦，當時，僅僅爲了一個光明的目的。現在，祖國獨立了，眞正解放了，我想不到，還得扮演蛆蟲，在糞坑裏打滾。

最可怕的是，經過三十多年恐怖不安後，今後還得在恐怖不安中度過晚年。你們知道麼？一天，我不正式宣佈退出政治舞臺，一天，我的生命就可能被毀滅所包圍。

是的，我顫慄著，而且，每一秒顫慄著，不，每個千分之一秒顫慄著。因爲，每個千分之一秒，一些可怕的潛伏黑流，有可能化爲我腳下巨大洪水，把我狂捲而去。我知道，毀滅可能正在等待我，也許今夜，也許明朝，也許這一秒，也許下一秒，也許是小毀滅，也許是大毀滅，也許是局部毀滅，也許整體毀滅。也許，終我一生，我全部時間，將在這種等待中消逝淨盡。即使這個世界不毀滅我，另一個世界——最後的死亡，仍要毀滅我。

我是爲等待毀滅而生，也爲接待毀滅而死。

身前身後，到處是毀滅的影子。窗外是毀滅，窗內也是毀滅。陰溝裏是毀滅，花園內也是毀滅。陽臺上是毀滅，地窖底也是毀滅。老鼠籠中是毀滅，酒杯裏也是毀滅。金魚池裏是毀滅，畫眉籠內也是毀滅。我所恨的敵人是個毀滅，我的愛人床上可能也是毀滅。太陽升起是個毀滅，月亮下落也是個毀滅。這個地球上，毀滅從沒有這麼多過。

死亡並不可怕。可怕的是各式各樣的毀滅，而且一分鐘又一分鐘的毀滅，一秒鐘又一秒鐘的毀滅，一立方吋又一立方吋的毀滅，一米厘一米厘的毀滅。或快或慢，從手和腳毀到胸膛，從大腦皮層又毀到骨髓。

單單說，我毀了，這絕不夠，要把這個字放大到地球一樣大，每一撇、每一劃，是一個洲、一座海洋，這個字將和金星、木星一樣，形成第九顆行星，日夜環繞太陽旋轉，每一座天文臺望遠鏡都可以看見它巨大的鉛灰色光芒。

這一切，我絕不誇張，甚至比它原來的鉛灰要縮小千百倍。我上面所描畫的，只是它影子的影子的影子。它可怖的眞形，離這還有十萬八千里。正如原始恐龍離現在已千千萬萬年一樣。然而，恐龍還有它眞實化石，我所描繪的，卻沒有。我們永遠抓不住它的眞骨眞石，或原形原狀。即使能拍攝下來，永遠是它的縮小投影。它的眞形，將如太陽內眞火一樣，絕對不可接觸。當你離太陽只有許多萬里時，你早已化成無體了。

夠了！夠了！不談這些了，三十四年來，我從沒有談過這些喪氣話。我一直運用勇敢的詞彙，發出勇敢的聲音。想不到，眞正成爲獨立自由的大韓國人民以後，我竟會接觸這樣黑暗的言語，想著這樣黑暗的思想，發表這樣黑暗的意見。完了！完了！我這一生是完了。我的偉大祖國是復活了，我的靈魂卻必須死去，死於最後一刻光明中，死於一些罪人的歡呼聲中。

這些日子，我像一個水面漂浮物，一會兒沉在颶風底層，一會兒又被海嘯呑沒，一會兒又重新飄蕩水面。過去幾十年，我也漂著、浮著。可那是有明天有對岸的漂。儘管我用一千個字眼、色彩，爲這片漂浮紮弔喪花圈，或畫黑色框框，但那裏面，仍含有一份驕傲、自信。我堅信，漂浮物，不管是一莖蘆葦、一根水草，或一塊木片，總有一天，會被風暴和海浪送到陸地。現在，漂浮物終於到達彼岸了，一切流動本可化成凝固，這一草、一葦、一木，本可變成新大廈的一部分，想不到，它居然被湮沒，又重新被送到另一座海上漂浮。和過去完全不同，這一次，卻絕對沒有彼岸了，沒有陸地了，沒有對象與終點了。一切海浪本身，並不是過程，都是終點。一個人一生中，是經不起兩次巨大漂浮的。夠了！夠了！我不想再漂浮了。讓我變成森林深處一片死葉，山間小溪邊一塊頑石吧！我厭倦漂浮了。想不到，幾十年漂浮的結果，換來的卻是更恆久、更巨大的漂浮。難道我當眞能長生不老麼？

談到這裏，韓國將軍最後作具體說明。返國後，他見形勢不妙，一切混亂，他只擔任政府顧問，和一個高級軍事機構的軍事顧問，沒有接受其他實際職務。他對政局，觀察了一段長時間，覺得今後若干年內，還會更混亂。這次，藉解決S市所有韓僑一些問題，他因公來此，打算勾留一陣子，順便和老朋友們聚聚。將來，他回去後，打算實現隱居計劃。

他摸摸腦門那角禿亮處，沉思道：

「反正我也爲革命流過汗、流過血，就是白拿這兩個顧問乾俸，讓他們養我一輩子，也不算過分。而且，爲了敷衍這些人，應付現實，我還非拿乾俸不可。否則，只有惹麻煩，連隱居的清靜日子，也不得太平，更不用說退休清享了。活著就是這麼一回事。」

他順便提起大家在重慶見過的笪雅歌小姐，她因爲看不慣局面混亂，更不贊成他袖手旁觀（想不到這女孩子倒是個小野心家），年少氣盛，憤而到三八線那一邊了。她哥哥在那邊很有點政治地位，聽說現在已送她赴莫斯科讀書了。

提到她時，有那麼一會，他腦海裏閃爍她最後的形象。

當她作出最後決定前十幾天，他們最後一次幽會時，她是怎樣在他懷抱裏哭著、鬧著，一定逼他接受X博士的條件，登上顯赫高位，那樣，他就可利用地位，和他那位黑猩猩離婚，與她正式結合。很輕易的，她將升爲青年貴婦人，一輩子受用不盡。（即使上臺後，他不能改變大局。）眞了不起！想不到這位曾經是安那其的少女，竟然有這份政治氣魄，生活勇氣。

當他一再斷然拒絕時，她氣極了，那一雙大眼睛瞪得像凶煞神。

劈劈拍拍！她狠狠打了他四下耳光，跟著是一陣咆哮：

「想不到你是這樣一個大傻瓜！窩囊廢！我白白把我一部分寶貴青春獻給你了！」

哦！原來如此！當初在重慶，她第一次以娜達霞姿態投入他懷中時，原來就混雜著一些古怪念頭。她眼力倒不差，也頗有政治預見，可就缺少生命中另一些重要的東西。這不能怪她，只能怪自己的盲目浪漫主義。他本只想和這個年輕情婦創造一點生活中的純粹詩篇，並未考慮其他後果。

人生眞相本來如此。即使在潔白鴿翅上，也仍沾著倒楣的塵沙。

不過，這一切，只是他自己的秘密記憶。在過去、現在、將來，除了今夜的老友，他永不會讓第三者知道。

三

韓慕韓說完黑色經歷後，沙龍又返回可怖沉默。這種沉默，不是肉體的，不是靈魂的，也不是物質的，或燈光和花枝的，它似乎是宇宙的。當整個宇宙的原始沉默像暗影一樣沉澱時，所有被包圍於暗影中的生命與無生命，就不得不被一種奇異沉默所主宰、淹沒。在史前冰期式的沉默中，即使有聲音，那也類似冰鹿蹄蹠聲，帶給人一片無比寒冷、陰森。

「一切爲什麼這樣呢？」經過許久沉默後，楊易輕輕問。

「一切爲什麼是這樣呢？而且非是這樣不可呢？」莊隱嘆息著問。

「難道非得讓我再進一次神經病院不可麼？天知道，那是怎樣一個可怕的地方。有些女人，長得比天使還美麗，和醫生談話時，比貴婦——法國十七世紀最著名的公爵夫人還嫻雅，但冷不防的，她會拚命咬你一口，咬斷你的手指或耳朵。我卻從未咬過人。我只感到世界一片朦朧、迷糊。我彷佛黑夜彳亍於森林，除了鬼火，沒有別的光。有一會兒，我是清醒的，世界便明豁的表現於四周，從先前的水中倒影還原爲眞實樓臺亭閣。這時候，我很奇怪，爲什麼我被拋在這個獸籠內？但這只是短短一刻，我才自覺自己的方位與圓周時，一切又魔術性的變了，我又陷入無邊森林。沒有思想，沒有概念。……」他停了停，低低道：「天知道，我是不想再過這種生活了。」

「生活不是你想不想過，而是，和空氣一樣，強加在你身上的。事實上，你的呼吸，也非和它連成一氣不可。」林鬱在這群人中，仕途與生活應該稱是得意的，但由於他是天生的悲觀主義者（除了年輕時代），此時也大致默認四周氣氛。他吸著煙捲，幽邃的眼睛裏，充滿陰沉。

「這因爲，你的生活是一片和平的貿易風，你的空氣是一種優美旃檀香，你才這樣感覺。」范惟實苦笑道。

「不，我和你們一樣，我只是幽禁在另一種瘋人院中。那裏，有豐富的物質條件，操另一種語言，有另一種秩序——是統治的語言與秩序。這個城市的組織機構，只是一種瘋人院統治著一些瘋人院。區別僅在於，統治者瘋人院的語言與行動比較接近理性而已。……你們知道麼，每一夜，我回家，好像剛從墳墓底爬出來。這就是說，每天早晨，我必須死一次，只當離開那座野獸大樓後，我才眞正呼吸一、兩口地球的自由空氣。」

「爲什麼是這樣呢？……爲什麼必須這樣，而不是別樣呢？……我們這些人中，有的已找尋了二十幾年，有的更多些，像慕韓，已追逐了三十四年。可爲什麼是這樣結果呢？……永遠是無光的森林，墳墓的氣息，市場的欺詐，致命的浪濤，更致命的是：疲倦。爲什麼是這樣呢？」范惟實扔掉煙蒂頭，用一塊黃色絨布擦擦白色鏡片上的積灰。「我是一個不該結婚的人，卻結了婚。我是一個不該離婚的人，卻離了婚。我的妻子是我親手送進瘋人院的，不是她自己走進去的。在我一生所有罪惡中——假如我有罪惡，這可能是我最大的一次，也是最後一次了。……事情不能老是這樣下去，穆罕默德面前的山嶽，也得動一動才行。」他的聲音多少帶點懺悔。

「你爲什麼一定非和紅尼離婚不可呢？」韋乘梣問。

「我是爲了解放她，把她從我這樣一個暴君魔手下解放出來。當然，我並沒有用眞正野蠻的暴力對付過她，我最大的殘暴，是我的個性，是我的波希米亞的生活風格，我永遠不感疲倦的旅行著。一個天眞的少女，一個賢妻良母，怎麼能和一個波希米亞型的永遠旅行家共同生活呢？爲了愛她，我決定放棄她。我沒有想到，她在離婚書上簽完字時，神經就已經不太正常了。」

「你的新疆旅行，難道沒有什麼收穫麼？」沙龍夫人問。她似乎感到，他的家庭悲劇，對沙龍氣氛壓力太大了，便扭轉話題。

范惟實點起一支煙，臉色罩著嚴肅，彷彿是一個老舵手。「這是一個可怕的旅行。假如危險是一種偉大的美麗，那麼，這也是一種美麗的旅行。然而，這只是我過去的感覺。以我現在心情說，我可不能再爲這種旅行唱讚美詩了。」

他使勁吸了兩口煙，眼睛凝視窗外街道。「一過蘭州，很快就被拋入一片厚厚的沙土層，除了一些小樹，什麼也沒有，幾千里幾乎沒有人煙，連水也沒有。今夜這間小咖啡館裏的人，幾乎比我那幾千里每天在路上所見的行人還多。什麼金張掖、銀武威，豐饒的酒泉，只是地圖上幾顆黑點而已。一出星星峽，眼前呈現一片濃厚沙漠氣味。起大風沙時，到處立刻聳直小沙丘。冬季，一發大風雪，平地隨時堆成一座座小雪山。我們車子走動著，不易凍壞，假如靜坐，倒會凍死。夜裏，有時我們不敢睡覺，必須不斷燃燒柴火。

「玉門關和嘉峪關外那片荒涼，連最饒舌的鸚鵡也要變成啞巴，黃鶯也會化爲石頭。地面一部分是流砂，一部分是沙磧、泥土，和石子膠黏一片，硬得叫腳底打軟顫。一路上，偶然有幾隻黃羊子——一種野狼，在活動，再看不見別的生物。這種野狼，只出現於沙漠邊緣。眞正沙漠裏，卻什麼動物也沒有。這一帶，零下三十度是很平常的。最低達零下四十度。颳風更冷。政府派人在玉門附近勘探油井，有的井已出油了，工地上搭篷帳，內設臨時浴室。浴池內幾乎是滾水，不滾，就很易冷卻。池邊上卻結冰。你們想想這種情景。所有飲水，全從幾千里外用卡車運來，沙漠中只有苦水、鹹水，喝了會瀉肚、嘔吐。」

他扔掉煙蒂。「你們想想，我是在這樣可怕的旅行中進入新疆迪化的。我原以爲，這個省會能讓我長期棲息。想不到，才半年，我就非逃不可。那兒的政治氣氛，比星星峽一帶氣候更可怖。前任統治者，曾把這片空間變形爲大屠宰場，全城十幾萬人，絕大部分都坐過牢，其中無辜弄死的，幾乎有一半。我到達時，是一個新統治者，雖然有不少改善，但另外一些因素，仍使它形成一座火山。回族人仇視漢人，漢人也排斥漢人。我被擢拔爲一個大報社長，在全中國，可能這是最了不起的報紙了；有六部大卡車和一部小汽車，用三種文字發行，數量有七、八萬。後來，又幾乎被提升做教育廳長。可風暴來了，一些官僚們絕不能信任一個毫無政治氣息的書生，更何況平日我從不逢迎他們。單憑最高頭目的賞識，腳下基礎仍一片空虛。當報社社長，沒有什麼政治權力，他們讓我舞文弄墨算了。廳長是權力的象徵，他們豈能輕易讓步？這樣，風聞他們正計劃對我下毒手時，我只好趕快逃走。要不，即使不被裝在麻袋裏，活活弄死（像前任社長一樣），至少，也要大吃苦頭。何苦呢？爲了幾顆橡皮圖章，……」

他挪了挪白色無邊眼鏡。「我在沙漠上失敗了。我從戈壁逃回來。我預感今後生活的徹底破滅。我在戰前和戰爭中所維持的最後伊壁鳩魯主義，已不可能再延續下去了。我也不願紅尼跟我做一個印度流浪者。我決定讓她離開我。她流著眼淚同意了。可我沒有想到——唉！」

聽到這裏，沙龍夫人打斷范惟實：「不要再說下去了。直到現在止，你們嘴裏發出的聲音，沒有一滴不是陰沉的、絕望的。我這個咖啡館簡直變成木乃伊博物館了。」她轉過頭。「老韋，談談你吧！你剛從歐洲回國，總該給我們帶來一些新鮮消息——你自己就是一份新鮮消息，你是新聞記者。向我們談談巴黎的玫瑰雙週展覽會吧！」

「不，我不能給你們帶來玫瑰的消息，我只能談歐洲的瘋狂。當戰爭的瘋狂停止後，繼之而起的是肉的瘋狂。」韋乘桴睜著眩暈的眼睛。

「在歐洲，特別在戰敗的德國，肉的浪潮捲沒一切。經過整整六年大戰，千千萬萬人燈蛾樣投入死亡火燄，另外千千萬萬人，則燒焦翅膀，從火花中逃出來。活著的必須找尋另一種瘋狂火炬，彌補前一種火燄的灼傷，也爲了替死者復仇。於是，所有德國女人，便成爲瘋狂與復仇的對象。她們是藥膏，是綳帶，也是強有力的注射劑。

「當我穿著金黃色盟軍制服，以盟軍記者身分出現於柏林時，一位陪我的德國太太指著四周對我說：『在這條街上，或另一條街上，你所見到的——任何一個德國少女，你都有權利得到她。』她的話一點不假。所有盟軍，都在德國各地展開瘋狂的追逐，敗者受禍！每一個德國女人都是俘虜。假如不能用愛情的外交語言擄獲她們，便用寶劍攫取她們，沒有一個戰敗國的女人，能拒絕我們——比凱撒更偉大的勝利者。我們的軍隊，佔領這幾十萬平方哩的土地，我們的男人，佔領土地上的一切女人肉體。

「說句良心話，我平生從未這樣放蕩過。肉的刺激和反應，是連鎖性的。當一萬個人被肉體包圍時，你不能成爲第一萬另一個例外。就像我的一位同行，毛楚清，在國內，他是一個文質彬彬的書生，一年多來，竟也享受過三百五十四個德國妻子，幾乎每夜換一個。人們不是找女人，簡直是大嚼蓓茜嫩雞，只挑最嫩最鮮最肥的；常常的，只吃兩隻雞腿或一片雞脯子，就把它扔開了。有時，只吃半隻腿子，就摜掉了。肉的貢品，多得你應接不暇。

「我找的，全是二十歲以下的處女，一過二十歲，我就不要。不是處女，我也不要。說眞話，今天德國已沒有處女了，除非是十三、四歲未成年的。不像美國佬、法國佬，我從不用野蠻方式，只用一片溫柔言語、一頓豐富晚餐、一件衣料或一雙高跟鞋，儘夠俘虜她們，換得她們的永恆謊言了。她們是窮煞、苦煞、餓煞、凍煞了。我們口袋裏，只要有幾百美金，簡直可以做王子。更重要是，德國青年人中年人幾乎死光，想結婚的德國女人，好幾個輪値、伴一個德國丈夫。每一個妻子，値班時間，大約是半年。國家失敗了，她們靈魂也徹底崩潰了，只要能換得今夜一杯白蘭地、一席盛宴，她們什麼都幹。

「這一切，自然是變態的。但在一場變態戰爭後，這片變態反應倒是正常的。不幸是，我也被捲入這場浪潮。歸國後，看到你們的生活，聽見你們今晚的談話，起初，我幾乎毫不能理解。我彷彿來自另一個世界。不過，這些日子，肉的火燄稍稍熄滅下來，我冷靜想想，就覺得自己太幸運了，我並沒有眞正生活在這個亞洲大陸上。我在歐洲的生活，雖然是病態的、瘋狂的，可仍含蘊一種病態的樂觀、沉醉、愉快、美感。這兒，一切都是正常的絕望，傳統的陰暗，彷彿從子夜一點起，到午夜十二點止，人們都在經歷上帝與魔鬼的鬥爭。

「人們心裏，上帝與魔鬼的鬥爭，從沒有這麼激烈過。這一秒是魔鬼，下一秒是上帝，下一個千分之一秒又是魔鬼，再下一個萬分之一秒又是上帝。他們像打擂臺，輪流佔有你的靈魂、肉體。剛才，在街上看見上帝，回到屋內，角落裏，卻藏了個魔鬼。轉瞬之間，一個魔鬼才從窗口爬進來，床上忽然又有一個上帝伸懶腰，打呵欠。不僅醒著時，他們在鬥爭，夢裏，他們也在打架。吃飯時，它們在惡戰，連洗臉漱口時，他們也肉搏。究竟什麼時候才能結束呢？他們眞要把人撕成粉碎麼？情形如此，不只對魔鬼，人對上帝，也感到乏味。不管一個怎樣完美的上帝，充滿玫瑰香與荷花香的上帝，因爲經常與魔鬼扭成一團，也就被魔鬼氣氛圍罩，沾上魔鬼氣息。有時候，你簡直分不清，這究竟是上帝的肉體，還是魔鬼的肉體？人已不是按照人的原則生活，是按照這兩個怪物（我們把上帝也看成怪物）的鬥爭軌道而生活。你根本已沒有你自己。你的肉體早已劈成兩半，一半掛在上帝肉店的吊鈎上，一半晾在魔鬼肉攤的案板上。你即使堅固得如一座山峰，也要演劈山救母，劈成兩截，山這頭是上帝的眼睛，山那邊是魔鬼的手。萬一有幾秒鐘，它們暫時休戰了，你喘一口氣，才想整整衣衫，梳梳頭髮，眞正有理性的想些什麼，瞧，號角又響了，一場新的更激烈的搏鬥又開始了。」他嘆了口氣。「也許，離開這個地球，移居到另一個星球上，才能結束這場上帝與魔鬼的鬥爭。」

大家聽了，有好一會，又陷入沉默中。只有咖啡的香氣靜靜氤氳，似在低語。接著，哲學家楊易打破沉默，聊以解嘲的自言自語道：

「少數已走出地球的人，乘著幻想火箭，即算已飛到月球上吧，但月球並不比地球更美，甚至更醜。他們後悔，花了全部青春，無數辛勞和痛苦，好不容易，飛到嫦娥宮殿中了，這位仙女原來是個獰惡的巫婆。一切徒勞無功。人類只是個愚蠢的孩子，把一切最美的拆掉了，卻建造那最可怕的。離開如花似玉的江南天堂，只爲了到沙漠中哭泣。

「也許，有些星球是美麗的，假定是火星吧！但哪裏有生命、有人，哪裏就有地球黑暗、醜惡，雖然也混雜地球上的光明、美麗。人類如果厭惡這個星球，千方百計，尋找另外星球，這一悲劇，將超過一切地球悲劇的總和。自有生命以來，一切的哭聲，還抵不上那未來的哭聲。科學家曾預言，幾百萬年後，人類可能會讓位給昆蟲，那時候，地球上將充滿各式各樣綺麗的飛蟲，也許，大地會比現在安靜點、瑰美點。但經驗告訴我們，昆蟲並不比人類更仁慈、更善良。

「將來，少數眞正飛出地球的人（這個日子並不太遠了），有一天，仍會懷念地球，正像他年輕時到達太平洋東岸異鄉後，又懷念他的太平洋西岸，那充滿罪惡的故鄉。人永遠在玩觀念遊戲，觀念也永遠在遊戲人。宇宙間，這一場觀念舞蹈會，將永無結束。主要伴舞者──人類，也將永無休息、謐靜。

「地球以外，其實既不神秘，也不虛幻，一切最虛幻、最神秘的，一落入觀念雕板，總是凸凸凹凹，可摸可觸，甚至相當粗獷。可在將入未入雕板以前，它們蜻蜓樣掠水而過，那閃電的一刹，是眞正滿溢魅力的。但巨大的物質現象，逐漸把這些蜻蜓釘死於雕板上。那些最虛幻的，即使瑰艷如雲彩，也不全是愉快的。因爲，假如你眞正生活在高空彩雲間了，必須戴氧氣面罩，否則，你幾分鐘也活不了。而經常使用人工氧氣的人，漸漸會失去視覺，終於變成瞎子。沒有視覺的人，高空彩雲層比地獄還可怕。人們習慣於把天堂──人類最美麗最奇異的境界，放在天上，這只能說是一種愚蠢。」

韋乘桴苦笑道：「即使是人類最永恆的翅膀──飛機、或未來火箭，也並不能叫人變成眞正幸福的蝴蝶。因爲，永恆空間，也正像這個大地或海底一樣，充滿危險。每一朵雲彩後面，可能出現一個新的死亡。今天叫我們抬頭沉醉的，明天將成爲一個可怕的墳墓。假如僅僅冒險本身是一種沉醉，那麼，這種沉醉，每分每秒都可以在大地上找到。這也就是爲什麼，直到目前止，我還想在地球上作最後的冒險──主要是，肉的冒險。因此，我還不能完全變成像你們那樣的悲觀主義者。我的悲觀主義正在進行，播種、耕植，還沒有結果、收穫。我對地球以外，並不存太多幻想，我對地球本身，還抱有最後庸念與塵凡慾望，儘管它渺小，但作爲一個追求個人肉體滿足的空間，它已經夠大了。」

彭大衛從櫃檯後面走出來，到林鬱座子旁邊。「老林，今夜你爲什麼相當沉默？是不是榮昇副局長後，不屑一辯了？」

「不！」林鬱搖搖頭。「已經有那麼多人絕望了，再多添一個人絕望，有什麼好處呢？」

他點起一支煙，慢慢吸著。沉思了一會，低低道：

「在全部人類字典上，一切字都是虛僞的，眞實的只有兩個字：痛苦。在宇宙萬有形象上，萬萬千千形象都是欺騙的，眞正誠懇的，只有一個形象：痛苦。在生活裏，一千件一萬件事都是荒謬的，最眞理的，只有一樁事：痛苦。從三十幾年前起，我就談痛苦，直到現在，我快要面臨老年，而且我的事業算是相當得意，我的物質條件也越來越好，但我還得談痛苦，而且幾乎越談越瘋狂。只要一離開辦公室，除了陪我的孩子玩以外，剩下的時間，時不時的，我腦子裏，似乎再沒有別的思想，除了這個恐怖的顏色，我脈管裏，似乎再沒有別的血液色素。我看，除了這個古老的聲音，今夜，我聲帶裏，恐怕再沒有別的聲音。我對萬千事能疲倦，但對它，不可能疲倦。即使疲倦了，它依然浸透我、侵佔我。我也許能殺死我的妻子，卻不能殺死它。

「我們這一代是完了，在無數個戰爭中殺完了，在千萬朵火燄中燒完了。不管我們今天是喝可可或喝陰溝水，吃火鷄還是吃觀音土，我們是完了。不同的是，有的人連整個官能都燒燬了，除了用污泥、糞土，和赤裸裸的岩石滿足官能外，沒有什麼可塡塞的了；另外的人，卻還能抓一盤法國牛排，與一瓶波爾多白蘭地，來塡塞。是誰毀滅了我們的，你不知道，我不知道，他不知道，知道的是另外少數人，或一個人，兩個人，三、四個人，但他們既決定毀滅這一星球，也就放手毀滅到底。

「十幾年來，在戰前、戰爭中、戰後，我們都到過這家沙龍咖啡館。我不知道在這裏喝過多少杯咖啡與紅茶。我們像一些愚蠢地牛，命定要到這個精緻空間哼哼、嗡嗡，翻幾個筋斗，又在地上掙扎。我們對朋友、對自己，扮盡了醜相。這一切有什麼後果呢？我知道，這是沉痛的，血肉淋漓的，可這些寧靜的血有什麼用？地球在罪惡的旋轉，人類用盡一切刻毒言語，在相互咒罵，我們的痛苦聲音，能叫地球停止黑暗旋轉麼？能澆熄人類的咒罵聲音麼？我走過許多地方，參見過許多人，經過許多家庭，沒有一個地方不充滿咒罵，幾乎沒有一個人、一個家庭，不多少參加咒罵，有的孩子們，甚至從小就學習咒罵。可能，有的人罵得比較含蓄點、文雅點罷了。

「我已厭倦於任何咒罵了，——包括我自己的聲音。讓我們從今以後，再不要說什麼、發洩什麼。深山岩石活該被火藥炸裂，地底煤層活該被雷汞爆碎。除了謀殺者的聲音，這個星球上，不該再有別的聲音了。當我們尚未被謀殺前，默默把嘴唇封閉於咖啡杯或茶杯裏吧！直到上帝發出末日信號。

「也許，這是我最後一次走進這家描金空間了。我非常怕這裏的氣氛。假如它是眞正醜惡的，我倒不怕，正因爲它還有幾分姿色，幾分美，我這才怕。這個時代，任何一絲一毫美，彷彿都是可怕的鏡子：極獰惡的暴露整個宇宙的恐怖、瘋狂。眞抱歉，我說了這許多似乎很反常的話，而按我現在處境的順利說，彷彿不該有這些黑暗思想。但人總不該背叛眞理，我這一生從未背叛眞理。」

四

「不談這些了。假如你們坐巴黎『地獄沙龍』，使用這些地獄語言，可能彈奏出一片奇妙的地獄音樂。但我這裏是『文藝沙龍』，——象徵文藝復興，我不希望太多魔鬼叩我的玻璃。你們談魔鬼與地獄的故事太多太多了，我這個店幾乎要變成『魔鬼沙龍』了。換個題目吧！談談我們一些熟人近況吧！」店主人彭大衛給BBB ORIK英國煙斗重新裝起一斗Prince Albert煙葉，有點不安道。

「每一次到沙龍，無論是戰前、是重慶、是現在，你們都像莎士比亞筆下的夏洛克或伊高，每人有一篇陰暗的獨白。你們是不是覺得，這類語言，似乎離一般咖啡店的言語太遠點？」沙龍夫人撫摸她懷裏的美麗暹羅貓，微笑著說。

林爵苦笑道：「我記得，十三年前，大衛第一次向我介紹這個沙龍時，他不是說過：『要在這絕對唯物論的描金都市裏，造一個雅緻的唯心角落』麼？他又說：『現代歐洲畫派，全是從咖啡館裏嚷出來的。』他『希望能給中國美術運動効勞』。我們的陰暗獨白，不正是絕對唯心哲學麼？這種哲學，不是很可能給中國興起一個新的野獸畫派，或超現實派運動麼？」

「那是十幾年前的事了。現在，你瞧，我們的彭大衛老闆兼教授兼名建築家，他那副淡巴菰顏色的瘦臉，不早就又白又胖了？十三年！足夠一個人死一百三十次了，你還提那些！」

范惟實稍稍恢復他的詻諕。

「我不是那個意思。我只是，我只是——」

店主人正囁嚅著，莊隱插進來道：「我知道，你不是那個意思，『你只是』希望文藝沙龍像逸園跑狗場，不至於變成虹橋路萬國公墓罷了。」

「可我們這些人全像剛從公墓底爬出來的。」楊易苦笑道。

「話說回來，我倒覺得，天下最偉大的是獨白。一切小說、詩歌，都是多餘的，只要有獨白，就夠了。唯有它，才能深刻的反射靈魂最低層的波浪與運動，在短短幾句、或長長幾十句中，把整個人類文化凝縮成一片白水晶或黑水晶。最崇高的詩，也應該是獨白。管弦樂交響曲雖然偉大，但我更暱愛鋼琴或提琴獨奏，而任何合唱都比不上獨唱優美。」林鬱沉吟道。

「大衛要我們談談幾個熟人狀況。由於我現在是新聞記者，讓我先告訴你們幾個半生不熟的女人的下場吧！」范惟實挪了挪白邊眼鏡。「你們還記得維也納飯店那幾個舞女麼？」

「我記得，那個天青色的女人，頭髮很美，像樂園裏的大鳳尾樹。她叫芮蜻子。她現在怎樣了？」莊隱問。

「這個天青色女人，有一天早晨，出現在黃浦江中，可她的屍體卻不是天青色的。人們無法證實，是她自己跳下去的？還是被人拋下去的？她這時只有二十八歲。」

「那個『地獄之花』呢？我記得，她有一雙『惡之華』的眼睛，十足象徵波特萊爾的靈魂的震顫。」

范惟實望了韓慕韓一眼：「你是說烏珠麼？有一晚，兩個日本浪人爲她爭風吃醋，一個浪人掏出手槍，把她『做掉』了。」

「你的女伴櫻子呢？那一夜，在仙樂農場小河邊，她曾獻給你大和女人極致的溫柔與纏綿。」

「聽說她嫁給一個日本古董商人了，後者當時有六十二歲。現在，可能她是幾個孩子的母親了，可能，一個孩子也沒有，而她再度變成東京藝妓也說不定。」

行詩。』」

「那個紅衣女人花愛榴呢？」唐鏡青說：『她有一個緊湊的胸，緊湊得如莎士比亞十四

「這首『十四行詩』，一個晚上，被十幾個高麗浪人輪姦死了。」

「那麼，印蒂最欣賞的那個女人，有一個高大豐滿胴體的盛繁虹呢？」

「她死於一隻名貴的手錶。不知是誰送她的？還是她以自己積蓄購買的？那隻錶據說值三百美金。一個夜晚，在一條冷僻馬路上，一個強盜搶她這隻錶，她大聲喊起來，他就用刀子砍斷她的左手腕，把錶血淋淋搶去了。她昏過去，血流得太多。發覺後，送到醫院，已無法挽救了。」

「你怎麼知道這些的？」沙龍主人問。

「剛才我不是聲明過：我是新聞記者。我在維也納飯店坐了幾夜，店老闆和幾個熟識老僕歐，斷斷續續告訴我這些消息。這一切，都發生在昭和天皇陛下統治的時代。」

「那麼，我們那些可愛的女士們，都在這樣可怕的悲劇中，結束年輕的生命？」林鬱嘆息著。

「這些閃電式的剎那型的女人，本應播種出這種帶極度剎那味和閃電味的結論。」

「爲什麼『本應』？她們難道不也和我們一樣，屬於同一型哺乳動物？同樣被母親奶汁餵養？被大米與水培育？又在陽光中成長？」韓慕韓憤憤道。

「你是對的。可是，就像你這樣一個人猿泰山式的原始人物——現代金剛，上帝用鋼骨水泥造成你的肉體與靈魂，現在，你經過三十四年火山式的鬥爭後，不也終於變成水面漂浮物，如你剛才自白的？那些比郵票還渺小脆薄的女孩子，除了被命運郵差迅速遞入永恆黑暗宅第，還能剩下什麼呢？」范惟實答覆了韓國將軍的下議院式的質詢。

「沒有一陣颱風不捲走一些船。沒有一條大鯊魚不吃掉一些較小的魚。在這個地球上，有幾個女人能眞正抵抗颱風和鯊魚呢？」楊易深深嘆息著。

「你們還記得，十年前，莎卡羅那個三十壽宴，以及它的那些高貴禮品？」彭大衛摸摸胖下頦。

「記得。」

「讓我告訴你們幾位送禮大亨的命運吧！」彭大衛拍掉煙斗底煙灰。「那個送一副走馬綠翡翠鐲的高珮瑚，懋昌古玩店經理，被幾個七十六號特務綁了票，人回來了，鋪子卻『去』了。回來不到三個月，他患腦充血死了。通泰錢莊經理包玉裁，送過她一副海底珍珠耳飾，因爲擔任僞商會常務理事，此刻還在提藍橋。那個送她鑲白鑽石的磨盤圓翡翠耳飾的傅祥生，天綸綢緞莊經理，因爲做投機生意，破了產，又接二連三遭遇不幸，目前在四川路一家小布莊裏當會計。宏泰貿易公司經理蕭傑，送過她一副瑪瑙扣子，現在得了半身不遂，有五年沒有下床了，可能還會活四、五個月吧！九福綢緞廠經理舒煥如，曾經爲她專門織出一疋壽終，兩年前，遭遇撞車慘禍，他的小別克汽車被一部日本軍用大卡車撞翻了。命運最奇特的，是大昌磁器店經理呂松甫，他的獨子——一個十歲孩子，被一個騙子拐去了，後者卻是個變態的喝血者，專喝孩子血，先殺死他們，再從頸脖裏喝血。被謀害的孩子有五個。破獲後，被法院判處死刑。但呂太太卻進了瘋人院。他自己也進了神經病院。聽說，現在他好點了，早出院了。」

停了停，他解釋：這些消息，有的是梅子玖告訴他的，有的，是其他金融界朋友偶然談起的。

「哦，子玖！我回來後，還沒有和他碰過頭呢？你什麼時候看見他的？他現在怎樣了？」

「他一向神通廣大。現在自然不會神通渺小。盟軍一渡萊茵河，他就辭去一切掛名僞職，稱病在家，杜門謝客。偶然，只參與一點慈善事業。日本天皇一宣佈投降，他立刻搭飛機，到重慶活動。這樣，勝利後，他總算大體保住他的全部企業。不過，他的大商報，已經盤出去了。對於一個早就從黑船上跳下來的商人（何況又是掛名），人是不能要求過高的。」

「你在哪裏遇見他的？」

「有時，他歡喜到我這裏坐坐，既然過去相識，大家也就海濶天空了。上星期六，他還來過，他愛深夜來。」說到這裏，彭大衛忽然停住，不再談下去。他白白胖胖的臉上，出現一片沉思的陰雲。

他聽見范惟實的聲音。

「天下就有這許多希奇古怪的事，人們會以爲，我們是在上演羅馬奧維德的『變形記』。來，再給我一杯咖啡。」范惟實用指甲輕輕叩擊玻璃臺面。

「這算什麼稀奇？還有更稀奇的呢？你們記得今年夏季的報紙吧？我們的『同志』項若虛伏法時，是怎麼說的？」莊隱笑著問。

「哦，你是說他的臨終遺言——或者遺囑？」

「嗯。」

林欝笑道：「那當然是人類傑作。他當了僞大道市政府警察局督察專員，兼七十六號特務，他比喝了呂松甫獨子鮮血的喝血者，喝了更多的人血。想不到，這位大漢奸鎗斃時，卻大喊其冤，說：『我一生追求的，是和平救國。我是爲了不願中國人自相殘殺，才參加大道市政府的。我所做的，沒有一件，不是爲國爲民。相信千秋萬載後，歷史對我自有公斷。我是個眞正愛國者，你們爲什麼鎗斃我？算了！算了！我只有以身殉道了！我死之後，請你們好好教育我的子女，要他們繼我之志，爲和平愛國而奮鬥。現在，我是犧牲了，但你們將來肯定要爲我平反，肯定我是眞正愛國者。』……你們看，他臨死時，竟有這篇大道理，我做夢也沒有想到。」林欝喝了一口酒。「那天，看了報，夜裏做夢，都夢見他向我傳道，像各各他山上耶穌一樣。」

「沒有一個魔鬼不認爲自己是上帝。來，爲這位偉大的『愛國者』乾一杯！」范惟實舉起杯子。他一口氣喝乾葡萄酒，讓女侍者媚媚注滿新酒。「他的好朋友賈強山怎樣了？」

「他上天堂更早點。勝利前一年，他是七十六號大紅人，紅得連日本人也有點惴惴不安。在一場日本軍部夜宴後，第二天，他突然暴卒了。」

「這叫狡兔未死，老狗先烹。因爲，狗養得太肥太壯了，主人怕牠吞下兔子以前，先咬自己一口。」楊易飲著杯中殘瀝。

「二十年前，我們一道喊『打倒』和『萬歲』的最後兩個『同志』，就這樣結束了他們的尾聲。」

「假如印蒂知道了，他會很愉快吧！」范惟實笑著說。

「他此刻生活裏，早已充滿太多愉快了，這些事，他怕早忘記了。假如不是你們談山海經，從墳墓裏，硬拖出一些熟人來，我也早忘記了。」

「可有一件事你忘記不了。」沙龍夫人笑著說。

「什麼事？」

「你知道你的『原配』下落麼？」

「妮亞？」

「嗯。」沙龍夫人微笑著：「你猜猜看，她現在和誰在一起？」

「她再嫁了？」

「傻子，整個地球上，難道只你一個男人？你希望她爲一個無情無義的男人守一輩子活寡？」

「……」林欝點起一支煙。

戈黛諾正要津津有味的說下去，彭大衛忽然走過去，和她咬咬耳朵，她的神色登時冷靜下來。啞默了一刹，慢慢的沉吟道：

「她現在是一個商人婦。」她輕輕笑著。「自從你走後，這位商人一直照顧她，後來，抗戰了，他大約覺得，索性把舖蓋搬進去，會照顧得更方便點，他便這麼做了。你那座雅緻客廳，據說還保持原狀，可那尊暹羅彩色女雕像沒有了。一天下午，我從她門口經過，碰見她，她邀我進去，坐了一會。」

「我回來後，從未遇見過她。」

「妮亞本事總算不小，她給他帶來兩個男孩子。他原配春秋已高，而且多病，看樣子，不久她要正式承繼大統了。」沙龍夫人幽默的笑起來。「女人總有女人的路道。」

「再來一杯酒。」林欝吩咐女侍媚媚，又點起一支煙，默默吸著。

五

「哈囉！」

「哈囉！你好！」

「你好！哈囉！哈囉！哈囉！」

一個絡腮鬍子的外國人，以阿比西尼亞皇帝賽拉西的姿態走進來。他一入門，就忙著向大家招呼。

「你什麼時候出來的？弗里茨先生？」

「我是一千九百四十五年九月五日二十五點出來的。二十六點鐘，又進入另一座溫柔集中營：猶太醫院。我在一片大雪裏躺了一年多——你們知道，這種醫院，每間病房，一年四季，天天都像下大雪，白得可怕。天花板、牆壁、病床、床單、枕頭、被子，連醫生護士，都是一片雪白。我患的病，比內科學所載的各種疾病加起來的總和，還要多。你們總沒有聽說過這麼一種病吧，『對文藝沙龍的深度戀愛病！』哈哈哈哈。」

「哈哈哈哈！哈哈哈哈！」大家都笑起來：「奧國才子先生，你可一點沒有變。日本人的鞭子反而叫你更活潑了！」沙龍主人笑著說。他們立刻笑了。

「不瞞你說，今晚沙龍，本不接待外客，我準備招待幾位老朋友，紀念大家久別重逢。不過，你既然剛從大雪中來，我決定讓你喝杯咖啡，暖暖肚子，活活血。」彭大衛笑著說：「媚媚，給弗里茨先生一杯濃咖啡，不要加糖。你的老習慣，我還記得，是不是？」

「謝謝，謝謝。」奧國才子坐在林鬱對面一張座子上。他的巨大臉孔，可眞像阿比西尼亞皇帝了。奇怪是，這張粗獷的臉，幾分鐘前，還有聲有色，熱鬧得像「大世界」遊樂場，現在，卻突然沮喪了，彷彿舞臺面一片空白。他低低的慢慢的道：「你不要提日本人的鞭子了，那並不像你們所想的那樣輕鬆。你們看——」他捲起兩隻襯衫袖子，露出多毛的臂膀那上面，裸現一條條疤痕，像一串串和尙戒疤。「這就是日本人送給我的肉體紀念。我的臂膀，永遠不會忘記他們。這些珍貴紀念品，背脊上更多。這些事，不提了。你們知道，我是患阿非利加瘧疾的，我發病的日子，每天還得做苦役。……啊，這些事，不提了，不提了。」

他搖搖頭，痛苦的垂下眼簾。「最痛苦的還不是這個，而是一件叫我想不到的事。」

他的好朋友約翰唐克，有一天，竟出現於集中營。珍珠港事件後，後者忽然發跡，被委爲S市德國文化協會藝術聯絡員，盟軍在西西里登陸，西線漸趨緊張，S市一些適齡德國人返國投軍，他又升爲總幹事。他上集中營，是視察猶太人的。弗里茨以爲好機會來了，當面求唐克，他正在發惡性瘧疾，可否和日本當局商量，暫緩他的苦役，讓他休息幾天。

「我不開口，倒也罷了。才一說出這番話，他的臉色陡然變了。你們知道，他本來儀表堂堂，風度嫻雅，像個希臘王子。聽了我的話，他整個臉盤歪扭了，可怕得像古諾歌劇『浮士德』裏的梅斐斯特。他不僅理也不理我，反而惡狠狠手指著我的大鼻子，破口大罵道：「『你個猶太豬！你們這些賤種，活該下地獄！你是什麼東西？配和我說話！嚇嚇，你還要求休養。頂好把你送到元首貝茨加登花園廬舍裏去休養，好不好！你個懶胚！你們這些猶太豬，生來就是懶胚！沒有鞭子，你們連褲子也不會穿！滾！滾！滾！快點給我滾開！』

「聽了他的話，我臉色比一百間病房還白，我低下頭，渾身抖顫，比哪一次惡性瘧疾發作更抖顫得厲害。我絕不相信，這就是我的好朋友約翰唐克。從前，他潦倒時，我好幾次幫過他。他患牙疾，向我求醫，醫牙、拔牙、補牙、鑲牙，我從沒有收過他一個銅板。現在，他一加入納粹黨，不但完全不認我，簡直變成我的仇人，彷彿我殺死過他親生娘、老子似的。唉……」

說到這裏，他說不下去了，眼眶裏流下淚水。

「這位納粹排猶專家此刻怎樣了？」韋乘桴問。

「現在，這位總幹事和我對調了。我從牢獄到外面，他從外面到牢獄。不過，中國人比日本人仁慈一百倍。他並沒有進集中營，只住提藍橋，裏面有電燈、自來水、水門汀地，而且，沒有苦役。」停了停，他忽然想起一件事：「你們還記得那個義大利人，家住在阿爾卑斯山頂的麼？他名字叫優里斯·米諾葉。你們知道，太平洋戰爭爆發後，他的生意很得手，他娶了個義僑少女夢拉，是小同鄉。他們婚後很幸福。我們簡直可以說，他是眞正走進他的同鄉但丁所描畫的天堂了。可義大利兵艦加里波的號被炸，沉到黃埔江底了。天知道爲什麼，他竟被株連，也變成我的苦役同事。他受不了這打擊，不到一年，患心臟病死了。他的寡婦現在究竟在哪裏，我也不知道。也許，她又回到她老家阿爾卑斯山頂吧！……來，再給我一杯濃咖啡，不要加糖。」點了點頭。「馬丹彭，請給我們來點音樂，莫札特的『鎮魂樂』或蕭邦的『喪曲』，爲了紀念那些離開這個可怕地球的人。」

蕭邦的音樂響了。大家低下頭，這座咖啡室彷彿不是娛樂空間，而是小小墓場。

這個紀念集會，當馬爾提和喬君野兩對夫婦上場時，才開始出現新的生氣。他們彷彿是一陣新鮮春風，從草原地帶飄入的，暫時吹散這裏的悲哀的虛幻的煙篆與霧氣。

「藺素子先生今晚不來嗎？」彭大衛問。

「他說，他早超過坐咖啡館的年齡了。他唯一的咖啡館是畫室。他最精妙的咖啡是畫布，或宣紙。除了這兩者，整個宇宙對他都不存在。」喬君野笑道。

「幸福的藝術家！活該其他人類打入十八層阿鼻地獄！」范惟實苦笑道。

媚媚端來幾杯咖啡和葡萄酒後，談話裏發作新的酵母。四位新客傾聽了幾位老朋友的聲音，他們開始明白座子裏煙霧氣的沉重，不管是來自美國的捲煙，還是出自英國牌或法國牌的煙葉，也不管它們含有多濃郁的芳香，然而，那核心處的尼古丁成分，依舊是苦澀的、有毒的。

馬爾提喝了一杯酒，摸摸上唇那兩撇新蓄的俏皮八字鬍，笑著道：

「我完全能體會你們心情。你們所遭遇的，大多是情感悲劇，那種古往今來最深沉的悲劇。爲了這種悲劇，我們祖先曾付過萬千次代價，我們的子孫，也得付同等代價。在目前這樣時代裏，可能，我們所付出的代價，更多。

「燦爛、瑰艷、驚奇，一千種字眼，也不能形容那微妙的一剎。這是獅子最溫柔的一剎，也是紅百合花或白百合花表現最大媚態的一剎。然而，當這一剎必須以整個生命作代價時，那不是很可怕的事麼？僅僅爲呼吸一次偉大玫瑰的芳香，人必須瓦解全部永恆眞理，或整個光輝肉體，那是不是太大的奢侈！這不只是一擲千金，而是把全部過去、現在、未來，投擲在一個虛幻手勢或鼻觸中。從沒有生命付過這樣高的代價。也從沒有生命願付出這樣悲劇性的代價。」

林鬱苦笑道：「這不是悲劇或代價問題。這是一種奇異的找尋與荒怪的反應。假如我們要活下去，就必須找點什麼。而最大的找尋，是那種淹沒性的刺激。那時候，人彷彿遭遇洪水，除了水波水浪，什麼都忘記了。所有活著的人，沒有一個不知道，沒有點刺激，人是很難活下去的。我認識一個銀行工作者，他幾乎什麼刺激也不要，不喝酒、不抽煙、不賭博、不找女人、不愛吃、不愛穿，凡人們所找尋的，他一樣也不找。可是，就是這樣一個石像似的人，他卻有一個詭異嗜好：蟋蟀。一年中，春夏冬三季，他是死的，一到秋季，他卻活了，活得像希臘神話裏的宙士。他到處買蟋蟀、鬥蟋蟀。什麼蜈蚣蟋蟀、長蛇蟋蟀，對於他，比羅馬米羅愛神對於畫家更可貴。他曾花一百美金買過一隻骷髏蟋蟀，這是一切這類昆蟲中最厲害的。但不管怎樣可怕的蟋蟀，照例不能過冬。因此，一到冬天，望著這些心愛的昆蟲死去，他就像死了妻子，每天過著大出喪的送殯生活，嚎啕痛哭，直到最後一隻蟋蟀死去。於是，他也死了。他的家人也以爲他死了。大家等待他明年秋天再活過來。你以爲這叫悲劇麼？」

莊隱諷刺的笑著道：

「刺激像個網球，狂射到靈魂練球壁上，又猛彈回來，於是，有弧線、有拋物線、有跳躍、有滾動，可是，當命運這個網球拍才稍一停下，慢慢的，球又不動了，被丟在一角。其實，我們唯一的幸福、最大的渴望，是這一網球拍的暫停，讓練球壁四周少些弧線、跳躍、滾動。但命運的球拍停頓並不久，不一會，它又開始練習起來。……也許，慢慢的，我們習慣於這些拋物線、跳躍和滾動了，有時，甚至也欣賞這一遊戲了。然而，終於一陣地震，球壁突然倒坍……」

喬君野把莊隱所提的話題微微轉開去，他安安靜靜道：

「假如要談追求，那麼，對於追求徹底完整生命的人，是沒有多少路留給他們的。生命本身是一個圓體，是完完整整，但你所能得到的，卻總只是一個半圓形，一個橢圓形，或一個弧形，或一個類圓形。只有把這些半圓形或弧形連結或拼湊起來，才能得到一個整體。一足不能在兩秒鐘同時濯一條波流，相反的，人也不能在一秒鐘內，佔有一個綜合若干不同質量的整體，只有在連續的不同的許多秒內，從程序上，一一先後佔有它。

「或者，你得到完整的愛情，或者，你得到完整的眞理，或者，你得到完整的道德形體，這三者，你不容易同時得到。假如要同時得到，你就必須付最大代價——那種致命的痛苦。即使是這種變態痛苦，依然不能保證你獲得生命整體。假如受不了痛苦，那只有用欺騙來交換，但這在道德上，依然會造成無數碎片。歸根結柢，人必須在絕對眞理幸福和絕對塵凡幸福（愛情是後者的最高峰）中選擇一個。愛德華八世選擇了後者，他只有放棄皇位。歌德似乎得到整體，但七十二歲時，他遇到烏白麗克小姐後，他又面臨一次破碎。」

「可是，我們並不想追求那徹底的最完整的。哪怕是最可怖的破碎，只要這裏面還有點鹽，讓我今天早餐能混過去，就行了。」范惟實苦笑道。

一直沉默的李茶，這時開口了。她微笑道：「我有個想法，我希望你們不以爲它是一種諷刺。我只是誠懇的遵守寫實主義。你們知道，老年人身上，可能有各種各樣的病，其實，那並不是病，只是一種『年紀大』。而『年紀大』三字，就幾乎可能代表一切的病，或大多數的病。」

「我也這樣想。」駱香香笑著說。

「這麼說，你們都以爲我們衰老了，這才——」韓慕韓疲倦的望望他們，不說下去了。

這一晚的眞正高峰，是十一點十分，將近午夜，玻璃門忽然開了，出現一個老年紳士和中年婦人。他們服飾異常華麗、挺拔。老人年約六十左右，胖胖的中等身材，一副彌勒佛的臉型，一看那白皙細膩的肌膚，就知一向是在肥鵝大鴨群裏翻筋斗的，極養尊處優。他的一雙鷙鷹式的深沉眼睛，閃爍機警的尖銳光芒，說明他曾經過大江大海，懂得在各式各樣波濤和颱風中操舵。中年女士年約四十開外，因爲善於保養，看上去，不過三十七、八。她的身材矮矮胖胖，一張臉雪白透光，撲著濃濃香粉，唇膏塗得紅紅的、厚厚的，稱得上一座標準的巴黎化粧品倉庫。

他們一出現，在第一刹那，整個咖啡座像遭遇一場颶風，人們突然震懾了，接著，是一片古怪的靜默。終於，彭大衛站起來，和老人握手：

「子玖先生，是什麼一陣風把你吹來了？你今晚也有空來喝咖啡？」

「我們剛從皇后舞場出來，路過這裏，一時高興，進來坐坐。妮亞早就想來了，我總沒有空陪她。妮亞，你說是不是？」

老人笑嘻嘻的說，正轉過臉，徵詢她的同意，猛然間，他看見拐角裏一個客人，臉孔突然緋紅起來，很尷尬的向這位客人點點頭。

林鬱從角座站起來，也向老人點點頭，卻對大家道：「時間不早了，對不起，我要先走一步了，明天局裏還有些要緊公事待處理呢。」

「不早了，我們也要回去了。過一天，我和慕韓來看你。」莊隱說。

「不，你們再坐一會。等等，我要汽車分別送你們回去。」

不知道是有意，是無意，林爵眼睛與妮亞的遇見了，像一塊烙鐵撞到一隻手，後者立刻神經質的閃開，那塊抓在另一隻手的烙鐵，也急急避讓。他不開口，冷靜的經過她身邊，走出去。當他上汽車時，他相信，那雙閃爍的女眼，可能像金剛鑽似地，正穿透玻璃窗，射向他的背影。

這一夜，打烊時，彭大衛打了個哈欠，對戈黛諾道：

「幹我們這一行，就像管理巨大水族館，必須容納各式各樣的生物類型——海魚。哪一條也不能得罪，少一條也不行。不管是傾瀉黑暗的烏賊、獰惡的小鱆魚、美麗的海菊、黏滑而能自由塡補肉體缺陷的海盤車，或者可怖的野蠻的小鯊魚，我們都得睜大一雙生物學家的眼睛，冷靜的凝視牠們。可不許有詩人的震蕩。否則，那份震蕩所生的氣體壓力，會把我們壓扁，像流動的水被壓成冰。」他從另一隻煙袋取出一掇好運牌煙葉（他相信，這一刻，他應該用好運牌代替Prince Albert），慢慢放到煙斗內。一片迷惘的煙霧朦朧在他眼裏——這是他今夜最後一斗煙了。他喃喃著。「夠了，我看夠了。我有點疲倦了。不，我非常疲倦了。」吸了一口煙，讓一片藍色包圍他。「今夜，我忽然發現，我這種人，是不應該開咖啡館的。或者，即使開咖啡館，是不該歡迎今夜這類朋友的。親愛的，過一段時候，我們還是把這家精緻空間轉讓給別人吧，你說怎麼樣？」

「我可不贊成。這個店，目前既有一筆可觀收入，放棄了，未免可惜。假如你對它疲倦了，你可以專心教書，搞你的建築設計，讓我全力主持它。此外，你腦子裏的巴黎花色，和十九世紀蒙瑪特黑的作風，不妨減少點，減少到最低點，甚至是零零零零，也不要緊，沒有這些，這個沙龍也儘夠興旺了。」

「好吧，就這樣吧，讓你試試！再試一個時期。對我說來，除了唯物論的勝利外，我對沙龍已不抱什麼幻想了。人生是一艘船，這艘船裏，裝滿各式各樣幻想，可像我這樣年齡，應該是一切幻想沉入海底的時候了。讓我們本本分分，做一個小馬鈴薯算了。」

「大衛，你今夜顯得特別疲倦。從你臉色上，你似乎對某些事、某些思想、某些聲音，乏透了，而這一些本是你過去最愛見愛聽的。」

「是的，乏透了，乏得幾乎也膩透我自己的肉體了。」

「親愛的，我們回去休息吧！現在已是深夜一點了。對於正常的人，這個時辰，沒有一樣對他們不是疲乏的、膩味的。連我也受了傳染。」

她這幾句話，不只對她丈夫說，也是對她大紅繡花黑緞鞋邊的暹羅貓說。那頭大黑花貓，彷彿也感染了男女主人的心情，在她腳畔發出鼾聲。一般說來，這種貓不大有這種不雅觀的風度的。

她打了一個哈欠，對她丈夫的充滿煙霧的臉看了一眼，從這張臉上，她似乎看見自己的臉——包括自己的眼睛、鼻子、嘴、耳朵。這些五官附近，她的濃厚脂粉幾乎已遮不住那一條條皺紋了。

六

這天晚上，林欝回去時，已是午夜。說是宿舍，實際類似一座公寓。它是日本三大財閥之一的駐滬代表——某日本鉅商買辦的私邸。樓上下房間很多，他佔據最好的五大間。它那隧道風味的樓梯、走廊，此刻只有他一個人的腳步聲。妻、女、僕役，都沉沒於黑暗中。這個巨大宿舍，大部分燈光也化爲黑暗。一切生命和聲音，經過在各式光體中的一天游泳，現在全暫與大部分光體同時熄滅。他穿過長廊的唯一燈光，走進客廳，扭亮杏黃色絹織傘形臺燈。他不想坐，卻輕輕來回踱著。那雙軟軟的拔佳紋皮鞋，踏在咖啡色地毯上，有一種沁人的溫柔。他腳底所感到的那份毛織品撫摸，暫時平衡室外的淹沒一切的黑暗。他打開窗子，外面是一片朦朧草地。今夜星光，正與幾萬萬年前一樣明亮，而窗內也瀰漫著幾萬萬年前的一種史前謐靜。任何街車聲衝不破它，因爲，它被他內心想像力的黏結性黏得牢牢的。多可貴的寧靜！他有多久沒有享受它了？他還能有多少機會享受它呢？再過三、四點鐘，街車就會把他從夢境推醒，假如他準備用一個或短或長的夢來恢復一天疲倦。此刻，他還不算最累，一份濃郁的酵素尚在他血管裏蒸發，他咀嚼到奇異的震蕩。他離開窗口，坐在沙發上，撚熄傘燈，點起一支煙。他深深把身子埋下去，瞠視窗外星光。他究竟要些什麼呢？也許，是那最濃濃濃濃的、最郁郁郁郁的，那份濃郁。如果他坐在黑暗裏，閉上眼睛，那片濃郁就更黰黔沉凹，無比誘惑，但一睜開眼，一扭亮燈光，它們卻又淡淡淡淡。一切亮光，對於那最濃最深的是如此具有毀滅性，想起來，眞叫人害怕。不過，靈魂本身，也並不永遠是渡海的沉香鳥，不管在什麼黑　海水上，一路都能飄散芳香。它只在那最特定的黑色時辰，才是香撲撲的，又醇、又釅、又厚，此外，即使它不被陽光毀滅，也常常平平凡凡，無色、無香、無味。特別是，經過世俗的最頻繁最平凡的磨擦後，那崇高極不平凡的，也會化成一片平凡、庸俗。

他扔掉煙蒂。它落在地毯上，發出紅光。他猛然想起，這是地毯，不是地板，便伸出左腳，迅速用皮鞋底把它踏熄。

這一扔二踏，使他聯想起三十分鐘前一幕：那個矮矮胖胖的豐腴婦人，正是他過去的一根煙蒂，然而，今夜，卻在他靈魂地毯上發出火光，要燃燒的樣子。他不得不設法伸出皮鞋腳，準備熄滅它唯一的那點紅。然而，怎樣踏法呢？

假如拿棺材板當燃料，不管火光怎樣殷紅絢彩，人們也會嗅出死屍味，即使火燄本身並無這種氣味，而一切火燄本爲燒淨這種怪味。他現在對這根被扔掉的煙蒂的記憶，也正是這樣感覺。這個豐腴的貴婦人，今夜所穿的那件鑲紅褶襉的銀色絲質長旗袍，雖然使她華麗得如一條銀色扯旗朝天龍金魚，仍不能從根改變他對她的歷史看法。不管記憶耍怎樣的魔術，也不能。這就是爲什麼，三十分鐘前，他能那樣冷靜穿過她，正眼也不看她一眼的，就走出沙龍。雖則如此，一返回這間客廳，他卻開始多少有點激動了。他不是爲記憶中的纏綿成分而震蕩，而是爲它尾聲如此平凡而傷感。彷彿所有的玫瑰，不管它們在玫瑰谷或花園裏怎樣璀璨，一經世俗的搓揉，它們卻變得異常庸俗了。這不但是這個時代的特點，也可能是今後許多時代的特點。這個國家太老耄了，這片大陸也太陳舊了，它似乎已不適宜成爲任何新劇的舞臺。

當櫥窗內的物價每天作三級跳時，窗外玫瑰與蝴蝶，也就黯然失色了。

就另一方面說，不管玫瑰與蝴蝶怎樣美麗，但那個和他共同生活過六年的矮胖女人，終於也黯然失色了。今夜，他（她）們如此平凡而冷酷的結束一個尾聲，它本身正是生活磁碗上一片拙劣的花朵，一彎粗糙的花紋，他現在的年齡、心情，已不許可他完全站在崑崙山巔看山下這隻碗了，他不得不隨時緊緊抓牢它啊！

於是，他想起在沙龍裏說的那些話，他幾乎扮演烏賊魚，一路噴放墨汁，又黑又濃。其實，這些墨汁和他目前生活是不調和的，除了工作時間外，現在他幾乎可以眞正享受一種精緻生活了。他又何必常扮烏賊呢？

一個禮拜天下午，莊隱出現在他客廳裏。

「上星期天晚上，大衛本該過去勸阻梅子玖和妮亞的，既然他招待我們，不接待外客。」

「面子上過不去，我諒解他。其實，就是勸阻，也無法挽回；反正我們已見面了。」停了停，他苦笑道：「這是件小事，一點也沒有什麼。這個大時代裏，這樣小事，每天要發生成千成萬呢！」他摸摸有點灰白的左鬢角頭髮。「沒有幻想。沒有夢。沒有空白。沒有眞正的鮮花。因此，也就沒有眞正的回憶。悲劇大多出自回憶。沒有眞正的回憶，也就沒有眞正的悲劇。」

「你的心情，比我設想的灰暗得多。不過，按世俗說，在事業上，你總算成功了。不管怎樣，你總算是信託局副局長了。」

「一個不大不小的官兒，騙騙人的。假如一個人流汗幾十年，結論只爲了一張小小名片上這樣一個小小頭銜，那麼，這一切又爲了什麼？」

「我很高興，你始終能做一個驕傲的人。」

「那也只是爲了掩飾自己內心的空虛。」

「有時，你不也蔑視那些最高的充實？」

「那也是無可奈何的遁詞。一個人總要想法騙騙人、騙騙自己，讓自己靈魂更平靜些。」

莊隱站起來，對窗外張了一眼，他發現女主人陳雨正帶小女孩嵐嵐在草地上散步。

「不談這些了。問你一件事，你還和龍小姐來往麼？」

主人搖搖頭，嘆了口氣：「兩星期前，她和本市一個銀行裏理結婚了。我送了她兩塊紅色緞子衣料，上面圖案是兩條繡龍。我沒有去參加婚宴。」

「哦，她這麼快結婚了？」莊隱有點驚奇。

「一點也不快。她現在二十九歲了。假如不是認識我，她早就結婚了。」他也站起來，走到窗前，凝望在草地上移動的陳雨的苗條姿影。

「事情一點也不奇怪。陳雨不是妮亞，道義上，我也沒有權利叫她扮演妮亞。話說回來，目前是一九四七，不是一九三七。一星期前，在沙龍咖啡館，你是看見我和妮亞的一幕啞劇的。這種啞劇，一個人一生只能演一次，不能演兩次。有一千種東西，我可以擺脫、蔑視，但有一樣東西，我無法蔑視。」他指指心臟跳動處。「算了，讓丹霞的星體在她自己軌道上旋轉吧。我有我自己的軌道。不能爲了堵塞那將臨近的暮年空虛，就隨便在路邊抓來任一片青春。這件事，好在陳雨知道了。她也和我大吵過了。我也懺悔過了。讓不可能延續的停止延續吧。說到究竟，這片走動在綠色草地上的苗條姿影，還是可愛的、美麗的，她身上，儲蓄了我生命中巨大的瑰艷記憶。就讓這個女人、這個小女孩子，陪伴我向生命終點走去吧！」

他的手指抓住爬上窗沿的一片春藤，惆悵的撫弄它的綠色橢圓葉子。

「你曾聽我談過我從前的愛情故事，那些感情的閃光。這樣的光輝，一生中，我一共閃過四次。夏季傍晚，有時候，天空會出現這樣的奇異的紅色閃光，電火似地，一刹那消逝了。」他又一次複述過去說過的往事。「在歐洲時，旅行莫斯科，我遇到那個俄國少女，阿克姍娜，我們曾纏綿的相互綣戀著。我們本可永遠在一起生活。但殘酷的國境線卻分割我們的整體生命。這是第一次閃光。『一・二八』後，應華僑邀請，我和一個死守吳淞口的著名抗日將軍遊歷菲律賓，並作旅行演講，認識了全菲皇后（菲列賓每年評選一次全國皇后，一九二九年她被選爲皇后），菲莉亞小姐，我們居然有機會常常來往，而且相戀了。回國後，我還不斷和她通訊。可是，最後一封信上，我告訴她，我們不能結合，因爲我是一個有妻子的人。但這並不是主要理由。更主要的是，我的經濟能力，不許可我永遠獲得她那樣一個高貴女人。你知道，初返國時，有一個短時期，我幾乎失業。後來，雖替子玖辦大商報，但它不是一張很賺錢的報。另外，雖說我幫子玖經營一家企業公司，規模也有限，我又只能靠薪水，不是股東。要得到她，雖非百萬鉅富，至少也得屬於眞正高等布爾喬亞，而不是我這種冒牌貨、空殼子。我除了一幢虛有其表的住宅，什麼也沒有。假如那時我能有現在地位，情形可能有點不同了。當時，我只得忍痛放棄她。這是我生命裏第二次閃光。陳雨是第三次閃光，我終於緊緊抓住，不讓它滑走。照理說，我生命中不該再有什麼了，想不到，竟又出現第四次閃光：龍丹霞。這最後一次，也和第一、二次一樣，我終於讓它滑走了，倒不完全由於現實壓力，卻是另一種壓力。……你看，她們母女在草地上散步得多愉快，現在，她們躺下來，曬太陽了。這是一幅不算平庸的圖畫，我沒有理由，也沒有權力撕碎它。」

莊隱知道，局裏本替他準備一套高級公寓房舍，比這座豪華得多，但他昵愛外面這片大草坪，寧願放棄那華麗公寓。公餘，帶妻子在草地上散步，是他生活中最大享受之一。這一大片綠色空間，在S市一般住宅中，是罕見的。

這個下午，莊隱離去後，林鬱一直站在窗前，默視外面那片綠色草地，直到那幅母女圖消失後，他還站著，如一尊石像。他沉思著，想起許多事，許多形相，比一切形相更巨大的，是黃浦江畔那幢堡壘式的紅色大樓——銀行大廈。此刻，它突然屹立他面前，他的窗外草地上。這座輝煌大廈第五十八號房門，不像是他的主要生命舞臺，倒像他的生命最後終點，他的墓園，星日與拜六下午除外，每天上午八點到下午四點，他不是翻看卷宗、帳冊，或簽署文件，而是在一些永遠數不完的數目字裏打滾。假如死人逼得也非在墓窟底打滾不可的話，那可能就是他這類活「死人」。這是他自己想法。此外，代替陶俑與其他殉葬品，則是一些和他一樣，常被無窮無盡數目字逼得在墓底跳舞的僵屍——他的僚屬，以及那些像鹹乾魚般地金融名詞，那些永遠看不完、寫不完的阿拉伯字母。整個大廈，也瀰溢埃及金字塔陵寢的沉靜，只不時被各式各樣的忙碌所擊破。從窗口，偶然飄來一、兩陣海風，吹動他鬢邊十幾縷白色髮絲。他唯一值得驕傲的是，他在這個陵寢底層的扮演姿態，異常生動、逼眞，不僅叫別人滿意，也叫自己滿意。有時候，他幾乎非常滿意這種生活了。四點後，他被一輛嶄新的史蒂別克汽車帶回家，踏入這座宏偉宿舍。這是他用一生辛苦交換得的陣地，眞正屬於他自己的陣地。被一串串數目字追逐得疲倦了，一回來，有時便躺在樓下草地上休息。常常的，更歡喜他的愛女嵐嵐在草地上翻跟斗。在他充滿數目字的生活中，這是僅有不含數學意味的一部分。像S市這樣大都市，地皮是那樣昂貴，私人住宅能有這樣大草坪——將近八畝地，那幾乎是一個奇蹟。這要感謝那位日本買辦，他把公館佈置得像公園。和別的許多著名私邸相比，這幢洋房不算巨大，但這片草地卻夠偉大的。也要感謝這個戰爭，它叫這位著名日本財閥代表不得不放棄主人在S市的全部產業，包括他私人的美麗窠巢。他覺得，他拒絕那套華麗公寓，選擇這片偉大草地，完全是合理的。因爲，他自己生命中的綠色部分，早已耗盡，能有這樣一大片豪華的綠色，呈現於他的生活空間，是極可珍貴的。

他踅回來。從一隻銀色煙盒內取出一支煙，默默吸起來。他又走到窗前繼續眺望巨大綠色草地。

像他這樣聰敏人，爲了固守這片最後的堂皇陣地，當然不缺少成百成千藉口，來堅定自己的可憐信心。對付任何外來的譏風刺雨，包括舊友中那些最善意的，他也不缺少一柄札實的大不列顚陽傘，雖然平生他頂討厭英國人。午夜夢迴，只有他自己明白，他那些豪華辯詞，其實是空虛的，而且也是一些陳舊的料子，印染上新式圖案而已。也許，他連自己也厭聽這些陳舊的聲音，所以，近來他常常揮舞的突出武器，是沉默。像他這樣年齡，也應該倦於詭辯了。有一件事擺得清清楚楚，他必須活下去，而且要毫不含糊的富麗堂皇的活下去。目前，他既沒有跳黃浦江興趣，也沒有躲在亭子間喝白開水的必要，他必須讓他生活裏的三張嘴塡滿東西，還要揀些芳香可口的食料。此外，這洋房、草地、小汽車，以及僚屬們的阿諛，也並不壞。更重要的是：他怎麼能像馬戲團小丑一樣，從這座大廈的高貴樓梯上滾下去，從此永遠栽倒呢？那似乎是不可思議的。假如他再輾轉在一間石庫門房子內，啃那又冷又硬的乾麵包，像黃幻華一樣，過一個窮酸文人的生活，那麼，人們將怎樣說呢？他的朋友們將怎樣講呢？他的妻子將怎樣表示呢？中國法典上，雖然沒有一條法律或條文約束他的改變，但他總覺得被什麼綑住了，綁得緊緊。這不是繩子，卻是那類似萬有引力的社會引力，它牢牢吸住他。如果他突然變成一顆隕石、一塊石頭，人們將怎樣睜大一雙好奇的眼睛凝望他，終於，會把這塊石頭扔進垃圾堆。他永遠不會忘記：在重慶時，只因爲他是一個高級職員，有一天下午，居然拿起一包花生米，無聊賴的，在S學校廣場上，邊散步邊吃，一個熟人——也是一位高級職員，碰見了，劈頭就問：

「老林，你失業了麼？」

他有點莫名其妙：「唔，唔，我很好呀！………」

「唔！唔！………」那人也莫名其妙的盯盯他，走過去了。

事後，他把這件事告訴楊易，兩人曾狂笑一陣。

世界上事，就是這樣。不管他對自己這份狂笑聲怎樣欣賞，卻沒有興趣不斷製造，甚至把這幕象徵性的喜劇，化爲寫實主義的悲劇。難道他眞正是一千多年前的晉朝詩人麼？不，他不是詩人，他只是銀行大廈第五十八號房間的現實機器罷了。像那個房間的桌、椅、案、帳冊和文具一樣，他有責任用自己形體塡塞那片空間。說到究竟，他到底比一般機器要高貴些，他是中國最大的銀行C信託局副局長，掌管全國幾十個省市的這類信託局。由於官運亨通，他從重慶時代C信託局理事會主任秘書擢升爲副局長，並不是一件小事，難道他有義務要從副座再滾跌到十字街頭，成爲一個波希米亞式的叫花子麼？

「爵，你在想什麼？想得這樣出神？」陳雨走到他身邊，一手撫摸他的肩膀。

「不，我沒有想什麼，我正欣賞這片碧綠的草地。在夕陽中，它多美啊！」

「莊先生回去了？」

他點點頭。

「你爲什麼不留他吃晚飯？」

「你知道，我這位朋友依舊保持某位晉朝人的習慣，高興時就來，高興時就去。」他放低聲音：「更重要的是，他正在鬧家庭糾紛，像托爾斯泰一本名作開頭第一句所說的一樣。」

陳雨正想說什麼，嵐嵐跑進來，大喊著：

「爸爸！爸爸！抱抱我！抱抱我……」

「好的，爸爸抱抱你！」

他把女孩子抱在懷裏，問她：「嵐嵐，告訴爸爸，你說這片有太陽光的草地好看不？」

「不！不！不！」

她突然搖搖頭，大聲說。

七

莊隱斜躺在一張黑漆雜木細篾搖椅上，閉闔眼睛，沉入一片冥想中。十分鐘前，他的秀麗眸子還環繞著一束蒼蘭旋轉，此刻，那片誘惑性的銀紅色，和那隻淡青色日本瓷瓶的橢圓形，不僅遠離他的視覺，漸漸的，也遠離開他的「末那識」，或「阿賴耶識」——假如這種「識」代表人類最高度的深沉觀照的話。他很高興，一天中，終有這麼一個時辰，他能獨守一座高樓，靜躺於一張雜木細篾搖椅裏，悠悠悠悠的，那麼搖呀搖的，如果它是一艘船，能把他搖到另外一片陸地，比方說，挪威，或者冰島，讓他遠遠擺脫目前四周一切，該多好。不，這是可能的，只要他一瞌上眼，讓靈魂暫飛出軀殼，獨自航行另一片空間，那就會有一片新奇感覺包圍他。他渴望這點新奇、神秘。

有時候，世界似乎眞距他很遠，像幾千里外一陣蟬聲，他聽不見；或者，至少也是許多里外的一片雨聲，朦朦朧朧；最好，那是夢中風掃一片、兩片落葉，偶然窸窸窣窣，或者，乾脆什麼聲音也沒有。這樣想著，是他最疲倦的時候，生命幾乎耗乾了。這時，他不可能感覺地球還與他發生什麼關係。他也不覺「自己」與他有什麼瓜葛。眞正，什麼跳動也沒有。一切感覺毫無，只剩下那點乾枯，一縷一絲的牛掛著，如槐樹葉間的槐蠶絲，似有似無。當蠶絲吊得更長更長了，生命也更近了，它一抽短，縮上去了，生命又遠了。一切聲音、色彩、光與電，本隨精力共同湧起。當後者退潮、枯涸時，它們也枯涸了。只要「一」伸手，他就可以抓回世界，但沒有什麼促成這個「一」。他就停在「一」以前和絕對空無之間，讓自己彷彿死過去。他坐著，卻死著，他斜靠著，或躺著，他卻靠著「死」，或躺著「死」。假如這眞就是死，其實很舒服，至少，毫不痛苦，正如葉子枯透，很自然而輕鬆的離開樹枝。也許，有點窒悶，因爲，有什麼到了頂，再衝不上去，又縮不回來，就那麼僵住了，「焊」住了——一種「焊接」。就這樣，時不時，他這麼死過去，接著，那片涸竭見底的湖層，又開始飄起一圈微波，慢慢的，又湧現一點綠意，於是，他又活了。他又聽見蟬聲、雨聲、眞正的落葉聲，世界又近了，他又摸到它了：它的衣角、線條、凸凹，以至它的胸部、頭部。一陣孩子的聲音，晚飯上桌了，司徒玉蟎的腳步聲響著（那些菜肴，不是用香味表現自己，是用碗與碟的聲音表現自己），他又死不成了。曾經一度穿越的地球帷幕，那片極薄極薄的大氣層，他曾與生命中最罕見的稀客——氦、氬、氖、氙，打過純粹交道，現在，他緩緩離開它們這片電離層，又返回帷幕下面。是燈光和晚餐召喚他下去麼？不管他走得多遠，飛得多高，只要一個手勢，一個聲音，一個腳步聲，他就又被拉回來了。人就是這樣不容易死，這樣難飛出大氣層。只要還有一個親人，不，只要地球上還有一個眞正的聲音，即使是一尾魚跳，一片葉子，一滴雨點，他也會被扯回來。因爲，這些，或這一點、一滴，都刺激那片乾涸的湖底，叫它再泛起泡沫，吹起微風。

他打了個呵欠，這正是黃昏。再有三十分或四十分鐘，樓底便會出現那些奇異的葉子、雨點、魚跳，叫他那片近於荒涸的湖底再一次泛起泡沫。他並不歡喜這些泡沫，可也無可奈何它們。

「你在想什麼？」

一隻溫柔的手撫摸他新理的頭髮。他不用抬頭，就知道是誰。

「我在想，怎樣讓全世界的湖水都變成沙漠，那樣，世界要太平多了。」

司徒玉蝺知道這片聲音的涵意，而且還能從它聯想到另外的內蘊，這個精緻的三層樓上，不只像湖水，簡直是蘇門答臘海峽，捲起最可怕的颶風。那天上午，莊隱不在家，管曉菡在這裏表演了一齣西班牙鬥牛賽。她扮演一頭蠻牛，叫女主人飾馬上持鎗的鬥牛騎士。她用咆哮、恫嚇、詈罵，——最後用眼淚，甚至跪在地上，向女主人要求：要後者放棄莊隱，爲了她自己的兩個孩子，也爲了女主人的三個孩子，更爲了司徒是個基督教徒。對付這樣一頭西班牙鬥牛，騎士光流汗流血是不夠的。

「莊太太，你要放明白點：是你們莊先生到我家裏，找我，不是我到你家裏，找他。丈夫是你的，你儘可找他回去。他不是一隻鸚鵡，隨隨便便好讓我用鍊條閂在籠子裏的。」她那一頭濃密黑髮抖動著，像一片獅鬃。「我再一次向你宣佈，這兒是蟠龍里十二號，除了夜裏十點到清晨六點，這兒的大門、後門，日夜敞開著，莊先生任一小時、任一分鐘，都可以離開這裏。」

「可你不放他，他怎麼走得出來！」管曉菡用手帕拭著眼淚。

「沒有的事！你可以去問他自己。」我們的西班牙女騎士知道閉幕哨子快響了。「昨天，我還狠勸了他一個下午。我說，我是個虔誠的基督教徒，這樣下去，連上帝也不饒恕我。我求求你，放棄我吧！爲了你的孩子們，爲了我的孩子們。可是，他對我搖一百個頭，我有什麼辦法？」她的紅唇邊，閃起嫵媚的笑。「不過，爲了你，我願盡最大努力，繼續勸解他、說服他，讓他接受我的想法。不過，需要一段時間。一個人可以在一秒鐘陷入泥沼，卻不一定能在一秒鐘拔出來，是不是？」

這一場鬥牛賽，她算打勝了，現在回憶起來，她那雙充滿風情的大眼睛，還閃爍狡猾的光輝。可是，這片暮色中，她一看見莊隱沉思的臉，心裏倒有點慌了。她強作鎮靜道：

「曉菡的事，你放心，我們可以慢慢解決。她是一個軟心腸的女人，只要像灌老酒鬼一樣，一杯杯，把好話灌下去，她一天雲霧也會散的。不過，爲了長久之計，我們必須徹底解決。」

「什麼徹底解決？」

「只要她肯答應離婚，我願出十根大條子，或五千美金，給她做贍養費。有這筆錢，放放利息，她儘可帶兩個孩子舒舒服服過日子了。」

莊隱瞪了她一眼：「你倒會異想天開！」哼了一聲。「請問，我有什麼理由和我妻子離婚？她嫁我以來，既沒偷漢子，也沒有任何違背婦道的事，對我又是千依百順，憑什麼我要和她離婚？難道我這樣做，還不夠？一定要把一個愛你的人活活推下懸崖？」

她溜了溜那雙滿溢媚態的大眼睛，一張濃濃的化粧過的艷臉，貼住他的耳朵，聲音輕得像吹氣：「這麼說，你是不愛我了？」

「爲了愛你，不一定要殺死一個善良無辜的人。」

「這樣下去，怎麼辦呢？」

「過一天算一天。」

「假如——」

「目前還可以混一個時候，甚至一個相當長的時候。假如實在混不下去，只有散場。」

司徒玉螭皮球樣蹦起來：「你敢！」濃眉倒豎。「有一天，假如你不再愛我，我不是自殺，就是殺死你！或者，殺死你，再自殺！」聲音充滿威脅。「你不要以爲我是說說玩的。你知道我的個性。凡是我已到手的珍貴東西，寧可它被砸得粉碎——連帶我自己也粉碎，我絕不能眼看它從我手裏被搶走。」

莊隱從搖椅上站起來，拍拍她的肩膀。「親愛的馬丹，何必這麼緊張呢？在我們這齣戲裏，離你我流血的那一幕，還遠得很哪！」他苦笑起來：「你以爲流血像拍皮球一樣，是一件很容易很輕鬆的事嗎？」

她也笑了，突然，把他摟在懷裏，熱烈的吻了他一陣。「我是說了玩的，唬虎唬虎你的。上帝知道，我是怎樣用全副生命愛你！哦，我是太愛你、太愛你了。你知道，爲了愛你，我什麼都不顧了。」她走到穿衣鏡前，梳理好頭髮，又轉過身來。「親愛的，晚飯快上桌了，有你最愛吃的清蒸桂魚，我親手做的。我們下去吃飯吧，爸爸他們都在等我們呢！」

這個基督徒女人一點也不誇張：爲了愛他，她「什麼都不顧了」。每天的晚餐或午餐，都重複證明她這一句愛情眞理。

勝利復員後，司徒玉嫻和莊隱回到S市，仗著某種社會關係，司徒用三千美金頂下蟠龍里十二號，這是一幢三樓三底的洋房，屬於高級里弄住宅，雖不能說怎樣富麗堂皇，卻也夠華美了。在S市，不是每一個人都有佔領這一類高級空間的機會的。房子頂下，不到兩個月，它便變成蜂窠，各式各樣蜜蜂，飛集於此。最大的兩隻，是她的父母。其次，是她兩個弟弟，司徒光、司徒明。一個月前，莊隱的嬸娘，居然也藉探親名義，在這裏暫住下來。（這個女人是一個戰略家，她知道她在這裏白吃白住一陣子，女主人倒會對她千感萬謝。因爲，她肯來吃住，就等於代表莊的族親大力支持莊目前的生活方式。）司徒敏老夫婦和兩個兒子佔有二樓。司徒玉嬙的三個孩子，司徒慧、司徒賢、司徒良，和一個保姆，一個娘姨，住在底層。（這三個孩子，有兩個是她第一位陳姓丈夫生的，另一個是她第二位張姓丈夫生的，現在，她全逼他們跟她自己的姓氏了。以示他們與兩位前夫一刀兩斷。）莊老太太寄居二樓亭子間。主人自己棲息三樓最大一間正房，莊隱則「隱」入它後面亭子間，也是全宅最高的一間，高得像飄懸於天空。它離女主人寢室，雖只七、八步路，卻還得再爬五級樓梯，才能登堂入室。這樣，莊隱就眞像生活在銀河裏的牛郎，每夜，織女須踏五級鵲橋，悄悄相會。不過，除了特殊情形，一般的，並不如此。我們的牛郎，倒是夜夜走下鵲橋，幽會同居高空的織女。你只要看看，女主人——一個寡婦的床上，竟安置兩隻特別高大的繡花枕頭，便不難洞悉這夜夜「七夕」的底蘊，這種高枕頭，似需接近馬樣長的頸脖，才睡得眞舒服。可這倒底是女人寢室，不是馬廄。司徒玉嬙絕頂聰敏。她知道，如按照常規，放四隻枕頭，未免太「亮相」。假如白天放兩隻，夜裏從衣櫥內再取兩隻，或由牛郎自帶兩隻枕頭，那又太麻煩，而且，會破壞他們同居的悠閒情調。這樣，她就採取這種又古怪又合乎「高枕無憂」的折衷辦法。

司徒敏老先生，是廣東人，身材魁梧，他的臉相，說明他與女兒的血緣，生得濃眉大眼。他本在西安某軍事學校教書，抗戰結束，他告老退休。一個出生於海濱的人，把全部晚年消磨於荒漠黃土層，似乎是一件不近人情的事。假若決心在沙漠修道呢，他的年齡——雖然已達六十二，卻又嫌太年輕點。他決定遷家S市。想不到這個大城的空間如此昂貴。寸土寸金，頂個亭子間，也要一根半根條子。租石庫門小廂房，過大雜院生活，以他那點點小小經驗，這就等於過上海「大世界」生活，各式遊樂場的舞臺生活，那滋味，並不比荒漠修道更舒服。不得已，他只有師法希魔王故技，實行領土侵略，「霸佔」女兒二樓。跟這位老先生住在一起，特別是跟他同桌吃飯，你有一個好處，就是每個中午或夜晚，你會增加一份有關馬的知識。這位老軍人頗健談，十有八次，每談必馬。中午，盤子裏不是牛排，是一條蒙古馬；晚上，碗裏不是火腿冬瓜湯，是一匹西伯利亞馬。什麼棗騮馬、赤兔馬、颯露紫、烏雲踏雪，他簡直使每一盆菜都沾馬肉氣味。他住的二樓壁上，到處掛著以馬爲主題的畫，講迷信的人，會疑心他前世是馬投胎的。

司徒老太太，是一位典型廣東老婦，又乾，又瘦，又癟，像一件剛從一堆陳年醃臘貨品裏攢出來的次貨。她除了唸佛、誦金剛經，平日不大多響。爲了抵抗她丈夫的馬群進攻，便在室內大懸佛像，供奉觀音浮雕，這就使他們房間流露特殊的情調，眞正解答了那位偉大俄國作家的偉大作品的內容：「戰爭與和平」。

司徒光年約二十七、八，在一家小銀行當職員，繼承父親的高大個子，也繼承他那張流水嘴，微微不同的是，他從小隨父親待在北方，講一口地道北京話，這就使得他更帶京油子風格。他弟弟司徒明，是他們行裏的練習生，和他一樣高大，卻沉默寡言。不過，他那雙眼睛長得很特別，彷彿永遠在和別人生氣、鬧彆扭。吃飯時，假如他多瞪幾眼，哪怕是最好的紅燒豬腳爪，也會立刻帶黃魚鯗的氣味。新加入餐桌的莊太太，和司徒老太太一樣乾癟，但一張嘴特別大，像包頭魚。因此，桌上幾式較可口的小菜，常連最後殘渣碎片都魚貫進入她那張魚嘴。她唯一長處，是專用一些「冷門」話叫你發熱。假如司徒老人誇獎司徒良生得結實、健壯，她就冷不防的道：

「不管怎樣壯的小孩子，最好不要害病。害起病來，又要吃藥，又要看醫生，又要花錢，多麻煩啊！有些藥，花錢也買不到！……」

如果你順著她的話路，讚美她既健壯，又從不吃藥，平生一定是攝生有道，眞懂得飲食衛生，她就冷不防又給你一頓：

「嚇嚇，『攝生有道，飲食衛生』！聽人說，日本有一種人，就專門吃蜈蚣、蠍子、毒蟲，卻長命百歲，一個個全是長壽。……」

和這樣一大堆形形色色人物共同生活，至少是，一道吃飯，——每天至少在飯桌上見兩次面，眞不是尋常事。

莊隱的妻子已從西安返S市，寄寓娘家，帶著兩個孩子。兩年多來，除利用從重慶到S市這段航程，莊隱做了一次生意，另外，又跑過兩次單幫，到過韓國，此外，就一直賦閒。西北金融界一個老朋友，曾介紹他回西安擔任一家大紗廠經理，他拒絕了。這些年月中，經濟困難時，他寧靠借債過日子，也不願放棄波希米亞生活。司徒玉嬌的錢口袋，永遠向他敞開，不僅供他全部花銷，有時，還抽出點錢，幫他補貼西安那個家。近一千個日子中，管曉菡母子女三個，一半靠借與賣生活。實在借不到，無可賣，今年春天，才出售最後一批家當作旅費，到S市找丈夫。發現這位波希米亞人另有樂園後，她在他面前大哭幾次，可沒有大鬧。她知道他的性格。儘管他犯下滔天罪惡，仍愛保持一份神聖的紳士尊嚴。假如你毀滅這個，他什麼事都做得出。說到究竟，她是個又善良又懦怯的中年女人，除了期望丈夫自動悔悟外，她想不出別的好辦法。重要是，她顧面子，不願把這件事攤在所有親戚朋友面前。更何況以莊隱目前的經濟崩潰狀態，如果沒有那個廣東女人支持，他是無法繼續過他中世紀行吟詩人生活的。她不知道丈夫積欠那個女人多少錢，她只知道華達貿易行破產後，那許多債，到現在，只撥還一半。而所還的一半，仗著佘良弼的面子，多半靠屠克玉哥哥張羅的。在這種倒楣情形下，假如她一再捲起家庭巨大浪潮，對彼此都沒有好處。她只好一面繼續賣殘餘家當，一面靠父親和妹妹接濟，暫維持生活。

這一切，就是莊隱目前的現實畫幅。在這樣一幀怪畫下，有時，莊隱非常驚訝，自己居然有那樣可怕的興緻和耐力，安於自己所扮演的畫中那個角色。早晨起來，安安坦坦喝情婦親手爲他煮的咖啡，外加一碗牛奶煨雞蛋，嚼她親手爲他烤的土司，上面塗厚厚奶油加菓醬。正午和夜晚，他安安坦坦走下樓梯，坐在客廳大圓桌邊，一面啃紅燒排骨，一面諦聽司徒敏老先生大談新疆南部駿馬，以及哈薩克人的馬術。他也安心與小職員司徒光寒暄，接納他那張流水嘴裏傾瀉出來的一切聲音，不管它們是反映渤海濁浪，還是大明湖天下第一泉。當他有滋有味的喝著清燉鷄湯時，他也安心承受那位練習生的發怒的一瞪。飯後，他安心陪司徒老太太盛讚釋迦牟尼，用康熙字典上能找到的一切字眼，頌揚她在二樓供奉的那尊觀音瓷像。有機會，他也安心拍拍司徒良或司徒賢的小腦袋，誇獎他們的聰敏。總之，他在這一大群司徒中，生活得很安坦，簡直叫人至死不疑：自從上帝決心創造這一大群司徒後，他是天造地設、命定必須在他（她）們空間佔一席的。特別偉大的是，他居然也以同樣的安坦態度，接受情婦對他嬸母的熱烈招待。他知道，她所以這樣慇懃，完全爲了他，同時，也爲了在他家族中製造一點勢力和輿論，好抵消管曉菡娘家勢力與輿論。最偉大的，當然是他對岳家的定期拜訪，在岳父（岳母早逝）、小姨、妻子，和孩子面前，他依然是個安安坦坦的女婿、姊夫、丈夫，和父親，彷彿宇宙間從未發生什麼變化，連一顆米一粒沙的改動也未出現過。又像他這個小小星球（司徒家是西半球，管家是東半球）的唯一地心吸力，就是他的安坦。只要他保持這一吸力，所有地面存在物，包括他和岳家關係，絕不會有一丁點動搖。

說不動搖，倒不是絕對的。但那已經是過去的事了。

一年多前，當莊隱第一次飄海赴南韓時，除司徒玉嫡和最小兩個孩子外，所有司徒們曾背著她，緊張的舉行幾次秘密家庭會議。一個晚上，他們全出現於三樓，向她集體上奏本，犯顏直諫；提出許多理由，建議她結束目前私生活，姓莊的必須離開這裏。

「玉嬙，我雖說是個軍人，可我自幼讀聖賢書，深服孔孟之道。一個婦人，應該奉守起碼的三綱五常。你這樣下去，太不正常了。叫我老臉也抹了片黑！」老軍人眼眶裏流出淚水。

「姊姊，莊先生是有妻子兒女的。你這樣做，置莊太太於何地？我們也得爲別人想想！」司徒光的「流水嘴」，一反平日「京油子」風，一本正經的，談起大道理。

「姊姊！如果莊先生眞有心，他儘可先和太太離婚，再和你正式結婚。這樣做，我們不反對。」練習生瞪了她一眼，提出具體建議，這當然是集體性的。

「媽媽！你是基督徒，由於你的教導，我和弟弟們也受了洗，我們全家都是基督徒。救主耶穌一直教我們愛鄰如己，要愛一切人，犧牲自己。求你遵照主的意旨，早日脫離魔鬼手掌，讓莊叔叔早點回到他自己家裏吧！媽媽！我求你了！」十七歲大兒子司徒慧，終於跪在地板上，流著眼淚求她。

「你們不必再說了！這是我第一次，也是最後一次，聽取你們意見。這也是我第一次和最後一次，表示我自己意見。……老實對你們說吧！我愛莊先生，不是從今天始，十幾年前，我就愛他了。儘管我嫁過兩個丈夫，可我從沒有改變對他的愛心。要不是命運阻撓，十幾年前，我就和他結婚了。我對他的愛情，是我命根子。要我停止愛他，把他從我生活裏趕走，那等於逼我放棄生命。」她圓睜那雙濃黑大眼睛，指指地板。「蟠龍里十二號，是我的家、我的房子，你們願不願在這裏住，有你們的自由。誰要看不慣，誰可走開。哪怕你們全離開我，我也不在乎！莊先生給我的幸福，你們永遠不能給我。」對大兒子。「慧兒，娘養了你這麼大，不希罕你們將來報娘恩，你們只要不干涉娘的愛情，就算報娘恩了。你一定要管，那麼，明年你高中畢業，自己獨立謀生去，不要住在這裏。即使你馬上離開這個家，我也不留你！」兩手握緊拳頭。「你們這些人，在這裏，住我的，吃我的，用我的，還不夠？難道連我私人一點僅有幸福，也要全部獻給你們，給你們充面子！這才乘心？你們未免太自私了吧！」用蔑視的眼光向大家掃射一圈。「我的話說到這裏爲止，你們去考慮。如果決定還留在蟠龍里十二號，那麼，今後，有誰再在我面前把這件事提一個字，或者，有誰對莊先生有半絲不禮貌，那就不要怪我翻臉不認人。你們是知道我爲人的。我說得出、做得出！……再向你們明白說吧！除非我停止呼吸，我絕不會讓莊先生離開我！」

不用說，這樣一篇聲明，雖說像「法國人權宣言」和「美國獨立宣言」一樣冠冕堂皇，可像一陣暴雷，把全家人轟得無聲無嗅。從此，沒有一個敢再發動第二次家庭革命，或上奏本了。

此後，莊隱是更安坦了，女主人也更安坦了。

漸漸的，他的安坦具有巨大傳染力（儘管帶有巨大壓力），不只他安坦，司徒玉螭也安坦，一切老老小小司徒們也安坦了。這其中，比一切人更安坦的，是他的孀母，那位在「西半球」上大吃大喝的莊太太。但「東半球」卻抵抗這種傳染病。這也是為什麼，莊隱目前還不能徹底成為一個樂天主義者。但無論如何，不管蟠龍里十二號所展覽的畫幅——特別是餐桌上的場面，是怎樣叫任何一個正常人膽戰心驚，可這裏所有的人，暫時卻保持第一次世界大戰後的歐洲均衡局面。

就這樣，人們滾著、跌著、掙扎著在地球上生活、跳躍。即使變成火車輪下的安娜卡列尼娜，他們也會滾著、掙扎著，在輪底下動作。於恐怖的傷痕和創痛中，一個人依舊還想多呼吸幾口新鮮空氣，多見幾次陽光。假如有人要問：你們這樣跳著、動著、生活著，究竟能得到什麼？你們螞蟻樣在地球上翻著、爬著，究竟又真能獲得一些什麼？沒有人會回答，也沒有人對這類答案感興趣，他們唯一感興趣的，就是那陣子蠢動，正如魚游於水、葉綠於樹、星亮於天一樣。正是這些跳動、掙扎，累死自己，也累壞別人的跳動、掙扎，佔有他們全部時間過程，消耗了自己一生，也消耗了親戚朋友妻子兒女的一生。許多人是那樣迷戀於生，不管生活怎樣可怕，還是像嚼乾蘋菓般地嚼著，即使嚼到酸澀菓核，也依依不捨，捨不得放下它。這也是為什麼，許多囚徒能頑強的活下去，明知幾年後，將被折磨死，仍在痛苦中掙扎。即使明天判處死刑，今天仍然要吃、要喝。在舊時代，一些臨刑囚徒吃最後一頓豐盛的「活祭」時，他居然吃得那麼津津有味，而且大吃、大喝、大唱，彷彿過狂歡節，這就說明，人是怎樣看待這個日夜旋轉著的星球的。他們光臨這顆圓球，主要是撈一票，哪怕一口酒、一塊肉，也好。這一切，比日月星辰山川河流的永恆光輝更感動他們。反正就要從這個圓球上消滅了，喝一口也好，吃一塊也好。那些嘴裏啣著麵屑的螞蟻，在被行人用腳踏死前，也正是這樣。

這天晚上，莊隱離開司徒老先生在餐桌上舉辦的西北大賽馬，回到三樓，暫時不穿過鵲橋，攀登牛郎窠巢，（往常，他總裝模作樣，在巢裏躺一會，才出來。）卻直接留在織女寢室內。那頗爲知趣的莊老太太，本和女主人閒談，（她們的話題，十有八九，是數說管曉菡的罪惡，好像她犯足了摩西「十誡」。）見他出現，搭訕幾句，就下樓了。

「今晚你喝了很多酒。」司徒玉鱗撫摸他酡紅臉孔。

「因爲我決定了一件事。」

「什麼？」她吃了一驚。

「我想再飄一次海，再看一看那『開花』的渤海或黃海。」

他告訴她：他已經和幾個商人談過，準備不久從S市到南韓，多跑幾次單幫，正式恢復十三年前的海盜生活。他覺得，像前兩年那樣，三日打魚，兩日曬網，不能解決現實問題。不過，他不想走私，打算按正常手續納稅。只要韓慕韓一來信，他就可以啓帆。漢城那方面，韓可以介紹幾個熟人給他。

「像這樣下去，不很好麼？我有很多錢，花不光，還要你賺麼？」她的艷臉貼著他肩膀，嬌嗔的說。

「不只是錢的問題。你完全不懂一個男人，特別像我這樣一個男人。假如單單美金和條子，就可以解決一切問題，黃海和渤海，早就不會有那麼多波浪了。」

「這麼說，你是要離開我身邊一個時候了。」

「嗯。」

她嘆了口氣，不再開口，抬起頭，凝望壁上一幀五彩照片。那是她少女時代拍的，一幅非常之美的形相。它也在回望她，卻用另一副眼睛，另一種情態。

「這件事，過兩天再研究吧！凡你所喜歡的，我總會成全你，只要你永遠忠實於這片空間。」她終於慢慢說，眼睛離開壁上照片，定定望著他，右手指了指牆壁。

八

「假如我的聲音能像我的肉體，即使消失了，也能化爲氣體，溶爲泥土，最後，又凝成岩石，那麼，我們將更能獲得聲音的本形本狀，也更能雕刻出它的肉體：另外一種肉體。但聲音不能變成石頭，正像視線不能，氣味不能。這樣，我的聲音，不管怎樣沉痛、巨大，也永不能給你眞實的硬度、形相、線條。它永遠是飄浮的、搖動的，像燐光、海藻。現在，我雖然向你說了這麼多，吐露了這麼多，你還是什麼也得不到。聲音從我自己身上流過去，也從你身上流過去，凡能流動的，永遠會流走。除了這一剎那的流動痕跡，你什麼也得不到。

「我們是可憐的，因爲我們所憑藉的，只有聲音。除了它，我再不能把那極富震顫性的給你。文字不能，手勢也不能。你看見文字和手勢，你聽不見它們。它們沒有聲音中那股波顫性與跳動性。然而，一切聲音永遠是虛空的、幻滅的，我不能藉它把那最永恆最固定的給你。

「即使是最虛幻的，我們還不能不依靠這最大的虛幻，來傳佈那永恆的眞實。其實，不傳佈也罷。可是，有時，我們仍從微弱的掙扎性的傳佈中，取得最低的溫暖。

「可以說明的是，凡我所說所形成聲音的，不管它本身是一種怎樣碩大的空幻，在我卻是這千分之一剎那的唯一眞實。我嘴唇裏，沒有一個泡沫是虛幻的，它是我眞實咀嚼後的眞實痕跡。特別是，我的牙齒有硬度，有眞實感，它和石頭一樣堅固，它經得起任何漿菓的考驗。

「凡眞正咀嚼過的，總是眞味，不管是苦味、澀味、酸味，或其他怪味。我不是把聲音給你，是把我牙齒鬥爭過的給你，把我舌頭廝纏過的給你。更重要的是，我的眼睛不是在我眼睛裏，是在我嘴裏，因爲，眼睛在我聲音裏。凡我水晶球水樣液接觸過的都化成聲音。你不要看我眼睛，只要看我的嘴，接納我的聲音，就行。我們之間，假如有眞火，那就是我嘴裏剛剛吐出的聲音。地球上假如有眞太陽，那就是我們之間的聲音。」

莊隱倚住窗臺，低沉的說。說完了，他瞰望窗外。這正是午夜十一點，街面冷清了。那構成大都市的各式各樣的奇異聲音，像一架鬆了發條的蓄音器，片子還在轂轉，嵌著唱針的喇叭依舊在旋動，但旋轉的速度越來越慢，音樂也越來越低，漸漸沉沒下去。

他自己的聲音，也愈來愈低，要沉沒下去的樣子。「人的最深痛苦有時只在午夜裡顯。這些話，我也只能在這樣的午夜對你談。在蟠龍里十二號，每個人都以爲我是很愉快的。我的情婦司徒玉螭，還以爲我是這個星球上最幸福的人呢！」

聽了莊隱最後一段話，他的室內聽衆，才稍稍鬆了口氣，彷彿從一座巉巘山峰達到平地。

他又轉過臉，下瞰臨街那一片參差錯綜的光影，它們裏面似乎有他聲音的迴聲。

這是禮拜六之夜，韋乘桴作東，在維也納飯店夜飲後，幾個朋友回到楊易寓所，臨街的一個房間，它就在維也納附近，是一個留德同學（現在是本市名人）替他設去弄到的。林鬱沒有參加這次夜筵。除了韋乘桴和范惟實，他們大多數對跳舞不感興趣，這才決定到楊易家，作通宵清談，爲了他們相聚時候已不多。兩、三星期內，這五個人，有三個將赴海外。

聽了莊隱的話，韓慕韓不斷點頭：「你的話完全說到我心靈深處。」

停了停，他點起一支煙，吸了幾口，左手摸摸腦門那一小角光禿處，悵惘的道：

「你們知道麼，今夜我本想對你們說什麼，但我現在什麼也說不出。不只我靈魂是一片眞空，我的肉體——我整個人，也是一片空白。有生以來，我從未這麼眞空過。彷彿有一個巨大唧筒，把我肉體內一切，都抽空了。我雖然還站著，能看你、聽你，是因爲我身體內還有最後存在物：我的骨頭。骨髓、骨液，和環繞它們的血液，可以抽空，但骨頭本身無法抽掉，這也就是我今後在這個地球上的唯一支持者。假如連它們也崩潰了，那麼，你可以想到那後果。

「然而，它們暫時不會崩潰，甚至永遠不會。在地球上，生存得最久的，不是岩石，或大地泥土，而是骨頭。幾十萬年前的生命，都死去了，但它們的骨頭，有的仍存在。無論是爪哇人的頭蓋骨，披爾德唐人的骨骼，或恐龍的骨化石，都說明骨頭的永恆硬度。大自然可以壓碎它，卻不能軟化它。任何暴風雨也長久不能腐爛它、液化它。在這些骨骼上，我們還能分明看出原始生命的龐大形象。我看，現代文化最缺的，正是這種骨骼的比較永恆性。

「自然，此刻我並不太珍惜這個最後支持者。因爲，它不能代替聲音。至少，目前不易聽到它的聲音、看到它的眞相，除非拿起刀子，把皮割破，把肉剖開，在一片猩紅血水裏，看見它的眞形。可是，只要走到博物館，我們就會看見它的原始眞面目。時間越久，越古老，越是幾十萬年前的，它們的形相也越偉大、動人。拿起任何一個太古原人頭蓋骨或獸骨，我們很少不受震駭。並不是因爲它們是死者，而是因爲，這是些生者，不是它們的死亡，是它們的原來生命震駭我們。一剎那間，我們會聽見原人們的無數聲音，看見他們衆多的姿態，那是現代活人所沒有的。

「因此，即使我一切眞空了，還有最後不眞空的在。但這不眞空體，只有若干年後，才能現出它們的眞形眞聲。這一秒、這一分，它們仍暫時啞默。這就是爲什麼，說到究極，我還是不能對你說什麼。

「必須從幾十萬年後骨骼上聽出眞聲，看出眞形，這是人類的悲劇，也是我們現在的悲劇。但與其發出僞劇的聲音，不如保持悲劇的沉默。」

他說到這裏，楊易已在一隻小電爐上煮好一大壺咖啡，倒了五杯，一一遞給客人。

「這是眞正古巴咖啡，一個朋友從美國考察回來，去年送了我一罐。我是在德國留學時認識他的。那時，他學軍事。後來，他是一個軍官。」他的聲音有點黯然：「這個朋友，上個月在中原戰役陣亡了，一顆炮彈靠他旁邊爆炸，他正踞坐一家農舍門口吃戰地早餐。」

「這樣死寂的仲夏午夜，作這樣一種發出死亡芳香的清談，喝一個死人遺贈的咖啡，倒很能配合這個時代的調子。」范惟實喝了口咖啡，笑著說。

「你知道，今夜我爲什麼不願跳舞？」韓慕韓問。

「爲了過去那個『地獄之花』烏珠的形相。」韋乘桴說。

「不，爲了所有過去和我們共沉醉過的女人的形相。今夜，我見到的一些年輕的美麗舞女，好像是他們的化身。我將不是和少女跳舞，是和明天的死者，——各式各樣慘死者跳舞。」他扔掉煙蒂。

「一個月前，從沙龍裏聽到的那些悲慘新聞，不，歷史後，——不管維也納裝飾得怎樣華麗，總給我一種淒厲的印象。」

「慕韓，你這次回來，我看你全變了。完全變了。」主人說。

韓慕韓沉思的，慢慢道：「是的，我完全改變了。現在，我既沒有昨天的太陽，也沒有今天的太陽，更沒有明天的太陽。從前，即使我流浪於黑龍江西部黑夜，我總相信明天太陽會升起來的。」

范惟實道：「這兩年來，一陣陣新的眞實颱風捲來，衝得我們頭暈眼花。這時，我們才明白一件事：先前，我們那些所謂『最後的』詞語遠不是眞正最後的。在這些詞語與現實之間，還有一大段眞空。正因爲不知不覺，有一大片空白，掩護我們過去那許多『最後的』與現實之間的距離，因此，在所謂『最後的』浪濤中，即使是最危險的，多多少少，也還帶點泛舟西湖的閑意。現在，這片眞正最後的空白消失了，我們幾乎整個埋葬於颱風中，差點沒有粉身碎骨。風過去了，生命固然回來了，一切言語思想卻幾乎死了。」

「主要是，人粗獷了。先前許多繡緞綾羅，明璫吉羽，完全毀滅了。那時候，我們不是一個人，是許多人，生活裏不是一件事，是許多事。目前，那許多人都死了，只剩唯一的一個赤裸裸的人；那許多事也死了，只剩下一件最赤裸裸的事：能活下去就行。」楊易道。

韋乘桴道：「是的，我們粗獷了。生命一粗獷，生命就更赤裸了。無論在歐洲、在德國，以及回國之後，我都感到，經過這場可怕的地球大流血，整個人類都粗獷了。而且，這份恐怖的粗獷，現在只不過是開始，它正在蔓延、傳佈，天知道它將把人類推向怎樣一個可怖的深淵。」

范惟實喝完杯中最後一滴咖啡，沉痛的道：

「粗獷是你，粗獷是我，粗獷不是你，不是我，是四周空氣，是腳底空間，是這些你所呼吸的，我所踐踏的，包圍我們，叫我們粗獷。玫瑰花是精緻的，現在粗獷了。雲母石是溫柔的，此刻粗獷了，夜鶯歌聲粗獷了，天上雲彩粗獷了，凡我們所接所觸所聽所見的，沒有一樣不粗獷了。那麼，我們的脆弱靈魂，如何不粗獷？那更其脆弱的肉體，如何不粗獷？粗獷不是一個字、一個聲音、一塊布、一杯酒，它是無所不在的聲音與字，水與顏色。它一滲透人的本質，一切都會變。同樣的字、水、顏色，完全閃變成另一種字、水、顏色。而我們從祖先所接受的那些最古老的、最正常的、最傳統的，人類藉以延綿了幾千年，今後還要靠它綿延幾千萬年的，一下子，也變了，幾乎變成陌生的、不可能的物象。承認這些物象，我們不僅會粗獷，而且會整個毀滅。可是，時代的創造主們，寧願同歸於盡，也不願放棄他們的一些虛幻假定。」

莊隱把喝剩下的咖啡腳子傾倒入街心（他相信不會潑到任何一個夜行人身上）。杯子放在窗臺上，走回來，輕輕踱著，苦笑道：

「假如我們能像袁曉初、余薖他們一樣簡單，該多好！這種人，不管地球是在地球軌道上旋轉，還是在其他星球軌道上旋轉，他們的讚美歌永不會厭倦，思想公式也永不會改變。」停了停：「你們還記得這位戲劇家和這位詩人麼？他們目前是文壇紅角了，就靠他們那些廉價的正義，和向莫斯科批發的眞理。」微微諷刺的苦笑。「一星期前，一個宴會上，我偶然說出上面的感慨，他們就給我扣了頂大帽子：『二十世紀四十年代的中國沙寧主義者』。彷彿不管是和尚頭、道士頭、尼姑頭、屠夫頭、神父頭、魔術家的頭，還是羊頭、狗頭、馬頭，只要一戴這頂帽子，就萬事大吉。」

「我倒有一頂帽子要扣在他們頭上。」范惟實笑道。

「什麼帽子？」

「『亞洲大陸腹地的沙漠製造者』。」笑了笑。「不管那裏的太陽怎樣熱烈，空間怎樣遼闊，野風怎樣雄壯，沙石怎樣奇異，歸根結柢，沒有花，沒有草，沒有一片眞正的綠。」他沉思。「我剛從新疆歸來，我懂得，什麼叫沙漠，叫戈壁。」

「不和這些眞理批發商們吵嘴了。爲他們的新式商業作風祝福吧！我呢，倒羡慕從前莎卡羅門內一些高級食客，新聞記者邵健飛、葉小曼、梅朵和江季他們。這些人，我在重慶見過，在這裏也見過。他們在山城，不花一文錢，吃遍一切名館子，嚐遍陪都所有名廚師。現在以凱旋姿態回來，繼續從名菜館名菜單上第一道菜，吃到最後一道菜。（十幾年前，他們就是這樣吃的。）吃完了，人家還千感萬謝他們，因爲，他們大嚼時，流了很多汗。我看，這個時代，除了袁曉初、余邁之外，只有這些人是永遠勝利者。他們比袁、余之類高明的是：只埋頭大吃，絕不談什麼思想、哲學。」

「除了這兩類人外，知識分子中，還有一種人，也很時髦。這種人可以叫：『政黨製造廠經理』。你們還記得那個華山大隱士厲道人厲海清麼？他到蘭州打秋風失敗，被甘肅宗教界（主要是回教），驅逐出境後，此刻居然在這裏組織政黨了，叫做什麼人民宗教黨。半個月前，他碰見我，（我們是在西安相熟的，旅行蘭州，時相過從。）拉我做宣傳部長，我拒絕了。他向我宣傳，說它是中國第七大黨呢！哈哈哈哈！我看他的黨員還不到七十人哩！」

「我看，所有的人，都有辦法，紅的也好，白的也好，黑的灰的紫的藍的也好，不紅不白不黑不灰不紫不藍也好，又紅又白又灰又紫又藍也好，他們都會進天堂，只有我們這些人活該下地獄。」莊隱苦笑道。

「讓我們舉起空杯子，爲他們的天堂，我們的地獄，乾一杯吧！」韋乘桴大聲道。

靜寂的夜裏，五隻空杯子被高高舉起來，像五朵白繡球花。

這一晚，客人散了後，已近三點，主人楊易卻不想睡。我們這位哲學家，像蘇格拉底在希臘歷史上那場有名的夜宴後保持偉大醒覺一樣，此時分外顯得新鮮。他知道，這份新鮮是不正常的，可他也知道，這可能是他生命中最後一次長夜醒覺了。沒有一列出軌火車永遠躺在軌外，也沒有一個刹那的瘋子不在永恆瘋人院和永恆人間之中選擇一個。他高度敏感到，這是他應該選擇的時辰，就在明朝，或者今夜。假如現在不抉擇，他將永遠不能挑選了。他看見，窗外，一個偉大城市正逐漸死去。他也聽見了，它不久將在第一線曙光中復活。

仲夏深夜是涼爽的，他披了件襯衣，獨坐窗臺上，喝著白鐵壺內最後半杯殘賸咖啡，吸起煙罐中最後一支煙。這個都市似乎是他的，可又似乎不是。他蒞臨這座大城快半年了，太陽、月亮、星星、很快飛逝，一串串印象像海浪，從他心靈沙灘上衝過去，可幾乎沒有留下任何痕迹。日日夜夜，都市交響曲不斷演奏。它們風樣穿越他的視覺。他眼球感到，卻看不見。它們蝙蝠樣撞擊他的肉體柱子，他肉體感到，卻不是魚，沒有特殊視覺，只能從沒有視覺的空間，接待沒有視覺的蝙蝠式的音響。他希望，一切音響有視覺，能洞透他的靈魂，反射它的顏色，以更大的新奇，對他的肉體作更深刻的透視。假如能這樣，他將眞正徹底擁抱這個城市，後者也將更眞實的擁抱他，那麼，或許，他會眞正順利的生活下去，不再感到今夜的孤寂、消沉。然而，這一希望永不可能。即使再過許多世紀，也不可能。

這個世界上，有成千成萬件不可能，但生命注定了，要把那最不可能的，慢慢變成可能。假如不能一朵一朵的變成可能，就不妨一瓣一瓣的化爲可能；假如不能一座座的化爲可能，就不妨一粒粒的化做可能。問題不是可能與否，而是，今後，他是否以較謐靜常規的姿態活下去？答案假如是一個點首，而不是一個搖頭，他就得把這虛幻的一點首先化爲現實。說實話，他已厭倦於十幾年來的生活方式了。如果不希望再度被送入神經病院，他就不得不把一切最高貴的，打入冷宮，而解放所有過去十幾年幽禁於冷宮的那些冤魂，包括地窖底的陳酒、醃臘，和蜜餞菓品。所有生活之船的眞正壓艙貨物，全在這裏。沒有一點壓艙貨，沒有一艘船能漂浮或航行於大海。抗戰結束那年冬天，他所以應友人邀請，遠行東北，擔任某省府秘書工作，就爲了找尋這份壓艙力量。政治風波依舊很大，他又沉了一次船，不得已，他又回到S市。近半年潦倒後，今夜，他又突然再度渴望那種平衡力量，不，靈魂的地心引力。這份引力，只在最庸俗的現實低地中，才能找到。他必須尋到這個。這間臨街房子，是過去留德同學兼同鄉暫借給他的，不是他永恆空間。他目前開支，靠父親零星接濟，也不是永恆之計，他現時生活風格，是上世紀末的，不是現代的。這一切，他得徹底解決。所有認識的朋友們，大多像歸鳥投奔自己最後森林，他也要找尋自己的森林。

比一切更重要的，是他對現實的深度厭倦。正因爲這個緣故，目前，他似乎覺得更容易投入現實，與它和平共處了。

他喝乾最後一滴咖啡，扔掉最後一支煙蒂。他凝望窗外最後黑暗。

一切是在一個巨大背景下進行的，很少有人意識到這個背景整體。人們只埋怨自己水桶沒有裝滿，埋怨這口淺涸的井，這條乾旱的小河，卻從不想及萬萬千千井和河所共通的地底眞水源。那個眞水源，已面臨最後涸竭了。那個整體，正在崩陷、風化、搖撼，背景上充滿可怕的昏黑與混亂，然而，遠遠看來，它似乎還保持一片雄峻姿態。正如一座座山峰，即使裏面住滿強盜，在遊客遠遠的眼中，依然一片清秀。一九四X年的亞洲腹地大陸背景，是人類背景中最暗淡的、極殘忍的。經過八年巨大殺戮後，人類又重新開始一場更巨大、更慘烈的殺伐。背景的許多空間，燃燒著烽火，但幾座突出的據點——那些海市蜃樓一樣飄浮著的少數大城市，大火卻還沒有燔燒。人們不妨暫借這一角陰涼作臨時喘息，或者，把它當做永久避火地。

和這個大都市許多中國人一樣，他也暫把它當做臨時的或永久的避火地。這種喘息與避火思想，在知識分子中頗具傳染性，他也不例外的被傳染了，雖然他的看法，比一般人要深邃得多。保全自己，是生物天然本能，他既不是鑛物，也不是氣體，他必須在現實最低地、暫搭一個草棚，遮蓋自己。這份掩護感裏，也還滲雜一點公道感。他必須對人公道，對自己公道。自從兩年前，那個又是月夜又是雨夜的午夜起，他就開始對自己公道起來。一生中，除了青年時代外，他就沒有對自己眞正公道過。那個午夜，羅眉茵的形相，不，獄中一個友人的形相，夢一樣的，突然啓發他這一觀念——一個古老觀念的現代版，一個死去的意識的再生。這以後，漸漸的，他就順著這條新的紅線走，直到昨冬東北平原海洋使他沉了船。今夜，他又一次覺得，這個古老意識的茁生、膨脹、擴展，逐步的淹沒他，也淹沒這整個仲夏深夜。

他看看懷中掛錶，已是三點二十分。他完全不想睡。他推開門，走下樓，踱到街上。黎明前一小時的涼颯，冷水般灑潑開來，他說不出舒服、輕快。瀝青街沉浸於奇異靜寂，兩側不時響起斷續的鼾聲，有些人睡在行人道上。所有窗子全是黑黑的，只轉角處一片燈火輝煌。他知道，那是小巴黎舞廳，專跳通宵舞，一直跳到四點左右，音樂才停。它雖然這樣近，他卻從未光顧過。今夜，由於一份好奇，也由於一種愉悅——一種大決定後的愉悅，不知不覺，他的步子走向這片燈火明亮處。

輪擺舞樂正鳴奏著，小喇叭以勾魂攝魄的音色狂歡，猶如放大許多倍的蛇鳴。這個小舞廳面臨它最後時刻，舞池裏也達到最後高潮。人們不是跳舞，是坦白他們最野蠻的靈魂，最強烈的肉體。在狂猘得近於猛獸風的舞樂中，他們表演出極醜醜的姿態，極原始的動作。這種姿態、動作，這一天任何時辰，任何公開空間，他（她）們都不敢表現。女人們發瘋的扭動她們圓圓臀部，凸挺的胸膛，閃霎著色情的媚眼。男人們緊緊摟著她們，幾乎要把這些肉搓成虀粉。有的乾脆一面狂跳，一面狂吻，而且，極猥褻的摸著、捏著她們身體上最突出的部分。淫蕩的笑聲震蕩空氣，配合著浪裏浪氣的歌聲。燈光昏眩，空間昏眩，肉體昏眩。這個時候，即使全宇宙崩坍下來，也沒有一個肯放棄他（她）的現實的肉的享受。

這一片天昏地暈的圖景，叫他刺心。他記得，十幾年前的舞場，即使最可怕的，也還沒有明朗朗的達到這樣高峰，除了那些下流的秘密舞場。他正想退出來，忽然，觸電似地，他看見一幅奇詭形相：一個化粧得極濃艷的中年胖婦人，正陪一個麻面老頭子狂跳。男的約莫五十多歲，生得滿面橫肉，一雙鬥鷄眼，一隻朝天酒糟大鼻子，一張鱷魚嘴，要怎麼醜，就怎麼醜。女的年約三十七、八，五官倒還整齊，只是胖得厲害，全身濃肉，簡直要變成一陣大雨，嘩嘩嘩流瀉下來。更觸目的，是她臉上的濃粧艷抹。人們幾乎懷疑，她不是化粧，是替巴黎一家化粧品商店做廣告，差不多店裏各種各樣貨品：顏色、香料、脂膏，都山一樣堆在她臉上了。這還不算。最驚心動魄的，是她的色情表演。她那又大又圓的屁股，電風扇樣旋舞著；她那阿爾卑斯山般突出的巨大乳峰，車輪樣擺舞著。那麻臉漢貪婪的呑嚥下這些淫蕩動作，又不斷饕餮的摸揑著這些旋轉中心。人們懷疑，這個女人是妓女？舞女？還是他的情婦？

我們的哲學家，倒沒有心情研究這樣一個高深主題。現在，他卻被一個可怕的聯繫攪昏了。他完全不能相信，這個女人曾經和他同居過六、七年，她——

是的，不錯，這位車輪加電風扇的女士正是錢素煙！四年前，一個夜裏，她像拿破崙逃出愛爾巴孤島似地，從他那裏逃走了。

他對她足足端詳三分鐘，（在人體漩渦裏橫衝直撞的她，可沒有看見這位遠遠旁觀者。）像哥倫布在航船剛抵美洲的那一刹凝視、研究，這是不是新大陸？還是舊大陸？這是他認識的一個女人嗎？還是個陌生人？

四分鐘後，他跨出舞廳，噓了口氣，又一次站在清涼天空下，走在冷寂馬路上。他聽見遠遠車輪聲、吆喝聲，聲音異常粗獷，那是第一批糞車隊，衝到黑暗大街上。

隨著這批車隊，他的一個思想判斷也衝出腦際：這個私奔的胖女人，肯定早被那個話劇演員遺棄了。她再沒有臉回北京，也不願回去，因此，她墮落了。那個麻臉漢肯定不是她的第一個姘頭。

九

在這個星球上，像韋乘桴這樣的動物是很少的。無論是喜馬拉雅山頂的雪人、中國西部的熊貓，或非洲的騏驎，恐怕都沒有他這一「品種」名貴。兩次大戰後，他居然能活下來，這已經是一種幸運。活著，還能實現他的阿拉伯主義，過著中亞細亞蘇丹的既豪華又純粹本能的生活，那簡直是奇蹟。這種奇蹟，古代中國有，古代羅馬有，現代歐洲或中亞也有，但在一九四五—四八的中國，卻異常罕見。他所以能把巴格達皇宮氣氛濃縮到他私人生活中，主要歸功於三點：第一，他那個統治著某濱海城市的酸甜苦辣鹹的父親死了，留給他一筆可觀遺產。這位溫州醬油業大王，從兒子一出現於地球起，直到他自己拍拍屁股離開地球止，一直擔任兒子的私人後勤主任。第二，他是溫州人，這種人在歐洲經商的很多，大多有幾個錢，他們那種偉大的同鄉親和力，正像他們的偉大方言，叫圈外人頗難理解。任何時候，他只要動動嘴巴，同鄉們錢口袋便會向他敞開。他對范惟實、莊隱他們就自詡過：「我到巴黎時，一次群衆大會上，歡迎我的華僑，遠超過中國駐法大使金泰到巴黎時的那次歡迎會。群衆情緒也比歡迎金大使熱烈得多。」第三，日耳曼第三帝國崩潰了，他叨光也成爲勝利者，隨盟軍凱旋於柏林菩提樹大街。這些勝利者，正像一四五三年，攻佔君士坦丁堡的那群阿拉伯人，他們到處兌現統帥穆罕默德許給他們的可怕諾言。❶當年穆罕默德許諾的兌現期是三天，現代艾森豪威爾沒有公開許諾，他部下的勝利者卻把兌現期幾乎擴展到無限。

由於以上三點，和他的泛阿拉伯主義，在一九四五、四六年戰敗的德國，他幾乎過著伊拉克王子的生活。可憐的馬克和偉大的美金之間，既保持阿爾卑斯山頂與胡蘭德爾窪地之間的距離，他那與充滿美金鈔票的錢口袋只一紙之隔的小腹，和德國女人的小腹（它和那裝著薄薄馬克的錢口袋也只一紙之隔）的距離，天然也會縮成一紙之隔。那些德國女人最後一層比紙還薄的貞操觀念，也早隨第三帝國被撕碎了。爲了一瓶香檳、一盤牛排，有時甚至幾塊奶油塗得較厚的麵包，她們褲襠裏的鈕扣，隨時可以解開來。女人們既是一群飢餓的蝗蟲，勝利的男人們，也是一群飢餓的蝗蟲，在蝗蟲與蝗蟲之間，沒有愛情，沒有倫理學，只有那一陣會撕碎整個宇宙的饕餮。這種瘋狂的食慾，具有極邪惡的傳染力，它們瘟疫樣瀰漫著，其荒唐的程度，超過所有十九世紀各式各樣愛情小說的總和。韋乘桴本來就是阿拉伯婚姻哲學的信徒，被這陣妖風所捲，他的大部分時間，便消耗於酒吧間、咖啡館、舞場，與旅館。

一個月內，難得有三、四篇通訊寄回國。他和另幾個中國記者一樣，穿著盟軍的薑黃絲光咔嘰制服，以軍事記者姿態出現，實際上，他們採訪的眞正對象，卻是德國少女。他們彼此競賽著戰果（她們應該屬於戰勝者俘虜的虜獲品的一部分）。幾乎每一夜結一次婚，每一天換一個新娘。德國女人簡直像廉價火柴，只要燐面有點潮濕，稍微難擦一些，他們立刻扔掉，再換第二盒。他們是驕傲的、勝利的，活該要扮演希特勒提倡純粹日耳曼血統的暴行的最大復仇者。他們和黑種人、紅種人，以及全世界各種各樣的人一道，暴風雨樣掃蕩著德國女人，叫她們子宮裏充滿全地球所有各民族的血液。無論是五世紀日耳曼蠻人南下，或中國南北朝時代，或成吉思汗征服半個歐洲，都沒有演奏過如此狂烈的大混血交響曲。

就這樣，他在歐洲消耗了最可貴的兩年。回國後，他皮箱內那一疊照片簿，裏面大約有一百三十幾張歐洲女人照片，是他唯一的凱旋成績。這些女人，多半是高貴的日耳曼品種，每一個都做過他的一夜新娘。

「你知道麼？我們這群食客的胃口，越來越精了。去年起，我只挑少女，一過二十二歲，我就拒絕。去年下半年起，一過十九歲，我就不要。我所找的，大多十六、七歲，就算她們瞞個兩歲，也不會超過十八、九歲。」

有一天，他洋洋得意的對范惟實說。他攤開一本相片簿，一頁頁翻著。

「你看，這幾個德國少女，從她們臉型、眼睛看，一望就知道剛成年，眞是荳蔻年華，花苞才吐！老范，不瞞你說，這兩年，我眞是過著土耳其皇帝的生活。」

另外，他拿出一些歐洲女人裸體照片，包括一些裸體舞、脫衣舞的相片：「在那邊，一切眞不算什麼，人們完全過著原始生活。性交一次，比劃著一根火柴還簡單。」他的發青的眼睛，慢慢睞動著。「不過，說不出爲什麼，我有點疲倦了。我已經四十六了，精力有限了。這兩年，我幾乎花光最後的生命精力。還剩下的一點點，我打算好好作最後享受。」

他取出一幀彩色放大照片。一個金色長髮藍色大眼睛的德國少女，看上去，尙未成年，最多不過十七、八歲。他又拿出一封德文信：

「你知道麼？這是我的未婚妻，我們已經口頭訂婚了。一回去，我們就結婚。她是德國慕尼黑人，父母都是中產階級。父親是納粹上校，戰場上打死了，母親是一個寡婦。她叫克莉絲丁娜。他們對我非常熱絡，向我千口萬口保證，除了我，她從沒有第二個男朋友，她才十七歲，眞正是個處女！……算了，我也想結束這種隋煬帝的生活了。」他的聲音低下來，那是被極度慾念剝奪了大部分生命以後的疲倦聲音。「我的希望很簡單，在德國一個小城裏（慕尼黑其實不算小），陪一個年輕妻子，消磨我的晚年——我生命的最後二十年。我六十六時，她不過三十七歲，不算老。」

在這個現代尼羅身上，有一種奇異的肉感，這是他從前沒有的。至少，從前沒有達到目前的深度。他那張棕色臉龐，雖然以一派健康顏色掩蓋臉後面的許多慾望，但那副沒有神采的眸子，特別是，它們所流顯的那片頹廢、萎靡，卻徹底暴露出這些隱藏的慾念。突出的是他的笑。只要他一笑，每一個看見的人，很容易肯定，這是一個經常在女人肉體鋪成的地毯上打滾的人。他笑得很色情、猥褻，這時，他彷彿不是和一個老朋友談話，至少，不是作比較嚴肅的談話，而似躺在一個女人懷裏，而她正用一雙柔滑的手膈肢他，或摸觸他全身最怕癢處。他的修長身材，過去那種堅挺的筋骨、姿態，經過這些年的猥褻的消耗，特別是近兩年的獸性尋樂，已變得有點駝曲、蹣跚、疲憊不堪。他成天不斷打呵欠，像個鴉片耽嗜者。歸國後，這是他兩年「大戰」中的唯一小休。就在這種小休中，有時，午夜仍不能成寐，他不得不撳鈴，喊旅館茶房，爲他的臨時即興曲找肉體伴奏。

「那麼，你家鄉的原妻呢？你怎麼解決呢？」范惟實站在牆前，望著上面懸掛的一隻提琴匣，那是韋乘桴帶回來的，後者「有時」也學提琴。

「這容易辦，我已經解決了。」

抗戰勝利那一年，他父親死後，他的妻子開始反叛他。早在這以前，由於他家鄉賭博風氣濃厚，她在麻將牌桌上，早就認識一些男人。父親一死，母親老邁，無法管束她，她完全解放了。一個晚上，在十二圈麻將後，那最後一個男客，便留宿她房內。同族堂兄弟不願管閒事，甚至也有點同情她：一個女人也是人，總不能替一個花花公子守一輩子活寡。這次，他回鄉後，發現她的肚子突起得像座小山丘，這就給予他最好的離婚理由。他從一個老管家那裏，清理了財產、帳目後，就撥一部分不動產，算是贍養費，把她發送回娘家。

「我很同情她。結婚後，我們一共沒有同房過五、六次。這次事件發生前，她幾乎還是處女。我們應該講人道，讓女人也享受她應讓享受的。」他翻著一些畫片和照片，這是一些盛裝的歐洲女人和電影明星，一些則穿游泳衣，從雜誌上剪下的。「這次回國，說不出爲什麼，我一看見中國女人，特別是鄉下女人，就感到厭煩。無論是走路、說話、微笑，甚至連獻一杯茶，都獻不好，動作笨透了。一些都市女人，就拿這個最大城市說吧，兩、三個月來，我所滿意的也不多。相貌倒還可以，身體卻不行。常常是一副扁平胸，或稍稍隆起一點點，哪有歐洲女人的曲線魅力？歐洲女人的胸部、腰部、臀部、大腿，無一不美。此外，她們走路，也很好看，動作非常雅緻、輕快、和諧，有一種挑逗性，給你一種強烈美感。她們談吐也文雅，聲音極其甜柔，富於感情。相形之下，中國女人簡直是一個木頭。」

「好在你不久將終老於德國慕尼黑城，擁著你的美女，你大可心滿意足了。」

「我也想不到，晚年我可能入德國籍。這難道也是命定？」

「女人常常就是命運本身！」范惟實笑起來。

韋乘桴補充說明他的計劃。上次海外華僑競選立法委員，他比得選者只差五十幾票。這次出國，在下次競選中，他可能還要試一試，萬一試中了，幾年後，他將把那個德國少女帶回來。

「不過，我的政治命運，一向流年不利。我對此不存奢望。」

他解釋，他所以競選，與其說爲了政治目的，不如說爲了愛情。即使失敗，他仍是個議員候選人。在歐洲女人心目中，一個議員，幾乎等於一個部長或次長，具有很大權威性。他是爲了裝潢自己，才像馬一樣的到處奔走，拚命拉選票的。

這天晚上，范惟實離開韋乘桴的旅館，回到自己狹窄亭子間時，一路上，他一直想著這位阿拉伯主義者的話語、聲音、姿態、動作，以及一切一切。

他承認，這樣一個人，這樣一個知識分子，在戰後年代中，是古怪的，也少見的。可是，你能把這樣的人怎樣呢？他不像印蒂，天生對眞理有一種本能嗜好。他也不像藺素子，對藝術和責任抱一份理想。他也不像林鬱，即使陷入生命最低潮，依舊保持一種高度自尊心。他不像所有的朋友，這些知識分子，或多或少受過一九二五—二七的大革命的衝擊，靈魂與肉體上，鐫刻著這一時代最具幻想性的信仰標誌。即使幻想破滅，仍殘留這個信仰的原始尊嚴，和沉痛烙印，仗著這些，在危險的最後一刻，暫把他們從整個崩潰中撈起來，不致走上那最荒誕的險坡。韋乘桴不同，他肉體上沒有這種標記和烙印，他靈魂裏沒有一絲較堅固的根鬚，而最可怕的是，他卻有一座堅固的經濟堡壘，這就叫他抵禦外界一切風雨，把自己緊閉在狹窄堡壘中，不斷排演一切奇謬的夢與劇。現在，他明知生命所剩已不多，像一個充滿經驗的將軍，縮短一切防線，只留下最後一個據點：肉體的丘陵陣地。他用最後所有兵力、守住它，不顧一切的保牢它，一點也不放鬆，這是愚蠢的、可憐的，卻也是聰敏的，他必須取得在這地球上所能取得的最後東西，既然造化無辜的把他帶到這個星球上，這個人，有時還是聰敏的，他就聽他說過：

「感覺觸鬚，那最尖銳的，如有色海葵，在現象海底四周舒展，反應每一條波浪，每一尾魚，甚至每一滴氣波的震顫。天上的星光或月光，每一線最輕微的耀熠，都透過我們的脊髓或中樞樹枝，卵圓窗或正圓窗，水晶體或玻璃液，彈奏最微妙的光和色的音樂。我們的圓椎細胞——分佈於視網膜上的，能感受一百八十多種色彩。那最迅捷的感受，比一秒鐘一千里的星雲飛翔還敏速。常常的，當我們想抓住那些離奇色彩時，捉住的只是一些幻影的微光迴照。說來可憐，我們所得到的，永遠是幻影及幻影。可是，一切幻影與幻影中，女人肉體卻是最偉大、最充實的光輝，它永遠是開始，沒有終結。它永遠是豐富而滿盈的光，可不是生命的迴光或返照。只有在這裏，我們才能獲得永恆沉醉、毫不撒謊的歡樂，和永不疲倦的享受。有時，我並不是爲肉體而找肉體，只因爲我在這個世界上完全失敗了，沒有榮譽，沒有學術成就，沒有政治力量，而我口袋裏的美金也算不得驚人，我這才在一些奇異肉體上，找尋最後的補償。至少，在這方面，我是成功的。假如沒有它，生命對我將是一片巨大的空虛，那太可怕了。」

眞正，一切光輝中，肉體的光輝是最燦爛的、最驚人的。有些昆蟲，生即戀，戀即死，

——全部生命意義，只是一次性交。它們出生後，於一次性的歡樂中，傳佈種子，登時死去。從這點看，人們很難說，肉體的瘋狂究竟完全是由於自我享受，還是由於上帝對人類的賄賂和玩弄。假如沒有這一片奇妙的極樂，生命將不會不顧一切的延續自己了。

每座屋頂下，都有些不同的波浪。每個人形體上，也總有些巨大的或較少的波浪痕跡。假若每個人都寫一本眞實自傳，那裏面一定出現大出人意料的奇蹟和駭人的事實。凡眞正生活過來的，都是有意義的，奇蹟固然深刻，平凡也一樣迷人，只要你多在舌頭上舐兩遍。到哪一天，他范惟實才能像醫院住院醫師一樣，因爲看過太多的死人面孔、死人形體，以及太頻繁的從生到死，因而一切死亡在他們眼裏，和生命本身一樣平凡而又近情呢？因爲見過，也料理過太多的病人痛苦，他們對任何肉體痛苦，也就像面對牆壁與地板般地毫無反應了。他雖然邂逅過那麼多死亡、痛苦，以及各式各樣風波，但每一種新的死亡、新的風波、新的奇蹟，有時仍叫他血流轉急，這是他自己最致命的痼疾和弱點，雖然這毛病，漸漸的，隨著時間，可能會醫好。

想到這裏，他已走上樓梯，回到自己斗室。這是畫報社社長高曼如用社裏經費，替他頂下來的。以他自己財力，連住亭子間的資格還不夠。從新疆回來，他就遇到老高。後者是他在西安的同事。復員後，他拉上南京老關係，入S市，以官方經費創辦了時代畫報，缺少班底，見范失業，就請他做總編輯。名義還不錯，但這種畫報沒有多少社會地位，銷路也不廣，除分送給官方機關和一些部隊外，它在商業上收入有限。假如沒有津貼，它早關門大吉。政治上失意後，目前，范惟實要求並不高，只要能有最低的水與米，就夠了。爲了找些額外補貼，供生活裏調劑，他不得不化兩、三個筆名，寫些文章，刊載畫報，好多領點稿費。

他坐下來，靠在這個斗室的唯一椅子上，面對那唯一的窗子。窗外是一扇高大的水泥牆壁。他不扭開燈。他已習慣枯坐黑暗中，朝著那些啞默的光影交錯的巨牆，作無邊際的冥想。這種習慣，是他這次從荒漠中歸來後養成的，以前，他並不歡喜這樣。他是個活動慣了的人，難得有許多時間靜坐，學高僧參禪。可這次旅行戈壁的經驗，卻叫他比較愛孤獨與沉思了。每天從畫報社回家，常常的，他獨坐一、二小時，再不，就出去坐坐咖啡館，或酒館，喝一杯咖啡或幾杯酒。領稿費及薪水那幾天，他就到舞場消磨。此外，每月大約有一、兩次，入妓院，把黑夜混過去。畫報社工作，只是發稿排印時忙。雜誌出版後，每月一次，頭一個星期比較空，第二個星期，則半天空。他收入雖不多，生命卻幾乎有一半可供自己自由支配。他已耽愛獨身者的習慣。世界上沒有什麼可枷鎖他、羈絆他。現在，他唯一遺憾是，熟人越來越少了，一些老朋友，將相繼離開他。新交中，能海濶天空的不多，有頭腦的更少。畫報社幾個同事，包括老高在內，只是公事生活裏的同伴，卻不能成爲私生活中的搭檔。他生活中最後一個長期搭檔：紀紅尼，已進瘋人院了。此刻，他即使後悔，想把她拉回來，也不可能了。

他點起一支煙，凝望那扇可怕的燈影幢幢的巨壁，沉入一陣神秘玄思中。

眞奇怪，感覺裏面，總有那麼一樣東西，像西湖蓴菜，滑膩膩的，而且射碧綠色彩，但在舌尖上停留久了，其實什麼味道也沒有。可是，如果沒有這份黏滑滑的、膩孜孜的、綠油油的，他彷彿失去生命中最重要的。他視覺內，必須有那派綠，唇邊，必須有那點黏滑；雖然，終點——舌尖，仍是個零。他本不是爲這個零格鬥的。他是爲那點黏、滑、綠、等等搏打的。待到高潮，零出現時，他卻無法收兵了。甚至，當這個圈圈套死他時，他依舊咀嚼著，期盼著那一陣子綠、滑、膩。

同樣，在他生命中，常常的，渴望一種矇矓、一種透明：矇矓後的透明，透明後的矇矓。這像一片皎白色縷空透紗窗帷，清晨，有點矇矓，又有點透明；月亮光下，又明媚，又恍惚；正午，透明到極度；黃昏，又一片矇矓。假如他失去這份透明，也就永遠喪失矇矓。反過來，也一樣。就這樣一襲輕紗般的飄飄存在纏住他，對他發生永恆魔力。沒有這點矇矓，他是活不了的。即使又一次流放到這片文化荒漠上、變態城市中，他也還有最後的矇矓——這是最初的幻想，對沙漠與變態的幻想，想像它們有一種魔術，一種金黃色的古老魅力，能形成新的薄紗來遮蓋粗獷的現實。然而，他沒有眞找到這種薄紗，他所抓住的，只是比過去江南更粗獷的現實，戰爭以後許多野蠻的新現實。他將永遠抓不住過去那片矇矓、那份透明了。現實如熱帶沙漠上巨大的多刺仙人掌，蠻悍的展撐於他四周，他如果撫摸這片古綠，手指上將沾滿血跡。

那種帶透明味的矇矓沒有了。巨大仙人掌式的蔭影下，他獲得另一種矇矓，絕對不摻雜任何鮫綃透明味的矇矓。這種新矇矓，類似一陣黑色潮水，帶著凶態惡味，極嚇人的淹沒他。他全身浸於黑潮中，一陣辛酸，一片淒苦，像第一次燒柴火生煤爐做早餐，眼睛鼻子內盡是煙，燻得他流下眼淚，鼻觸一股酸楚。這不是神秘的矇矓，是現實的煙霧。也許，多少還有點神秘味，那是死的神奇，誘惑，叫他癱瘓，把他生命壓到最低潮，再下去，他將對太陽穴舉起手鎗。

是的，這是一種可怕的煙燻，無法趕走的煙霧。正是它們，叫他現在變成個囚犯，被這些牢獄式的巨牆幽禁著。他無法離開這間斗室，即使能離去，新的囚禁式牆壁仍在等待他。他永遠不能再恢復幾年前的生活了，更不用說十年前的生活了。那個曾長期供給他經濟燃料，叫他青春發光的叔父，在二次大戰中，日軍侵佔南洋群島後，早進天國了。他已沒有至親。最後一個親人——紀紅尼，已入瘋人院。他的孩子，被別人撫養著。不久，連幾個老朋友也要離開他。他將永遠狐獨了。他將狐獨的、被遺忘於黑暗裏、寂寞中。

「可這總比做妻子兒女的奴隸好！至少，或多或少，現在我還是一個享有相當自由的囚犯。假如在這間臥室中再添兩三個人，那倒眞正是活囚了。」

他扔掉煙，站起來，摸摸口袋裏的一疊鈔票，決定今夜投宿「張公館」。那裏，有他熟悉的一個妓女，叫樊荷花，是多年前小荷花的繼任者，一個相當標緻的姑娘。

門最後一次響起來，又關上了。一陣沉重腳步聲消失於樓梯上。

十

小河伸展於月光中。月亮在水平面閃爍、搖漾，像圓圓的銀色鞦韆板，隨風輕輕蕩來蕩去。風停了，這皎潔的圓板也靜止了。殘夏蒸發出最後的炙熱，它滲透夜和兩岸，只有泛濫月光的河水稍稍使它冷卻點。不管什麼生命，一浸沒月光、流水，說不出爲什麼，它慢慢的就有清涼感覺了。也許，是風與一些流水的質素，叫人的血液反而安靜些了。但不管四周怎樣謐靜，靜得幾乎成爲固體，人仍沉醉於月光及河水的流動味。現在，兩岸樹木，河湄上的水草，樹葉的影子，昆蟲的鳴聲，那古味的木船，以及偶然響起的槳聲，全被這片滿溢哀愁的流動情調淹沒了。和多年前對照，兩岸沒有往日那樣豐茂了，一些樹林消失，幾十棵古老的大樹被砍伐了。深深雕刻於人們記憶的巨形香椿樹與烏桕樹，只剩下殘餘的枯椿了，它們的身體，或被颱風拔去，或早被利鋸割斷。雖然是末夏，岸上卻呈現秋天的荒寂，一種神秘的衰敗色彩，瀰漫黑土層。田野是凋蕪的，沒有多少像樣的植物，只蔓生邪惡的野草：艾、蒿、莒、蕪。十幾年前繁華時代，那片茂盛原野的巫魅，與它的幽靈，仍在遠近昇騰著、隱現著。蛙聲、蛇聲、草蟲聲，也依舊，可無人聯想起那些充塞古羅馬之夜的獅子吼聲。船上也消失那些點蕩的野眼，細長的黛眉，大紅的嘴，赤花花的臂膀，蚌殼式的妖艷肉體。僅僅大槳上的水滴，有意無意的，還與從前一樣，畫著大大小小豹紋形的圓圈，卻沒有人聽得清眞實的水滴聲。

船終於停下來，暫泊小河中央，讓它隨風微擺、搖晃。船艙內，是我們熟悉的幾副面孔。這些臉龐的主人，大半不久將渡海而去。今夜，這個禮拜六之夜，他們決定到郊外小河上消磨最後的圓圓月夜。這是十幾年前的「仙樂農場」，名稱卻改爲「勝利樂園」了。傍晚，他們聚集樂園，享受一頓原始野餐後（他們把一些味道強烈的廣東菜戲稱爲「原始野餐」），就帶了幾瓶酒，踏入船艙。談不上眞正泛舟。河身一共不過七、八尺寬，五、六尺深，水是巧克力色的，可沒有一點巧克力香味。他們雖然兀坐船上，等於坐在陸上，只不過是一片動蕩著的陸地罷了。這一頓「最後的晚餐」，吃得頗安靜，大家默默喝酒、品菜、啜湯。上船後，話多了點，因爲，每個人都知道，這是他們最後的時辰。

「老楊，下禮拜你決定隨老莊飄海麼？」

「決定了。」

「那麼，這以後，我連最後一個可以走走的地方，也沒有了。」范惟實感喟的說。

大家都同情范的傷感。下星期後，幾個熟人幾乎都陸續走光了。馬爾提、喬君野夫婦和藺素子他們，小部分由於對S都市的厭惡，大部分因爲繪畫需要，且貪戀西湖風景，正在杭州建築新巢。六、七天內，韓慕韓將返國，莊隱與楊易也要下海。三星期後，韋乘桴四度赴歐洲。這樣，就沒有什麼老朋友剩下了。近幾月來，漸漸的，林欝大變了，似乎有點冷僻、傲世。認識不久的人，以爲他擢升副局長，沾上官僚氣；相熟的，知道他只是厭倦一切，對萬事萬物不感興趣。主要是，多年公務員的機械生活，早把一種他本發生反感的機械性能滲透他血肉。他習慣於按時起床，按時上班，按時下班，按時吃飯、睡覺。除了那幢紅色大廈，和時代出版社在附近B大廈的兩個寫字間，以及那幢花園宿舍，他再擠壓不出剩餘精力投資其他空間。連和朋友談談閒天的時間幾乎也沒有。今夜小河月光中，所以缺少這一副我們所熟識的馬來亞型臉孔，理由正在此。一個人，捲入一部巨大機器（不管是政治的、商業的，或其他的），參加它的輪帶活動後，不管他原先怎樣洋溢生機，早遲總會被它拖滾得奄奄一息，扼殺所有興緻。這一份現實壓力，比林欝自己任何犬儒哲學更足說明他目前的灰色形相。

「不管怎樣，大衛的沙龍咖啡館，總不缺少你的一個座子。」楊易苦笑道。

「你多少時候沒有到文藝沙龍了？」范惟實苦笑著問。

「一個多月前，那一夜以後，我再沒有去過。」

「你是哲學家，總以爲土星與火星永遠圍繞太陽旋轉吧？」

「什麼？」

「我們偉大的沙龍咖啡館，由於我們偉大詩人余邁的偉大進攻，已於三天前宣佈停業了。」

不僅楊易感到愕然，另外兩個，也大吃一驚。只有韋乘桴笑而不語，他似乎早知道這一驚人消息。

「不要吃驚，詩人當然不會進攻咖啡館本身，那裏既沒有希特勒的西格佛里防線，它也不是土匪窠，我是說，他在進攻沙龍夫人，那位形影不離一隻暹羅貓的戈黛諾女士。」她從重慶帶回來的，是十年前那一隻混血暹羅貓的女兒，牠母親交配後，沒有幾年，已離開地球了。

范惟實繼續解釋。三個多月前，也許更早一點，我們的大詩人，不知由於什麼靈感，對這位依稀殘剩最後芳香的徐娘，忽然發生興緻。也許，他崇拜歌德，想學學那位威瑪大師的作風吧，打算從這位徐娘身上汲取詩感。起先，店主人以爲他不過逢場作戲，抱著眞正巴黎人的大度，默許他寫幾首詩，獻給戈黛諾，讚美她的美麗和智慧。她也以一種眞正巴黎沙龍夫人的雅量與活潑，鼓勵他這一風趣表現。可是，慢慢的，我們的彭大衛先生發覺，事情不大對頭了，詩人並不僅僅逢場作戲，他是把沙龍當永恆舞臺，自己卻擔任永恆主角羅密歐，並指派女主人演茱麗葉了。他那些詩，已不是小小插曲，竟是定時炸彈，開始時，每三、四天爆炸一次，以後，卻每夜爆炸一次，甚至兩次，最多時是四次。而且，不只他的詩，他的肉體動作也變成定時炸彈，每一夜，到沙龍裏炸一次，古怪的爆炸，攪得一些客人坐立不安。

照說，我們的詩人，年已四十開外，家有妻子兒女，也總算見識過一些女人，過去更一向自鳴進步，可是，自從模仿歌德風格後，他在沙龍夫人面前所表演的形相，實在令人吃驚。有時候，整整兩、三小時，他一雙烏骨鷄顏色的算盤珠小眼睛，貪饞的在她身上撥來撥去，從她捲曲的頭髮直撥到那雙大紅繡花黑緞鞋。當他這麼撥弄小算盤珠時，他整個臉孔，像高血壓患者中風前的面型，紅得特別，人們會以爲是他某種衝動的象徵。有時候，他居然緊緊坐在她旁邊，和她親密說話（話的內容如何，可以想像）。她逼不得已，撤退到櫃臺後面，他仍跟蹤追擊，竟闖入禁區櫃臺內。她站，他也站。她坐，他也坐。這不過是他衆多表演之一。其餘的，不說也罷。需要說明的是，經過一段大大侷促不安後，漸漸的，顧客們習以爲常，見怪不怪，其怪自敗了。到了後來，大家簡直是來看廉價滑稽戲。小小一杯咖啡代價，還奉送一張戲票，有點像百貨商店大敲大吹洋鼓洋喇叭，買一送一。形勢越來越緊，實在不大像話了，店主人爲了息事寧人，只好叫戈黛諾暫在家中避難，讓咖啡館成爲一個沒有沙龍女主人的沙龍。然而，我們的詩人，具有革命家的頑強鬥志。即使沒有沙龍女主人，他仍向沙龍不斷進攻。咖啡館一開門，他就第一個出現，直到它關門，他才最後一個離開。每一晚，他仍呈獻那些定時炸彈式的詩，託女侍者媚媚轉交沙龍夫人。有一次，店主人實在氣不過，給了他一點顏色，我們的詩人並不因此知難而退，反而咆哮道：

「你知道，現在是什麼時代麼？這是二十世紀，不是十二世紀！人性早解放了，戀愛自由！你這種封建頭腦，還要開什麼勞什子沙龍咖啡館！還要封什麼沙龍夫人！」他揚言，只要沙龍一天開門，他一天就有權利來喝咖啡、寫詩。這個國家並未訂立任何有關咖啡館的法律條文，只要他付出法幣兩千元，店主人有責任有義務，乖乖給他端來一杯咖啡。最後，他更申明，他是寫詩，創作一些非常聖潔的詩，這是一種崇高事業，只有瘋子才有心毀滅這份崇高。

「這件事，前後拖了三個多月。我們彭老闆最後只好讓步，（在這樣一隻西班牙雄牛面前，任何騎士也要讓步，你們都知道，這位詩人身材魁梧，打拳擊，老彭不是他對手。）乾脆把沙龍咖啡館關掉，免得淘氣。而且，凡事不能開例。詩人余邁開了這個例，即使他終於知難而退，難保沒有第二個、第三個余邁出現。為了這個，沙龍夫人永遠關在家裏『政治避難』，也夠苦的。再說，他開沙龍，本是一片興緻，一再大掃興後，他就洩氣洩勁了。」范惟實笑道：「好在我們老彭錢口袋早賺飽了，開不開咖啡館，對他無所謂。由他叔父介紹，聽說他打算把它盤出去，讓一個商人開酒吧間。」

「老彭和我說，他對沙龍咖啡館，早就有點厭倦了。因為，現在不比抗戰期間，也不比抗戰以前，說不清的一些理由，叫他失去對咖啡館的興緻。比如說，現在喝咖啡的，大多是商人，咖啡座幾乎變成交易所，大家吵得面紅耳赤。更有些人，把一些不三不四的女人帶來，做出許多怪相，他要干涉，他們就和他吵。在重慶，這種現象，還情有可原，那是抗戰，一切爲了一個民族的苦難，只得將就些。此刻，勝利了，還是這樣，他就覺得對不起自己藝術良心了。他說，再下去，沙龍將變成大世界遊樂場，無奇不有了。不如早點設法關門大吉。」韋乘桴嘆息著說。

「連沙龍咖啡館的生命，也會被割斷，這個世界，眞沒有什麼可以繼續下去的事業了。」莊隱感喟道。他拿起一支槳，撥弄水中月亮，一陣漣漪起處，它的圓形全破碎了，化成一粒粒銀點子。

范惟實撫摸陳舊的船舷，感嘆道：

「我離開新疆草原，穿越大戈壁，逃出沙漠龍捲風和飛沙走石，再度回到江南，本以爲，這裏可能有一片將來，至少，可以再獲得過去，即使是一個並不愉快然而卻異常熟悉的過去。而至少至少，我可以得到一些老朋友。」他望著莊隱用槳打碎了那些破裂的月光，輕輕道：「我回來了，我發覺，這個城市裏，不僅不可能有我的將來，連過去也沒有了。我所熟悉的那個過去，由於戰爭，完全歪扭了、改變了。更叫我想不到的是，我幾乎失去所有的朋友。」他抬起頭，仰望天上的淒厲月亮。「幾個畫家們移居西湖畔，隱遁於畫面。一些朋友仍遯迹西北風沙。另一些朋友，則沉入山城大霧。下個星期，我們的將軍回國，隱居森林。再過兩星期，老韋將回歐洲，逃入肉體森林。老莊暫歸隱海水。將來，你說過，假如可能，只要累積了足夠財力，你準備設法到挪威去，到中東去，到伊拉克或伊朗，去消磨你最後的生命。林欝呢，改變得很厲害，他已完全把自己埋葬在金融數字與公務員生活裏，變得有點冷僻，不大喜歡和友人多接觸、多說話了。也許因爲當上副局長，他和我們之間，似乎隔了層深山雲霧，我們是在山下講話，他是在山頂答話。近來，我眞不想去找他了。他幾乎喪失過去的坦白與熱情。自然，也不能怪老林改變，連我們的哲學家，也改弦易轍，決定大轉變了。老楊決心隨老莊飄海，跑一次或兩次單幫，弄幾個錢，以便再度結婚。此外，今年秋天或至遲明年春季或夏季，他將努力拉一些政治關係，設法再回大學講座。我想，假如老楊再度當了教授或副教授，他將變得和林欝一樣冷僻，把老朋友掠得遠遠的。當一切人都按照最古老的地球旋轉方式生活時，誰叫我仍留戀於波希米亞的軌道呢？」眼睛離開月亮，又回到水面，他嘆了口氣：「也難怪，連我們老朋友印蒂，這個時代最典型的波希米亞靈魂，現在，都按最古老的地球軌道旋轉，渾身充滿道學氣了，別的人自然更難拒絕這個古老誘惑了。」

楊易從船艙取出酒瓶，倒了一杯酒。「印蒂一向是道學氣。即使當他作最浮士德式的旅行時，或作最梅斐斯特的跳舞時，他靈魂深處，依舊藏著一個聖法蘭西斯或唐玄奘。」他喝下殘剩的半杯酒。「至於我呢，即使回到大學講座，不管我成爲康德也好，黑格爾也好，也不管我經濟豐裕，過著怎樣安定的結婚生活也好，我的每一扇窗子、每一扇門，仍向老朋友敞開。不過，有一點可以肯定，當人們眞正緊張的忙這忙那時，肯定是不能以游牧心情來接待一個波希米亞人的。」

「將來，我攜帶醜陋的老婆，生活於金剛山或太白山森林中，歡迎你來訪問。我將向你顯示原始大自然的魅力。這魅力，十五年前，莊隱、印蒂，和我逃入黑龍江西部外興安嶺時，他們曾經充分享受過。」

「我也歡迎你旅行歐洲，我將在德國慕尼黑熱情招待你。」韋乘桴微笑道。

「假如我的中東或挪威之行眞能實現，我願在幾萬里外的異國，熱烈款待你。不過，我恐怕仍和你一樣，命定要在這個城市繼續做現實低地的蛆蟲，追逐一些最骯髒而又永遠平靜不下來的糞池風波。不同的是，你是孤獨的蛆蟲，我卻是在兩個女人之間緊張蠕動的蛆蟲。」

莊隱放下槳，舉起杯子，喝著楊易給他傾注的酒，睇視那平靜的河水。

「一年半前，我踏上民生公司川江輪船，溯三峽而下時，心裏充滿多少希望呵！就像我這樣一個人——連最精緻的生活也能嚼出渣汁的人，也不能不對長江下游一切懷抱一層濃濃希望，濃得像結了一層皮的可可。抗戰勝利了。不管這個勝利是用怎樣形式取得的，沒有人否認：我們終於勝利了。至少，那失去了的一切空間，我們又獲得了。我兀立甲板上閒眺，被一陣陣江面清風吹拂，我覺得，每一口呼吸，全是鮮緻的，每一片波浪，都是新穎的。那些無盡的單調長岸，也如雨虹一樣美麗。經過八年天翻地覆大混亂，我們總算又一次享受和平。它不只意味一個民族的再生，也象徵著，許多新異事物，將像長江波濤，向我們滾滾奔來。不瞞你們說，自從『九、一八』以後，有十幾年了，第一次，我心頭洋溢如許多的幻想、希望。不管我怎樣被戰爭毀滅過，可和平一出現，一切想不到、夢不到的夢想，也跟著出現了。人總是軟弱的、現實的，我們不能生活於概念和公式中，我們只能隨現實的風飈而啓碇，或落帆。這一次，我本以爲，不只我可以得救，許多和我一樣的人，也會得救。不是我們能救自己。那壯麗的新的一頁歷史，將拯救我們。不怕你們笑，當我雙腳再一次踏上黃浦江外灘碼頭時，我眞像遠征高盧歸來的凱撒大將、凱旋羅馬，說不出的，血管內沸騰著驕傲與新奇。然而——」他喝乾杯中殘瀝。「想不到——做夢也想不到，一切竟又會這樣。不只戰爭在騙我們，和平也在騙我們。更可怕的是，歷史本身也在騙我們。這以後，所有歷史家應該送上絞刑臺了。」他憤憤放下杯子。

「你們所有絕望總和加起來，還不及我杯中苦酒的一滴。你們僅僅是八年希望化作泡影，我卻是三十五年春夢化成秋天黃葉一瓣瓣。」韓慕韓諷刺的笑著，撫摸他手裏的刻花玻璃酒杯。「算了！不提這些了！死的死了，活著的仍活著。說來說去，人總不能跟生活本身翻臉。我們只能想法子，不再看它的魔術表演算了。」

「假如僅僅是這樣，那倒簡單得多。麻煩是，我們不只逃不開這些魔術場所的觀衆座席，恐怕我們自己也要變成魔術表演的一部分。魔術師空箱變不出白鴿或鱷魚時，會逼我們充當家鴿或病鱷魚。可我們怎樣扮演家鴿與病鱷魚呢？」楊易說。

「是的，我也預感這一切。從戈壁那邊逃回後，我就感到，塔克拉馬干大沙漠的可怖

『布亂』，正從那邊捲過來，不久，可能吞沒全部亞洲大陸腹地。」范惟實低沉的說。

范惟實的聲音，使船上人都沉默了。許久以後，韓慕韓才低低嘎聲嘆息道：

「唉，累了，累極了，太累了，應該休息，必須休息。就是一塊石頭，也要累得喘息、冒火。可能，一上床，他就昏過去。然而，就當這醒與昏暈之間，這幾乎死去的時候，生命卻依然表演一架自動彈簧，突然彈出去——不，衝出去，儘管外面大風大雨，仍得衝！而且，就在這一秒鐘衝，再遲一秒，我們將會爆炸。必須衝到大雨中！只有這天崩地坍的風雨，才是唯一的和平窠巢，不，成千成萬正在跳舞的窠巢。人已變成一個奇妙動物，不再以靜爲睡，以躺下爲休息，而以動爲睡，以奔走爲休息，甚至，居然能奔馳著，睡在這些活動的古怪窠巢內。正像士兵們瘋狂的找炮彈坑溝和子彈魚群，我們找暴風雨。不知究竟往哪裏去？但往哪裏都好，只要不停在這一點——最可怕的，就是這一點，這比一切眼鏡蛇還毒的一點，它簡直是印度眼鏡蛇的三角頭，隨時會放出毒汁。眞正，到哪裏都好、都行，可千萬不要停！一停，我們就要瘋狂。假如一陣罡風把我們颳到地球以外，我們的肉體像星星，掛在宇宙空間深處，追隨另一宇宙軌道，那就更好、更行。可就是不要這一點。必須不擇一切武器，殺死老重複不完的這一點！必須毀滅這個三角形蛇頭——它的可怕的眼睛！」

他又喝乾一杯酒，一雙充血的眼睛悲哀的望著河上月光。「我的唯一自我毀滅方法，就是，趕快到原始大森林中去。」

沉默又一度統治整個小船。很久以後，韋乘桴才黯然道：「不談這些了！我們這就要離別，各奔東西了。今夜，可能是我們最後一次聚會了。不再談這些了。我們沒有理由一定要替整個地球負責。」

「可是，不管談什麼，我們的心靈深處，總有一個地球在旋轉呵！」莊隱苦笑道。

「這樣綺麗的月夜，讓我們暫離開地球一會吧！因爲，不久我們將離別了。」范惟實支持韋乘桴。

「我看，我們也沒有什麼可說的了。所說的，早已說過了、說完了。」楊易俯視河上月光，黯然道。

「世界上唯一可怕的，是聲音，假如我們能暫時殺死它，我們就算是今夜的天使。」韓慕韓嗄聲道。

「人類曾有過五次史前大冰河時代，我希望第六次大冰河時代快點降臨。」莊隱說。

「我希望第六次大冰河時代不再出現任一隻冰鹿。」韓慕韓道。

「我什麼也不希望。我只希望，能平安喝完船上的酒，而船能平安靠攏四尺以外的岸。」范惟實喝完杯中剩酒。「眞正，沒有什麼可希望的。沒有什麼可說的。沒有什麼可想的。一切本來如此。」

「是的，一切本來如此。」楊易喝了杯中餘酒，低低道。

「是的，一切本來如此。」莊隱望著河上月光。

「是的，……一切本來如此。……」韓慕韓瞭望遠處霧帶。

「是的，……一切本來如此。……」韋乘桴也無可奈何的道。他這樣說，顯然有點勉強。

沉默又一次統治一切。這是一切人聲眞正應該消滅的時辰。所有聲音的主人，全凝視河面景色，從月光與流水中，找尋另一種聲音，從光、霧與樹影中，探索另一個世界的思想、語言。

人們簡直無法理解，這月光、小河、樹影、天空，這交錯著的迷濛、青暈、透明，究竟表示什麼？象徵什麼？它們是一種最古老的美？還是一個永遠叫人昏眩的謎？那夢魘般的現實，那吞噬人類血肉的糾纏，這一刻，是沉沒下去了。天空和田野裏的光霧，河面的一片巧克力色，正用生命以外的另一種存在符號，掩蓋生命本身最致命的部分，使他們暫時忘記那些可怕的圖案、壓力。可是，也正是這田野、河水，這慢慢流轉的木船，古舊的槳聲，兩岸的蛙鳴與草蟲聲，帶給他們另一種壓力，和憂鬱的圖景。生命暫時遠遠離開那些殘忍漩渦了，可這片如此遼遠的天空，無邊際的地平線，又究竟能把生命帶到哪裏？那些可望而不可及的平面、線形、光輝，除了喚醒一種深睡著的空虛外，它們又能在肉體上彈出怎樣的反射？不管是如何華美的幻像，當它們如此超越現實時，在這樣一個怪誕的時辰（時代的和他們自己的），就只能製造一片悲哀，比地球本身更深沉的悲哀。它們彷佛是一串遠遠離開地球的夢，過一萬個世紀也摘不下來的夢，高高高掛在空穹，以瑰緻的光閃及神秘的幕紗，不斷誘惑視覺，而又不斷叫觀念絕望於這份誘惑。最可怕的是，這片旖旎的暈光，你注視久了，它們會變得異常恐怖，彷彿一種變態的光亮、熠煠於一條變態河水上。

不知何時起，木槳被舉起來，又沉重的投入水中，輕盈的划著水，一輪又一輪圈子，滴溜溜圓，從河面漩開，是一圓又一圓的漣漪，一片又一片巧克力色的小荷葉。這條小河上，別的船已經回去了，只他們這一艘，還慢慢飄蕩著。他們木槳的喑啞的嘩嘩聲，便特別深沉的響著，使河面分外顯得小而靜。令人感動的，正是這份小而靜，小得可以一手抓在手上，靜得連一尾魚的跳躍聲和撥翅聲都沒有。假如任何幼小生命叫人感到親切、同情，這小河正像嬰兒、小鷄、小鴨、小貓，它的絕對和平、溫柔，與毫無傷害性，叫船上人無比留戀。回憶中，每個人將記得這渺小的河床，緩緩的流水，平凡的姿態與顏色，它簡直是不流水的水，毫無河味的河。船穿過水草叢影、樹影、月光、蟲鳴聲及蛙聲，悠悠行進。他們知道，儘管河很小，終點卻很遙遠，甚至可能帶他們到一條大江流水中。夜遊者只能取途中任一點爲終點，把船搖回來，一路上，玩味著小河的平凡、簡單，以及那種樸素的親切感。可現在，槳仍不斷舉起、放下，划著，一次又一次，一圈又一圈，不斷畫著圓圓漣漪。在低沉的槳聲中，木船徐徐隨流水悄悄流下去、流下去、流下去……

這正是午夜十一點，四周沒有一滴人聲，只有低沉的槳聲：嘩、嘩、嘩、嘩、嘩……

十一

韓慕韓潛隱於灌木叢林中，渾身披戴著野生灌木枝葉，和它的黑影，像神話裏的隱身人，把自己蛻化成叢林的一部分。他跪在樹蔭深處，一動不動，宛若一座雕像，但整個官能卻極度膨脹，液體似地流溢自黑暗與靜穆。他睜大眼睛，張開耳朵，傾聽四周一切。每一滴露水從樹葉面的滴落聲，每一片落葉、每一根蟋蟀草，在風中的私語，他完全聽見。這時，所有眞正無聲的、假設的聲音，比如說，一根繡花針墜地，一片柞樹葉子正作二氧化碳的呼吸，他都能憑第七識、第八識——一種肉體以外的聽覺，清晰可聞。這是一個無月之夜，大外興安嶺之夜，偉大的山嶺以無窮無盡的森林、植物，和峰巒，投入這個六月之夜。夏季天空，星星特別亮，除了落雨天，夜夜有星。一些藍色星星，一顆顆如藍寶石嵌著帝王冠冕，直接鑲飾他那片樹枝冠頂。他不敢動，怕渾身僞裝發出響聲，也怕把面前鎗架絆倒。架子上搭著他的獵鎗，鎗的準星，正瞄準附近一口泉水，水面寧謐無聲，它是一片殘闕大月亮，在閃爍的星光下熠爍朦朧的水光。他凝望它、守候它，彷彿一個偉大情人守著半個月亮，等待一個少女的形體。

他跪著，等待著，等待在夏夜裏、星光下、樹林中。他命定是要等待的。他的生命永遠在等待中。

等待中，有時，他冥想這一年的變化。

去年夏末，返漢城後，他料理所有私事，不顧同志們的勸告，攜帶老妻金翠波，遷居太白山峰中。這是他們祖先發祥地。他準備把最後生命，消磨於檀君靈魂的縈繞空間。有時候，他一整天徘徊於山頂南天門和天池，找尋這個民族最初的痕跡。他的隱遁願望是滿足了，但肉體的需索卻無法全部解決。他拒絕政府好幾個機關的掛名職位，也不願領任何乾薪。他決定自食其力。眞到山窮水盡了，再說。反正他總不會餓死。出於意料，附近這些山巒，少見野獸跡象，即有幾隻野兎、獐子、野狼，狩獵所得，仍不能維持他們夫婦最低生活。柴可以不買，砍了，就有，但長期的油鹽米和最低日用品，仍是一筆可觀開支。這兒不是他理想的漁獵所在。另外一些山嶺，小白山、鳥嶺山、俗離山、德裕山、智異山，他也曾勘察過，野獸仍不多，值錢的更少，無法叫他正式扮演狩獵人角色。北部的金剛山，風景絕美，大部分是石頭，大森林不多，野獸也少。除了這些理由，還有另外的政治因素，這是最主要的原因，叫他無法安心做原始獵人。經過三個月試驗，積蓄幾乎用完，他決定把妻子送回漢城一個朋友家中暫住，他自己則湊集最後一筆餘資，又借貸了點錢，購買必要的獵具與用品，獨自喬裝，由大連潛入中國東北，深入黑龍江西郊外興安嶺。這是他十幾年前舊遊地與狩獵地，地理地勢，他還熟悉。儘管東北地區處處是烽火，但外興安嶺原始化外區，屬於少數民族索倫人、鄂倫春人地域，暫時尙不沾火跡。他打算獵獲一些較貴重的皮貨，特別是鹿茸，換得一筆可觀的款子，再用它貼補他的隱居生活。再則，多年政海浮沉，他非常渴望痛痛快快的重過一次原始漁獵生活，像十幾年前那次一樣。他認爲，這樣一種生活，比什麼都更能醫治他目前的心靈創傷。他絕不想經商，投機倒把，或接受任何政治津貼，只要他一天肉體還未衰老，他將流自己額上汗，換得自己必要的水與米。

去冬入大外興安嶺後，他很快與山中炮手取得聯繫，狩獵得一些火狐與猞猁猻。這些毛皮，很値錢。他賣給一些跑單幫的私商。春天到了，除獵皮貨外，他還獵「坎角」，一種牝鹿的枯角，也兼帶狩獵野豬、松鼠、野雉、麃子、野兔、獾子。能獵什麼，就獵什麼，他絕不讓獵鎗閒空。不過，一切狩獵中，他的重點，除了冬天的毛皮外，卻是夏季鹿茸獵。

遠自陰曆二月底，牝鹿的角就逐漸僵硬，形成枯角，終於頹然萎落。三月起，脫落的枯角處，漸漸的，新角如春草茁生，長出兩枝小血苞，飾滿淡紅血點子。它們由海綿質軟骨構造，表皮軟，血質鬆。這些血質，不斷營養犄角滋長，慢慢的，血苞開始分叉。叉數與鹿齡成正比，一年一根叉。分叉時，血液浸透肉內，海綿質漸枯乾，先分叉的先乾，後分叉的後乾。它們雖像美麗的樹枝，卻是堅強的抵抗武器。角叉骨質未乾硬前，牝鹿幾乎是一個完全被解除武裝的兵。

就當鹿茸柔軟骨質未乾硬前，深山叢莽中，到處伸探出殘酷的鎗口，瞄準這些瑰艷的生命。這一段時期，大約是四月底到六月底。七月以後，骨質乾硬，鹿茸雖比詩人月桂冠還綺麗，醫藥上卻喪失重要滋補價值，不受炮手們重視。

五月起，從遙遠的訥河流域，馳來韃胡黎炮手，漢人稱他們「魚皮韃子」。他們食魚肉，衣魚皮，點魚油燈，一年四季，除鹿茸季外，幾乎一直游手好閒。他們一年吃喝，全靠這兩月。只要獵得一對鹿茸，儘夠花銷了。假如是一對六叉茸，他們還可以發一筆不小的財。除了漢人與韃胡黎人，還有蒙古人、索倫人、鄂倫春人。他們的狩獵世界，多限於吉沁河和洮兒河一帶。越過後一條河，數百里一片原始荒蕪，絕無人煙，只宜個別狩獵，不宜集體行動。通常，大多是漢籍炮手，和當地野人，才渡洮兒河，深入截河、紅格爾齊、外興安嶺頂子，與哈爾哈河區域。他們以洮兒河爲前進根據地，停放大轆轤車，作唯一補給站。這一次，韓慕韓沒有搭漢人轆轤車，仗著他熟悉當地形勢，單獨策馬往外興安嶺頂子馳騁。他只找了個炮手張大做獵伴。這張大是個老獵戶，膽子大，一向也獨來獨往慣了，定居吉沁河附近。這次，韓慕韓重遊舊地，總算幸運，居然又尋到他。十幾年前，他們就相識了。那時，他和印蒂、莊隱居外興安嶺，過原始漁獵生活，張大就是他們唯一夥伴。這張大年約五十開外，是個彪形大漢，一副黧黑臉孔，頗具舊式綠林豪傑的義氣。兩人重逢，他並不問韓十幾年來底細，仍像當年一樣，一見如故，欣然與韓合作。並歡迎韓住在他家裏。

獵牝鹿茸是一種艱苦的精緻藝術，一場殘忍的尖銳鬥爭，需要極頑強的忍耐。造物主褫奪牝鹿的戰鬥力，卻餽贈它高度機動性與奔馳力。在野獸中，牠是最缺少野獸味的獸，感覺倒比劍鋒還犀利，且具有詩人的幻想性的神經質。牠不僅能敏捷發現同類以外的影子，聽出獵狗的腳步，嗅到人的氣味，還能捕風捉影，草木皆兵，假想著敵人的鎗桿，常常神經過敏的恐怖起來。哪怕獵人遠隔好幾重山水，由於這種恐怖，牠有時也會庸人自擾，突然掉首疾馳而去。那種螺旋式的累積的慘痛經驗，迫使牠知道，這華麗的樹枝狀茸角，是一切災難泉源。一到五、六月，牠便特別緊張了。一有空，常遠遠衝到高山上、草地上，仰著旖旎的頭，迎風曝曬，恨不立刻把茸內的濕潤血泡晾乾，好早點根除它對獵人的巨大誘惑。晾曬茸角的地點，牠經過一份慎重選擇，專找高山斜坡，人跡罕到之處。那兒風景幽美，流暢通風，一望無盡，眼界寬闊，沒有林木叢樹阻隔，便於瞭望、警戒。只要遠方一有人影子晃動，牠就「轟——哧——通」一聲，幾乎一跳三丈遠，疾走不見了。牠也是個絕對唯美主義者，即使亡命奔馳時，也不忘記保護那對艷緻茸角。牠溜開四蹄，如電如閃，飈迅馳騁，頭向後仰，紅瀼瀼的長長茸角，像一束梅枝，覆蓋在脊背上，有時幾與尾閭聯成一片。陽光中，牠那片茸毛，閃爍朱紅光華，茸毛顏色的深度與年齡成正比，年紀越大，越是又紅又亮。牠胸前的黑色則像一片天鵝絨。牠飛馳處，只見一片火焰，一片黑色煙雲。

獵人如乘牝鹿曬茸角時突然襲擊，只有選風景美麗的地區，山腰轉折處。估計鹿必經過，一清早便悄悄打埋伏。等鹿跑過時，開鎗射擊。不過，用這種方式獵茸角，收穫較少。通常，炮手們大多採傳統方式：「等鹼場」。

外興安嶺腹地，有一種土質，含強烈鹼性，山裏人稱爲「土鹼」。茸角發育滋長期，它是鹿生理上不可缺的營養品。這種鹼質，不僅土裏有，泉水中也有，不過，這種泉水異常稀少罷了。鹿一旦發現，牠永忘不了。夜深人靜，牠們便悄悄溜來啜飲，或形單影隻，或成群結隊。飲過一、兩次，更是不斷常來，直至茸角完全長成。獵人們乘鹿喝泉水時，便獵取茸角。他們稱這種泉水爲「鹼場」，這種獵法叫「等鹼場」。

幾百年來，蒙古炮手仗著傳統經驗，發現許多「鹼場」，傳家寶似地，一代代傳給子孫，年久月遠，終成爲大衆化的聞名「鹼場」。可是，它們被利用次數太多，使牝鹿不免視爲毀滅的泉源，再不敢去飲水。再則，「鹼場」一公共化，炮手們麕集，採輪流制，今天甲等，明天乙等，或均分制，大家共等，所得茸角，利益均霑，在這種情形下，所獲利潤不大，有時，甚至發生弱肉強食的悲劇。因此，精幹的獵人，寧願獨闢蹊徑，設去找尋新的秘密「鹼場」。

這次韓慕韓和獵戶張大，雖然搭伴，但大家言明，各人如發現新「鹼場」，各有專利權。

五月初，外興安嶺山洪爆發，山下被水淹沒，一些野獸聚集高處。很容易的，韓就獵取十幾隻麅子，他全用鹽擦過，燒熟，再曬乾，放在番布袋裏，除自吃一小部分，送張大一小部分，半數準備出售。獵茸角期間，他又利用餘閒，以「加布甘」捕獲到幾隻水獺，這是一種很值錢的皮貨。

山洪爆發後幾天，他和張大天天騎馬出去找「鹼場」。濕漉漉泥土上，清晰的鐫鑄野獸蹄印，鹿跡卻很少。有一兩處，偶發現蹄跡，跟蹤尋覓，卻又中斷於深猛草叢中。可是，第七天，一個下午，運用他過去狩獵經驗和智慧，竟在一條窄路上，發現一些剪刀形的蹄印，順著印子找去，在一座茂盛的灌木林邊，終於發現一口清泉。他高興極了，跳下馬，仔細觀察一遍，只見泉水附近，黑油油泥土面，刻畫著一簇簇鹿蹄印，橫一道，豎一條，左一抹，右一勾，紊亂極了，也綦密極了。

「這一定是『鹼場』！這泉水裏，一定有鹼質。」他歡欣的對自己道。

現在，他就凝視這口泉水。

鎗架子早搭好了。這是三根柞樹幹，削尖有杈椏的端，深插入灌木叢泥土中，上面再橫搭一根，成ㄇ形，這就是臨時鎗架。天黑前，他先沿泉水四周細察一遍，精確的假想牝鹿啜水姿勢、部位、牠的身材高矮，以及瞄準度和效率，再決定鎗架的水平線垂直高度。一般炮手愛用假目標，預想鹿的高度，以一根樹幹插在鎗架前作代表，桿子正對炮手的一面，剝去樹皮，夜暗中，發出矇矓白光，這光，炮手看得見，鹿卻看不見。鹿走過來時，立刻向這假目標射去。韓慕韓從不這樣做。他僅纏一片香煙錫紙在獵鎗準星上。即使星光稀少的黑夜，只要望著這微微發光的錫紙，他迅速即測知瞄準的高低了。

韓慕韓跪在灌木叢陰影內，四肢幾乎石化了。不管草叢裏蚊子與百蛉子怎樣折磨他，他一動不動。本來，他儘可罩一種避蚊蚋的白紗網，可它有強烈反光，他不敢用。牝鹿極機敏，哪怕大地一片黜黑，只要獵人隨便揮一根手指，發出一絲閃光，甚至盲目的沉重呼吸一次，牠彷彿也能感到，馬上驚逃。他佇立著，把自己化裝成一片嘆靜，林木的一部分——樹枝與橢圓葉的一種肢體。他必須具有一份禪味的肉體，以夜的附麗體出現，才能躲避牝鹿的視覺與聽覺。這片禪境中，所有官能退潮了，肉體才消失它的強烈氣味。這樣，它便逃避那美麗動物的嗅覺。這不是狩獵，是一種極高的靈魂修鍊，一切生命全昇華爲微妙體，再凝縮、聚斂、追逐，那隻奇妙生物的每一蹤跡，特別是，聲音。

外興安嶺夏夜是詭異的，一片偉大「樹海」洶湧著。午夜，它顫響著各式各樣的奇麗聲音。草蟲的低語，樹葉子的抖動，枯枝的斷落，樹液破裂的流滴，風的穿梭，山底流水聲，蛇的嘶鳴，野獸的蹄爪聲，和偶然呻吟。此外，還有另一些神秘聲波，那是古老大森林的「樹籟」。人們很難分析，這是什麼音響？它從哪裏來？向哪裏去？爲什麼來？怎樣形成？人只能想，這是森林精靈的囈語，它獨白著千萬年來的秘密、幽情，以及它所經歷的無數萬個夏夜的記憶。這些奇蹟式的難以描畫的音響，不是植物語言，是人類夢中的詩的語言。

這一切夏夜樂音中，他必須找另一種音樂，那是腳步的語言，蹄爪的音樂——那隻瑰奇牝鹿滑過苔蘚和幽徑的聲音。這種小獸的步子，不是步子，是幻麗的舞蹈，牠的四蹄彷彿不是輕馳過來，是舞過來，悸動著渾身柔媚的肉體，那一朵朵白色梅花斑點，閃熠如星星。牠不是大地生命，是高空動物，把星際一些幻覺，從遼遠高空灑下來。

「哺——滋——哺——滋——」

「哺——滋——哺——滋——哺——滋——哺——滋——」

這個夢中動物出現了嗎？他緊扶住鎗，一手按著扳機，手心沁出冷汗。他屏息傾聽。

什麼也沒有，依舊是草蟲低吟，大「窩集」❷囈語著遠古的窔奧。

他放開手，繼續跪著諦聽。他是命定要傾聽的，不只凝聽這個高空動物，也靜聽大自然的原始秘密。他謐聽被山洪沖洩成的碩大河谷，和谷上面的森林山脊，幽聽那葱蘢的樺樹涼蔭，維娜斯睡體似的柔軟草地胸膛，溢滿古味的大槲樹雕像，峰巒巔頂的蓊鬱，黑色土層的有色羊毛氈，和附近納前第湖畔的火山岩與花崗岩，以及湖面反射的北極光式的奇異神輝。傾聽中，他被那千百棵樺樹的氣味弄醉了，被那峿嶙的峭山深處的午夜迷惑了。他幾乎不知道自己在哪裏？在一座偉大「樹海」腹部？在最富有幻想性的岭嶺中？還是在群獸洞窟內？

他只知道一件事：他現在必須耽聽、等待——等待一個夢中腳步的聲音。

是的，他必須等待。哪怕那些腿上穿著夏麅皮的「紅毛缸子」❸的蒙古人用一百把刀子對準他，他也要守在這裏。這是他今夜的命運，也是他今後永恆的生命姿態。沒有什麼能改變這個。希望、等待、尋找——於是又等待。永遠等待、諦聽。聽，他是用官能以外的奇蹟本能聽。在幾十萬年前，他的原始祖先，那些微妙的昆蟲就具備這種驚人本能。啊！牠在哪裏？那走在綠裏面的步子在哪裏？那穿透石頭的音響在哪裏？時間正走著、舞著，時間追逐時間，如波浪追逐波浪。夜也走著、舞著、幻滅著。夜追夜，如夢追夢。啊，你在哪裏？當星光流遍我的身形時，我肉體面似乎充滿你的白色梅花點子。啊，你的聲音，可是——他抬起頭，一天星斗，泉水邊什麼也沒有，水是靜靜的，泉依舊是一片寂寞鏡子。不，他命定是要等待的，他必須佇候那虛幻的幻影，那飄在星球與星球間的最後希望。

於是，我們這位狩獵人，就跪在鎗架面前，凝視著、傾聽著，等待下去——等待那衝破夜暗的腳步樂音，那地球上嶄新的聲音。

在這樣一種等待中，今夜，即使他暫時得不到什麼，至少，他離那一切最可厭的塵凡騷囂，是遠遠遠遠了。是的，眞正遠遠遠遠了。

【附註】

❶公元一四五三年五月二十九日，土耳其蘇丹穆罕默德率兵攻克君士坦丁堡。佔領此城前一夜，他曾向所有士兵宣佈：他以阿拉名義保證，如果奪取此城，他將允許所有士兵大掠大淫三天，酬謝他們的勇敢。

❷外興安嶺一些最大最茂密的森林，當地人稱爲「窩集」。

❸「紅毛舡子」是蒙古人穿的一種褲子。這些蒙古炮手爲了奪取「鹼場」，有時也和漢人或其他族人火併。

第五章

一

一個嬰兒，是一片風聲竹聲水聲，特別是，一個百柔千乖的孩子。他的視覺器是水，水樣液裏有水聲。透明的水聲，從淡黃色髮叢裏流下來，瀉進自己的手掌、胸膛、胸大肌和腹直肌、髖肌及足肌，滑過紅色搖籃車的白色欄杆，浥入陽光、柳葉，與它們的暗影。他的肉體動作像竹聲，最輕微的風颸，穿掠翠竹，一種介於有聲與無聲之間的聲音。他的手腳、頭、肩、膊肌與下腿肌、菱形肌與胸鎖乳突肌，是一些竹葉，每一搖擺，是濃的、淡的、深的、淺的竹葉聲，純粹極了、清涼極了。超於一切的，他的本能意識是風聲——微風聲，一些最單純的原始反射，一些最細最細的幽風。風是棼亂的，他的本能是零亂的，這一刻風不知下一刻風，這一秒意識不知下一秒意識。風不連貫，他的意識也不連貫。何時有風吹出，何時他有意識表現，誰也捉摸不定。此外，這個嬰兒，不只是一種畫體，更是一種音樂體，一種小小肉體音樂建築、音樂雕刻，一種天籟單位，假如音樂也能化爲具體形象的話。因爲，他剛從太初胚胎中掙脫出來，一大半還停留於原始形式，正像地球才從日球裏分出，火在流動、燃燒，尙未完全冷卻，形成地殼。不過，嬰兒這片火，不以紅爲色，不以燄爲形，它只是一種天籟之火，假藉風爲形相。

他笑了，沒有火味，帶風味。他動作了，有竹葉意，簡單、美、素樸，沁入心脾。可突然一陣子，有時，卻又是各式各種樹葉子聲，形、色，假如動作也有顏色的話。不過，雖然各式各種，歸根卻仍是一種簡單、純粹、樸素。做父母的觀念走進他，是眞正走進大自然深處，這兒，沒有一處不本然、不眞如。玄學家追逐的眞理本體，如果屬於雕塑形式，也許就是這樣，（中國一位偉大的古典哲學家曾這麼想過。）可能，太初宇宙本然，那第一因子就是這樣。他動？是山動、水動、風動、竹動。他靜？是雲靜、葉靜、湖靜、堤靜。有一些花，像金蓮花、翠菊花、扶孃花、水仙花，或許是從這些動作中開出來。有一些草，像吉祥草、麗蚌草、依羽甘藍，或許是由這片謐靜裏長出來。有一些閃電，球形的、聯珠形的、飛箭形的、穹幕形的，大約是從這一動一靜中閃出來。有一些星星，流星、彗星、變星、白矮星、紅巨星，大約是從這一靜一動中亮出來。做父母的，偎傍著、撫摸著這片鮮嫩的小小肉體，就得溫馨的守護這些風聲、竹聲、水聲、花葩、香草，和閃電、星光。

沒有一片風景，比人這片風景更美。沒有一種天籟，比人籟更迷魅。沒有一種宇宙動作，包括偉大的燦爛的哈雷彗星，比人的動作更綺麗。在這個嬰兒肉體形相上，正集中全部神奇的風景、天籟，與宇宙動作。

這個嬰兒的眼睛，是大大的、深色的，它的效果，宛如「走馬燈」翡翠。這種珍品，放在面盆內，一盆水全是綠的。現在，他的眼球，沉浸於前眼房水樣液內，像一顆深色黑寶石、投入白色磁臉盆裏，滿盆水都是黑色，如黑水晶色，又彷彿一個最濃的黑夜突然化爲一片黑色液體。它們望你時，他未來幾十年的話語，似乎都傾瀉出了。他要求你自我犧牲麼？只要這樣望你一眼，儘夠了。他要喝什麼？望望母親。他要抱抱麼？可能看看父親。他希望希望麼？可能望望天空。他渴盼謐靜麼？可能望望陽光。全部言語，不在他嘴唇、舌尖，或舌上輪廓乳突，或蕈狀乳突，而在視覺，傳說一獰惡的日本大盜，曾在這樣視覺下，放下刀子。很可能，有人會爲它們放棄一個世界。

他東望望、西望望，一天又一天，除了睡，就這麼望過去了。他不是活著，是「望」著。他在太陽光裏望，在雨聲中望。宇宙在他視覺裏發聲，不在他聽覺裏，花朵有時倒可能於他聽覺中放光，不在視覺裏亮。他永遠望不完、聽不完。他剛降臨這個星球上，它對他無比新鮮，雲彩與雨聲，飛鳥與黃貓，母親的懷抱，父親的手臂，這一切，對他是炫奇的。除了視覺，他的味覺或絲狀乳突，也代表他的沉迷感覺。從奶汁與蜜糖中，他不斷咀嚐這個世界的滋味。這孩子是這樣乖，只要他能不時沉入這種滋味，獲得定時飫飽，他極少發出任何不愉快的聲音。

現在，一個秋天週六早晨，這嬰孩坐在艷緻的紅色搖車內，被父母慢慢推著，出現於幽靜蘇堤上。他們用今朝代替明晨，因為，火曜日遊人多，這美麗的長堤將不再是寧靜的。

印蒂和瞿縈，以最昵愛的眼色，不斷望著這雪白粉嫩的孩子——他們在這個地球上最珍貴的生命，他們自己的第二個化身。一面走，一面望，不知是走，是望，是推他們自己走，還是推比自己更自己的自己走。他們不知道，這孩子正望什麼、聽什麼。堤岸、花、樹、雲、水，都水樣的流過他的視覺，像一片閃光，一點類似潮濕的滑膩感覺。那些色彩與形相，有時候，似剛從創造主手中成形、著色，投顯於他眼簾，它們絲毫不帶一丁點思想影子，或慾望的火光。這是一片最純粹的色與形。至於聽覺呢，那些聲音，極深沉的叩擊他的耳鼓，但不管什麼聲音，都是糊喀喀一大片，節奏不大分明——有點像矇矇朧朧大的小的圓的長的波浪。有時候，他不看、不聽，只含糊喃喃著，發出誰也猜不透的聲音，宛如鳥的語言，或花的語言——香氣。大約，概念似恍惚的手指開始敲擊他大腦皮層的窗子，想從窗外爬進來，在他聲帶的地板上散步、發聲。於是，他愉快的吟哦著、哼哼著，如有所覺，似有所悟。這時，他的神采，有點像李白絕句、莫札特的即興曲。另外時候，他沉默了，宛如從極凸出的外在形相世界，隱退入那迷離徜徉的內在宇宙，那極曖昧的原始黑暗幽室。視而無視，聽而無聽，觸而無觸。那是母親胎衣內層的生活記憶又一次翻版。隱著，退著，沉著，漸漸的，他又浮起，從黝暗水底上升。慢慢的，他又發聲了、動作了。他是不是想把陽光紅摘下，像摘一朵紅色紫薇花？

陽光越來越強。柳樹逐漸膨脹，綠色佔領湖面。樹膨脹得很大，像個氣體，一隻隻綠色氫氣球，飄浮湖濱。不，綠色不是佔領空間，是描畫，畫著湖，畫著魚，畫著山光雲彩，和行人臉孔。風聲、水聲、樹葉聲，從綠色中走出來，聲音在散步，有時，又停下步了。這些聲音，輕搖著搖籃樣的長堤，以回報這個堤上嬰孩。孩子自己肉體內的天籟聲，卻輕搖著他的父母。他們肩並肩，靜靜扶推著搖籃車，緩步走著。時間是這樣早，除了他們，路上絕少行人。浴著綠色與陰影的長堤，是影與影的追逐地、共睡處。影子似滴著水，朝晨的燦麗陽光，也滴著水，那比深山泉水更新鮮的露水，一顆又一顆，到處閃亮。踏著這樣的露水，被這樣鮮緻的晨風抱吻，傍著這樣鮮美的嬰孩，他們不覺得自己在散步，而是變形爲一片莫札特音樂，鮮活的流動於堤上。偶轉頭，山沉沒水底，綠犇入山底，雲飄浮水底，鳥飛翔水底，湖底是一塊畫板，一隻顏色盒，地面上許多色彩、形式，這一刻都堆積於它底層。從裏面，有許多雙旖旎的眼睛，正凝視他們，不，是注視他們幸福的步子、幸福的身體、幸福的車子。他們被湖水所悄視，卻又不斷悄視他們全生命的凝集體，他們的珍品——他們的孩子。他們不是推著這個可愛小生命，是推著自己生命的共同元素前進。這不是嬰孩，這是生命化學的一種新元素——第××個元素。

「親愛的，瞧他笑得多美，眞像月母貝在月亮裏閃亮。」瞿縈微笑的推著彩色車子，右手摟著丈夫的腰，嫵媚的說。今天早晨，她臉上微笑，一直沒有停止過，像一尾夜明魚從未停止發光過。

「他是笑他母親有這樣一雙大而深的美麗眼睛，一片象牙黑的眸子，他想啜飲它，如啜飲夜的黑色乳汁。」印蒂笑著說，左手也摟著她苗條的腰肢。

「不，也笑他爸爸像一匹阿拉伯駿馬，他想騎上去！」

他們微笑著，同時停下步子，低下臉，一個吻他左臉，一個吻他右臉。

「啊，縈，到底，我該怎樣謝謝你呢？」

「啊！我可得千百倍感激你呢！」她的手摟他更緊了。

「哦，到底，我們有了自己的孩子。」

「這不是我們的。這是『海的』——這是『海地』——這是『海弟』！」

「我們替大海撫養他。」

「將來仍還給大海。」

「親愛的，在他身上，我可眞聽見海水的聲音，海地上那些夜——那些記憶。」

「在他身上，沒有一根髮絲、一纖毫毛，不是我們記憶倉庫。哦，他是我們記憶編織的。他的漆黑眼睛，是我們無量數凝望創造的。他的玫瑰紅嘴，是我們數不清的紅吻釀製的。他的手臂，是我們千千萬萬擁抱結晶的。他的胸膛、他的整個肉體，是我們無窮歡樂的沉澱體。

我眞不能想像，這孩子將給我們生活帶來多少新的夢味、夢聲、夢畫、夢體。啊！這是幸福的奇蹟！」她低下頭，停下步子，又一次熱烈地吻那小小圓頸。「哦，我的海地！我的海弟！我的最親最親的海弟！你知道，媽媽是用多少次強烈心跳來寵愛你麼？」她又一次停步，湊過臉，從正面凝視孩子。

小海地坐在搖車內，也笑著望媽媽。

「你爲什麼老看媽媽？你也該看看爸爸呀！」

孩子似乎懂得媽媽意思，不一會，也開始望印蒂，小臉上充滿笑。這笑彷彿表示：現在，我是世界上最幸福的孩子哪！

兩人都笑了，又一次同時低下頭，在孩子左右兩頰上印了個吻。

四周的宇宙色度，似乎更濃郁了。雲彩於綠色中醒醉。樹在綠色中沉酣。山在水底綠色中陶醉。船不是穿過水，是穿過雲與山。魚也不是水裏游，是在雲彩裏游、山峰頂游，從雲彩泅到山峰，從峰巓又泳到雲層深處。游著游著，它在雲彩嵐影裏消失了。船也不是蕩漾湖面，是爬山，爬過一座又一座山，爬入雲際，向沒有空間的空間駛去。他們的手推車，也是船，逾越滿堤綠色，往沒有空間的永恆空間駛去。他們不是推著它走，手臂是槳，划著這彩色船，在綠色裏走。一面走，一面傾聽孩子身上所流瀉的風聲、竹聲、水聲。每一滴聲音，滲透他們靈魂最細微褶疊，最神秘的角隅。他們是膏沐於比天堂更明亮的光輝中。

沐浴著，沉醉著，終於他們被地球上最美的聲音驚醒了——孩子似乎被四周綠色風景感化了，被父母的昵愛溶化了，突然舞動著小手臂，狂喜的感著：

「媽媽！媽媽！……爸爸！爸爸！爸爸！……媽媽！……爸爸！……」

底下的喊聲，被一片狂吻沖洗掉了。他們把他抱起來，用一串熱吻沖擊他的小臉。他們的抱吻，多麼奇怪！不知道是媽媽抱孩子，還是抱爸爸，也不知他抱孩子，還是抱她。爸爸的吻，同時吻在兩張臉上，媽媽也同時吻他們兩個。人類抱吻史上，可能這是第一次：最熱烈的抱吻，不是兩個人的藝術創作，卻是三個人的結晶品。

二

近兩年來，印蒂、瞿縈的生活，有點像這些湖上船艇，但又不是蕩漾水面，似是在峰頂、在雲彩間駛行。是愛情峰頂，和巔頂上空的幸福雲彩，比湖水更輕盈的承托他們生命之船。對他們，每一個早晨，不是太陽的開始，是夢的開始，每一個黑夜，不是太陽的結束，是幸福太陽的開始。從夢到夢，從沉醉到沉醉。每一秒，不再是時間的一聲嘀噠，而是一朵玫瑰花的舒展。每一個生活動作，也不只是現實的動作，而是一樹山茶花的盛開。特別是，去年仲夏海弟出世後，他們的夢，就增添更多的瑰麗線條；他們的幸福，也加深更濃的色澤。假如說，在生命中，他們曾付出一些搏鬥與掙扎，噩夢與驚濤，創傷與血淚，現在，他們是千百倍被補還了。如果說，他們曾被無數痛苦攻打過、剮割過，此刻，他們也萬倍被清償了。如若上帝自己也戀愛，也結婚，也生孩子，他對自己嬰孩的昵愛，也不會比他們更輝煌燦爛。他們並不當他是孩子，而是小小的神——他們靈魂內的神性化合品，或結晶體。只要看他一眼，摩觸他一下，他們一生的黑暗腳跡，就算被賠償了、塡平了。雖然，由於母親工作太忙，不得不請奶媽張嫂哺育，她卻盡可能多的抽出一些時間，指導並護理他的一切。因爲她不能把大部分生命獻給他，她把這當做最大遺憾。好幾次，向丈夫提起。他愛撫的望著她美麗臉孔，誠懇的道：

「親愛的，我們可不能太自私。我們獻給他的，已夠多了。除了他——你知道——另外——當然——還有許多人的命運——也可以說，另外千千萬萬個『他』的命運，我們也得關心。眞正的幸福，是眞正邏輯的產物，不是任性加意氣的合成品，對麼？」他嘆了口氣：「這也是十幾年前，我們所遭遇的，夢與現實之間的一點最低距離，我希望，此刻它很容易被跨過去了。」

他的話毫不矯情。他們的幸福，是建築於一座合理的岩層上。最煊赫的浪漫主義，也得與最現實的岩塊混凝一片。從去春起，瞿縈已任C大學法文講師。她一小半時間，花在教學上。另一大半，則分配於撫育嬰兒，料理家務，作丈夫助手，替他搜集並摘錄一些學術資料（譯包括英文法文資料）。此外，她還得練琴，設法保持且提高自己技巧水平，每天苦練一、二小時，有時，二小時以上。他們還經常傾聽一些大師的灌片，從它們汲取靈感，既爲欣賞、享受，也爲學習。這一切生活節目，如加一起，她是夠緊張夠忙了。她現在的生命，分獻給四個部分：她的丈夫、她的孩子、她的家庭與母親、哥哥，以及她的教學工作。她把教育當做她終生事業。她甘願做一沙一石，爲教育、爲丈夫、爲孩子，爲她的生活的幸福。她的奉獻，毫無犧牲意味，它寧是幸福的一部分。她永遠結束過去多年的孤獨性格，一天天的，和丈夫、家庭、社會一道，開始往人間深處踏去。

前面提到他們的生活夢境與幸福。實際上，他們最大的夢境與幸福，寧是愛情的理想與人生的理想融洽無間，工作的幸福與生活的幸福化成一片，用印蒂的語彙，那就是生命的最高平衡。

有生以來第一次，印蒂眞正按照自己的生命原則、信仰遠景，爲這個民族獻出自己涓滴力量。他有步驟、有系統的，開始實現自己計劃。當時代出版社向全國一些著名學者發出第一批徵文信件後，報上也刊出叢書「緣起」。這四套叢書的初步編輯計劃，很快獲得學術界的良好響應。沒有人不承認，這是一件意義深遠的大事。太陽應來自東方，希望也應來自東方。

這四套叢書是：《歐美文化再認識叢書》、《蘇聯文化再認識叢書》、《中國古典文化再認識叢書》、《未來新中國文化建設叢書》。

在人類歷史上，論起世界上幾種最古老的文化體系，埃及古代文化是過去了，亞述帝國與巴比倫帝國古代文化也過去了，印度本土古文化迄今一蹶不振，佛教文化雖在亞洲具有強勢力量，但發源地印度本國的佛教勢力卻式微了。只有希望羅馬文化經「義大利文藝復興」注入新鮮血液後，目前在西方表現出巨大生命活力。此外，基督教文化憑仗它強烈的有神論和億萬人的崇信，也在地球上佔領巨大陣地。中國古老的文明文化，既不像埃及、亞述、巴比倫，成爲歷史陳跡，也不像印度奄奄一息，更不像基督教藉獨斷的有神論征服芸芸衆生，它至今還與代表希臘文化體系的西方相周旋。它偉大的生命活力表現在：近一百年來，它扮演一隻勇敢的蜜蜂，飛入西方花園，吸取百花精英，以便釀製眞正東方的佳蜜。目前亞洲腹地上所進行的鬥爭，其眞正涵意是，東方正在上「最後的一課」，打算把西方某一空間進行的社會試驗全部學來，在中國「複製」一遍，看它是不是一種百寶靈丹，能叫這個古老民族脫胎換骨。如不估計它的後果，只分析它的動機，那麼，這是中國四千年古老文化表現巨大生命活力的又一明證。再從另一角度看，這個中國，目前雖陷入有史以來最大的混沌與陰霾，但拿它四千年來所航行的歷程說，這依舊是蜉蝣式的混沌和陰霾，眞正的明智者和勇士，仍會馳騁理想與正義的神馬，迅速衝過去。假如所有國內重要思想家、科學家、文學家、藝術家，與其他學者們，都能徹底坦陳自己的意見、觀點，從而融會貫通，求得一個較適合較全面的結論，那麼，它將爲這片亞洲腹地，重燃神聖的信仰火燄，照亮它今後千百年命運。

爲了對這片新信仰火燄奉獻最初一朵小小螢火，印蒂在編務之餘，抽出相當多的時間，從事嘗試撰述兩本書。一本是理論性的，寫他自己多年來的思唯感受，是一種較系統的哲學，重點在人生，和人類文化理想方面。另一本是一個預言性的長篇寓言，以小說形式，描畫幾百年後的世界面貌，以及人與人的新關係。這種嘗試，當然具有巨大風險性。當大多數人掙扎於死亡邊緣時，生命重心只在這一秒、這一刻，最多是這一天，或一週，或一月。任何「未來」（更不用說百年後了），對他們只是一種夢囈。還不說強大的現實鬥爭力量，根本不容許任何新的火種或火苗。但印蒂認爲，那些注定要從懸崖邊緣跌入死亡峽谷的受難者，他們對這一時代所呈獻的犧牲，已成爲一種暫時定局。歷史之神指定他們扮演的，是釘在十字架上的耶穌，而不是一個復活的人之子。以後者形相出現的，將是幾十年後——甚至是一世紀以後的人類生命。從這一觀點出發，他的作品的受惠者（假如還能有受惠者）命定是未來的生命，而不是這滿目瘡痍的「現在」。至於此一時代現實鬥爭力量的壓力，他並不多考慮，即使他被它們壓死，也毫無怨尤。既然千千萬萬人不斷走上十字架，他沒有權利過分保衛自己。

由於各地學者們紛紛響應，陸續爲四大叢書寄來文稿，他的工作日益緊張。從這些書稿看，這個偉大民族，確不缺少一些有卓見遠識的才智之士。他們對民族的命運、文化的將來、世界的前途，都顯示深刻關懷。學術界一個共同認識是，比什麼更重要的，是思想。只有思想，才能初步拯救亞洲，拯救世界。不管怎樣犀利的寶劍，甚至干將莫邪，也得服從思想，否則，劍鋒將頑鈍，不能叫人流血。兩千年前，基督教赤手空拳，就是憑仗思想，走進羅馬，征服羅馬，解除這個偉大帝國的全部武裝。當前關鍵在思想。這說明文化界有識之士、有志之士，統一認識，向前邁進一大步。他爲此感到高興，他受到鼓舞。

他不時到S市，和林爵及其他編輯會商，這些邀約的書稿，不管他們內容怎樣偏激、尖銳，甚至含有極大主見，或成見，應該優先出版，爲了反映當代思想潮流，更爲了表現中國文化界的生命活力。不管是怎樣險峻的急湍，只要水在流，就證明文化生命並未僵化、枯死。野地裏，有些莠草倒是中草藥、偏方，專治某種不治之症。生在峭崖壁上的三葉青，確屬退燒良藥。獰惡的險流，則是理想的水力發電動力。古典的春秋戰國時代，以及現代「五四」運動的搖籃——北京大學，所以能爲中國文化放射異彩，全在百家自由爭鳴。

林爵和時代出版社其他同人，全支持印蒂觀點。特別是林，利用他與銀行界的關係，從經濟上協助印蒂實現他的計劃。當年時代出版社在重慶成立，本賴二、三金融鉅子的支撐。他們有的是錢，雅好虛名，並不計較出版物的政治傾向。奇怪的是，一些很左的翻譯作品，倒是該社印行的。目前，四大叢書側重學術理論，較少涉及政治，這幾根後臺巨柱，自然毫不受震撼。可能，他們都受過歐美教育，對學術自由風氣，早習以爲常。再說，該社業務頗是興旺，所有出版物，即使不能賺錢，至少也勉敷成本，足以維持現局。

生活的輪子旋轉得很順利。小海弟身體健康，長得極快。鄭蘊荃女士顯得硬朗、扎實，越活越有勁。爲了特殊優待這一老一小，兼帶照顧趙媽的老邁，他們添僱奶娘秦嫂與女傭楊媽，前者三十出頭，後者四十左右。這樣，印蒂夫婦，包括瞿槐秋在內，可以集中絕大精力於工作上，不致爲瑣碎家務虛耗時間。

要論林鬱呢，——這個退伍詩人，雖然不大關心自己命運，但由於深厚積習，對出版事業，卻懷著極大興趣，甚至熱心。正如印蒂常說，一個最不能幫助自己的人，倒常能幫助別人。而且，在所有友人中，他最敬重印蒂，也最心甘情願支持這位老友的理想。這個地球上，許多大事業，不僅由強者支持，也由弱者支持，不只倚賴樂觀主義者的奮鬥，也靠叔本華信徒們的援助手臂。一個莫斯科鉅商，曾幫助丹青柯和司坦尼斯拉夫斯基建立藝術劇院，目睹它上演一些促使俄國資本主義滅亡的名劇。一個舊俄高級軍官，也幾乎把大部分精力獻給這一劇院，欣賞那些煽動摧毀沙俄帝國的戲劇。人就是這樣複雜的動物。人性也是。

手頭工作的繁重，使印蒂極爲忙碌。而且，他還醞釀新計劃，（這個，我們不久將知道。）這就讓他愈形勞瘁。他幾乎夜以繼日的工作。每天伏案十三小時，是很尋常的。就連他最耽溺的結跏趺坐，過去一坐，往往兩、三小時，現在已壓縮成一小時，最多一小時半，並且，用這段時間代替睡眠，而把夜憩減爲五、六小時。爲了節約寸陰，原定的清晨一小時運動鍛鍊，也減爲四十分鐘街頭快跑，接著是一場迅捷的冷水淋浴。自然，按照他的人生哲學，愛情仍佔崇高席位，但只當精疲力盡，靈感暫時耗竭，無法寫下去時，他才暫沉醉於愛情享受，從中汲取新鮮靈感，藉它恢復靈性力量。當生命爲一種嚴肅理想搏鬥時，官能的幸福，物質的沉迷，純美的品賞，無論它們怎樣動人，也漸漸的不得不退居次位，而不再佔主位。即使是崇高的愛情，儘管它是他們目前生活的核心，但那只是就精神意義言、就靈魂幅度言。若就形式意義說，特別就現實生命說，他們此刻大部分生命與時間，只是一些不可缺少的柴塊，必須完全擲入爲理想而工作的生命火爐內。只在禮拜日清晨，他們抽空共推小海地的彩色搖車，到蘇堤或白堤散步。他們規定，火曜日是休息天，邀請朋友們聚會。不過，這也不一定，工作忙時，即使禮拜日，他們也不休息。唯一眞正的享受，是行動的自由，他完全可以支配自己時間，她也能支配每一個大半天。這樣，他們的工作與調劑，便啣接得很緊湊，也很經濟。對於眞正創造者，頗難分清工作與遊戲。工作本身就富於吸引力，當創造的熘火暫告熄滅時，爲了給薪火加豐富燃料，就不得不投入愛情花園，或者旅行，或者與知友聚晤、暢敘。在藝術與哲學及其他領域，作更深的探索。這樣，生活的遊戲、享受與調劑，和嚴肅工作本身，就成爲相互的補充了。用印蒂的話，這是一種「生命的平衡」，動與靜，鬆弛與緊張，軟性的與硬性的，整體的與個體的——以至宇宙與本然人性的平衡。

值得稱道的是，槐秋入銀行後，工作積極，近已調升爲文書科科長，這不僅大大改善他經濟狀況，也進一步鼓舞了他生活信心。他這種發奮圖強，一部分要歸功許蘋芳的出現。瞿縈實踐諾言，由她輾轉託同事介紹，去年起，許入湖濱小學，當教務主任，暇時仍抽空向她學鋼琴。每個人都看出來，這個活潑少女，一天天的與這位銀行職員接近了，一半是由於槐秋的無比誠懇，一半則由於她瞿縈這一家的尊敬和羨慕，來杭不到三個月，她就與他們一家混熟了。她與李蓓莉兩個，已成爲瞿家星日餐桌上的固定上客。伴她同返南方的蓓莉，經瞿縈設法，已轉入C大學外語系，明年畢業。除了這兩位少女，常來玩的，是幾位畫家、藺素子夫婦和兒子藺愛禮（愛禮早由S市某私立美術學校轉入這裏國立藝術專科學校西畫系，明年卒業）、馬爾提夫婦，與他（她）的男孩渝生、喬君野夫婦，和他（她）們的獨子方方、女兒圓圓。瞿家也常去老畫家的畫室，馬、喬兩家合租的一幢葛嶺舊宅裏消磨，那是他們最愉快的時辰。S市的幾位老友，特別是林鬱夫婦，每年春秋兩季定期旅杭，住個幾天，參加他們的盛會。

總的說來，這裏的日子，大體差強人意。世界上永遠沒有百分之百的稱心如意，唯智者能把一些陰影預先扼殺在搖籃中，或無視那偶然出現的非決定性的波瀾，這樣，強大的光炬，就永遠照耀他們天空，在它的太陽光譜的雰圍下，幾條小小黑線，便幾乎看不出了。

可是，這個幸福的小圈圈之外，整個世界大圈圈——特別是亞洲腹地那個大圈圈，卻淹沒於深沉的海濤巨浪中。風暴從未平息過。不說其他，單論經濟風暴，一九四七年以後，幣制不斷貶值，與物價直線上升，開始威脅一般小康人家。瞿家雖在小康以上，或多或少，也受波及，因而不得不正視這一場漸漸泛濫的新的經濟洪水。

也許由於這個，也許因爲別的，（宇宙間不可理解的事總很多很多。）某一個夜晚，工作結束，和小海地玩了一陣，當孩子在他們床上熟睡後，（每星期六晚上，他們讓海弟離開奶娘與育兒室，睡在他們床上。）閒談中，瞿縈秀麗的臉孔，顯出幾絲陰影。

「在最深幸福海底沉浸了近兩年，現在，第一次，我想和你談一點現實低地的事。」她微微嚴肅的望著丈夫，這時，他們並坐在藍室那張長沙發上。

「什麼事，親愛的？」

「我記得，十幾年前，我曾對你說過：『在最高歡樂中，我常常有一種恐懼，……。』」

「此刻，你也有這種『恐懼』？」

「不，從前的恐懼，是我們之間的濃度、密度，以及你那神秘的追求慾望，現在，有時候，我卻想著我們以外的天氣、雲海、霧淞。」

「……」

「假如巨大冰塊襲來，或一座北極冰山突然滾過，我們、我們的孩子，以及這個甜蜜的家，將成爲一個被襲擊的整體。我們，特別是你和我，將不再成爲獨立的個體。」

「在地中海的陽光中，你爲什麼想起北冰洋？」

「不，你比我更洞透，生命是怎樣一口複雜的黑窟，裏面隨時會冒出一些不可知、不可測的，也許是一條蛇，也許是一隻豹子，也許是可怕的黑水泛濫。將近兩年極致歡樂後，我們第一次才想起這些，已經算夠厚道了——不，夠忘恩負義了，是不是？」

「事情本來如此。」他緊緊抓住她的手，「不過，就眼前說，整個亞洲腹地，可怖的火燄雖在蔓延，我們自己四周，卻還沒有什麼火跡，或它的陰影。」

「正因爲還沒有，我們不得不先自張羅，預防萬一。你知道，上帝嫉妒太強烈的幸福。大自然從不肯讓生命永久沉溺於持久和平中。」

「我們並未沉溺。我們在刻苦工作。」他望著她美麗的希臘造型的雪白臉蛋，「在學校裏，你獲得學生們的敬重。我們開始的計劃，也得到出版界和學術界的重視。」

「這還不夠。我意思是，在生活裏，我們還可緊縮、收斂一些，對別人，我們還該更公平點。」

「我也早想到這個。而且，本就決定，最近將正式考慮這些事。你已經知道，前天我接到爸爸好友杜古泉先生的信。他正臥病重慶南岸。兒子在東北，生死不知，女兒遠嫁南洋，媳婦又居昆明。信上說，可能，不久他將離開這個世界。他準備遺贈我一點東西做紀念，是一隻黃色牛皮箱子，在N城他侄媳婦那裏。看完信，我非常難過。」他垂下頭，黯然道：「我已寫信給幻華，並且滙了一筆數目較大的款子給他，請他和歐陽孚、鄺半齋代表我去探望這位老人，並且把款子交給他，他身邊如有親友，他有什麼困難，請他們暫代解決，多照拂，經濟方面由我負責。如需款子，以後我還滙些款子去。下星期，我到時代出版社料理編務，順便到N城，拜訪他侄媳婦，了解杜叔叔情形。」

「是的，多做點對別人有益的事，對別人更公平點，總會叫我們心情輕鬆一些。」她贊許的說。

「他是我父輩中最後一個老人了。他的『雲遊』，將使我失去最後一個尊敬的長輩，從而，也使我精神上完全割斷和『過去』的最後一段臍帶——他是徹底代表『過去』的。」

「我們尊重過去，但過去的，總得讓它過去，堆在我們眼前的事太多了。」

「你是不是想到什麼新計劃了？親愛的，你是不是將向我宣佈新十誡？你的臉色從未如此嚴肅過。」

「由於接受了你的一些思維方式，比之過去，現在我也更帶點哲學氣息了。我將向你談的，不是『十誡』，而是目前生活方式的一些修正和補充，爲了適應目前的沉重現實，現在，我倒眞正徹底了解並欣賞你在『五千仞上』的斯多噶風格了。在人生沙漠長途上，它們永遠是不可少的。今夜，我要和你談的，就是怎樣讓我們的生活畫幅摻入一些斯多噶色彩，與古典的樸厚線條。」她寵愛的望望床上熟睡的海地，他有一張金紅蘋果樣鮮麗的臉，此刻正睡得甜甜的，小小鼻翼均勻的歙吸著。她轉過臉，帶了點莊嚴神氣，一個字一個字的道：「爲了我們的海地，也爲了今後第二個或第三個孩子，第一，我以爲：我們應該節制點。首先，應該停止一切生活的舖張。在這個時代，我們的藍室紫室綠室夠美了，不必再添新裝潢、新擺設了。關於園子修芟，到此爲止，不要再設計或增加什麼新花樣。第二、我們桌上比較名貴的酒瓶子還可以減少一點。第三、從現在起，你不要再給我買任何衣服或衣料。箱子裏、櫥櫃裏的，儘夠我作你十年新娘了。不過，你自己是例外，這些年來，你本沒有大添什麼衣服。第四、趙媽老了，精力太差。我們應該儘快向她明白宣佈，今後，不管她能不能工作，或回到她兒子媳婦處養老，我們的工資，將支付到她最後一口呼吸，另加一筆喪葬費。這樣，她將格外安心。第五、媽媽是那樣喜歡海地，一直嘀咕著要親手領他，她老說，小蝴、小蝶已經長大了，不少事可以自理了，領領海地，可以解她厭氣。下個月，弟弟實足十三個月，儘可斷奶了，我們可以辭掉奶媽，交媽媽照料，再由趙媽和我們協助，等我們第二個孩子出世，（這個，得由你批准。）再找她或其他奶媽幫忙。不過，得厚厚送她一筆遣散費，酬謝她這一年多來的辛勞。我們這個家，主要家務雜事，由楊媽挑大樑，也行了。第六、我們應該幫忙蘋芳和大哥得到幸福。一年來，我看他們相處不錯，玩得很好。大哥已完全變了，他勤奮得像螞蟻。螞蟻有窠，他也該有個家，對不？這件事，本月內，我想和他們分別商談。第七、愛禮與蓓莉明夏同時畢業，這大半年來，他們兩個，來往、交談，很投機，倒是頗理想的一對。一個學畫，一個讀文學，興趣合拍，我準備找個機會，向藺先生夫婦談這件事。

——」

「還有，第八——」他笑著，吻吻她袒裸的白玉臂膀。

「第八沒有了。」她的頭嫵媚的偎在他肩上，此刻，她臉色不再像剛才那樣嚴肅了。他們的談話，不少次常這樣：開始時氣氛異常沉重，終結卻一片輕鬆。

「有的，第八，再給你一個孩子——一個女孩子，讓海弟有個海妹或海魅？」

她咕咕笑著，用紅光煥發的臉龐，輕輕擦揉他的肩頭。她低低夢囈道：

「你希望我再給你一個女孩子麼？你非常歡喜女孩子麼？」

他輕輕「嗯」了一聲，低低低低對她耳語：「非常非常——」用牙齒微微咬咬她潔白耳朵。「假如再有一個海妹或海魅，我將有兩個瞿縈了。現在，你已經有兩個印蒂了，我不該有兩個瞿縈麼？」

她咕咕笑著：

「好的，好的，我一定給你一個。一定是一個美麗的女孩子。」她的頭笑著離開他的肩。「你瞧，我們的海弟多美。」她忍不住走過去，頻頻吻著那睡熟了的小小圓臉。「他的眼睛完全和他爸爸一樣，強烈得很。」

「親愛的，你吻得太重了，會把他吻醒的。」

「不，媽媽的吻不會吻醒兒子的，只會讓他睡得更甜、更熟。你知道麼——這吻也是夢的一部分？」吻了又吻，望了又望，說不出的充滿眷戀。最後，她又回到他身邊，突然，緊緊摟住他，吻他，作夢似地道：

「蒂，我眞不知道親你們哪一個才好，你們共同佔有我整個靈魂，你呢，還是我整個肉體的主人。」臉溫柔的擦他的臉。「蒂，我太幸福了，我眞不知道是活著，還是夢著。我究竟是醒著麼？還是夢著？我不知道，世界上究竟有多少女人，能像我這樣，白晝黑夜，生活在絕對圓滿的夢境裏。」停了停，輕輕嘆息：「蒂，不要過分看重我剛才的話——那七條。爲了保護我們這個家、我們和孩子的幸福，有時，我不免想得更深點、更複雜點。其實，這只是我純理智的立場，在感情空間，可一點陰暗痕跡也沒有，你放心。」

「我知道，你太愛我和海弟了，你把他當做我的一部分。」他緊緊把她抱在懷裏。「我最愛最愛的，我一定不使你失望。讓我們的幸福城堡築得更堅固點、更永恆點。……當然，我們也該考慮我們以外人群的幸福，如你所說，我們應該對別人公平點。」

像小女孩一樣，她在他懷內微微轉動著，沉迷的道：

「哦，最親愛的，最親愛的，有時，我眞想在你臂膀裏停止呼吸——這將是一座比埃及金字塔更偉大的陵寢。」

「親愛的，在最迷人的時辰，你爲什麼忽然想這個？」

「我是覺得，我已活得太圓滿了，老這樣享受下去，我怕。你還記得，十八年前我們在海上相遇，我第一次讓你吻我前，你不是說過類似的話麼？」

「那時，我這樣想，現在可不了。我將盡可能永恆佔有這份幸福，並耗竭我的全部生命，保證它的持續性。我不僅把它看成是我們個人的幸福！我把它當做未來人類兩性普遍生活的縮影，我們不過先期實現罷了。自然，今天地球其他空間，肯定也有不少美麗的鴛鴦，他像我們一樣生活著。由於物質的優裕，他（她）們將表現得更豪華，但靈性內容卻是同質的。……在這種情形下，你怎麼還能引用我十八年前的話？……世界上沒有一種幸福是眞正可怕的。關鍵在於勇氣與智慧。」

她閉上眼睛，低低喃喃道：「要是你爸爸媽媽還在，他們看見我們這樣生活，該多高興。……我永遠感激他（她）們，因爲，他（她）們在這個世界上彌留的最後幾分鐘，還深刻關懷我，以及我們的幸福。他們把生活裏最珍貴的物質全遺留給我們了。」

「我想，我親愛的爸爸媽媽，他（她）們在天上的星光，夜夜照著我們，所以我們才這樣平安。」他微笑著道。

她上床後，他又到書齋工作，直至凌晨二時。

午夜三時後，他醒了，凝視窗外天空星光。不知何時起，她也醒了。她美麗的頭枕在他臂彎裏。

「親愛的，你在想什麼？」

「我在想『第九』——昨夜你沒有說完的。」

「第『九』什麼？」

「第九，我考慮，我們應該作一種小小理想實驗，爲了盡一個地球公民對這個星球的倫理義務，——每個人必須盡的義務，也爲了替我們以外的人群試驗，添點幸福。」

她沉默了。沉思一會，她低低道：「快睡吧！過幾天再考慮吧！你今天工作很久了。你太累了。」

「好了，這就睡，我還想到『第十』。(既是「十誡」，必須湊足「十」。)奶媽走後，每兩週星日，是我們的『清潔日』。我們全家動手搞半天衛生。這也算是我們『集體勞動日』吧！」

三

我底眼睛扮演了畫師，把你底
美麗的形象雕刻在我底心版上；
圍在四周的畫框是我底軀體，
也是透視法，是最好的畫師底專長。
你必須透過畫師去看他底絕技，
去找你底眞像被畫在什麼地方，

那畫像永遠掛在我胸中的店裏，
那店就有你底眼睛作兩扇明窗
看眼睛跟眼睛相幫了多大的忙；
我底眼睛畫下了你底形體，
你底眼睛給我底胸膛開了窗，
太陽也愛探頭到窗口來看你；

…………

翌晨，一陣陣鋼琴聲，像一串串火燄噴泉，從「紫室」直灑射到「藍室」，應和著一片新艷歌聲。

藍室女主人，從印蒂臂彎裏甦醒了，她聽了一憩，輕盈的笑起來，推推丈夫——他的頭深深埋入她垂下的髮叢中。

「鬼，蘋芳、蓓莉這早就來了，在唱『羅密歐與茱麗葉』合唱，取笑我們呢！」

印蒂喃喃兩聲，迷迷糊糊的，翻了個身，又把船駛到夢海裏了。她吻吻他的臉，披上藍色長睡衣，踮著腳尖，輕輕小跑到窗口，悄悄向窗下「喂！」了兩聲。

琴聲歌聲停了，兩個少女從紫室跑出來，婷婷佇立在濃密的紫籐長長枝條旁側，咕咕笑著：

「瞿老師，太陽這麼亮了，您還睡懶覺哪！」

「我們想給你們一點音樂，替你們的夢中音樂伴奏。」

美麗的女主人憑窗笑著，豎起右手食指，貼住嘴唇，輕輕「噓」了一聲，又嫵媚的用它指指床上。接著，她髀散著長長烏色髮鬈，電光蝶樣飄下樓來。她微微紅著臉，輕輕道：

「他還在睡。他有點累。——昨晚他工作到深夜兩點。」

兩個女學生望著她紅暈的臉，聽著她輕柔的聲音，不斷笑著，可也被她面部神態感染了。目睹一個平日在人群中處處顯出高貴的女人，用這樣一種女孩子似的親昵語調談著她的親人，她們不能不感動。她不像談他，倒似用一個字又一個字，極輕輕輕又極柔柔柔的撫摸他，正像她用深情的纖纖手指撫摸她的海地——每一個字是花一樣的手指感覺。

「瞿老師，您猜，我們給你們帶什麼來了？」蓓莉笑盈盈的說。

「給我們帶來莎士比亞的詩，柴可夫斯基的音樂。這是你們的胡謅。柴可夫斯基的『羅密歐與茱麗葉合唱』，根本就不是你們的歌詞。你們是借柴翁的音樂，哼莎翁十四行詩集第二十四首，唱腔也不全對。你們這是跟我搗亂。」

「不是這個。」蘋芳笑著。「您猜猜瞧。猜不到就得不到。」

「誰高興猜？反正你們在打趣我。」

「不，不是打趣。學生豈敢打趣老師？」

「不，我們不和瞿老師打啞謎了。我們帶來的不是形而上，是絕對的形而下。」蓓莉笑著說。

「什麼『形而上』、『形而下』，反正是捉弄我。」

「好了。還是早點亮謎底吧！我們給你帶來豐富的早餐。」蘋芳笑著說。

「那我立刻猜出了，奎元館蝦爆鱔麵。」

正說著，一個巨大形體出現於她們身後，是披著白色睡衣的印蒂。

「啊！唬了我一跳。我還以爲你睡著了，在蘇州運河裏泛舟呢。」瞿縈親昵的笑著望他。

「我早醒了，被蘋芳的手指和蓓莉的舌尖喚醒了。我是故意裝睡，逗你的。」他微笑著望望兩個女孩子。

「你瞧，這兩個孩子多孝敬你。她們知道你最欣賞星期日一頓豐富的早餐，特別是在這樣晴朗的秋天早晨。」

「不！這話得大打折扣，起碼是四折，蘋芳不全爲了對老師孝敬，也爲了——」

「鬼！不許說下去了。」蘋芳紅著臉，用手搗住蓓莉鮮紅的嘴。

「嗯！記性眞好，眞記住那碗蝦腰麵啊！那是槐秋先生平素最愛吃的。我要了許多碗蝦爆鱔麵後，她一定要和店倌商量，其中一碗改蝦腰麵。嗯哼！」蓓莉又做了個鬼臉，趕緊笑著躲開去。

「你這個小蹄子！鬼丫頭！看你跑到哪裏去，等等愛禮來了，我和他算帳。」蘋芳追蓓莉不著，微喘著氣，牙癢癢的說。

「我，我代表槐秋，代表我的妻子，我們全家，謝謝你們。……我特別要代表槐秋，特別謝謝蘋芳的美意。」印蒂笑著說。「現在，讓我們詩意的消磨這個藍色海水一樣新鮮的早晨吧！」接著，他笑吟吟道：

「來，縈，給我們彈點蕭邦或德布西，請蘋芳隨你的音樂伴奏，唸姜白石或王碧山的詞，請蓓莉隨你的音樂，朗誦馬拉梅或瓦萊利的詩。我去把海弟抱出來。這樣美麗的秋天早晨，只有蕭邦和海弟是我們的上帝。」

「不，讓海弟再睡一會，別弄醒他。」瞿縈輕輕說。「我看，爲了歌頌這樣的早晨，還是先彈一支羅馬尼亞名曲『雲雀』，你也唸雪萊那首『雲雀』原文，好不好？（這名曲原是提琴名曲，我試用鋼琴彈。）」

於是，鋼琴聲響起來，印蒂坐在爬滿紫籐的窗台上，沉迷的朗誦雪萊的雲雀歌。

Hail to thee, blithe spirit!
　　Bird thou never wert,
That from heaven or near it

Pourest they full heart
In profuse strains of unpremeditated art!

（歡呼你，快樂的精靈！
你從來就不是飛禽，
你從天穹，或靠近天庭，
傾瀉你整個的心靈
於意想不到的藝術的豐富樂音。）

早餐桌上，蘋芳笑著問：

「瞿老師，今天下午，我們上哪兒玩？」

「我帶你們到煙霞洞去修道。」

「印先生怕不同意。」

「他不同意？天知道，他恨不得找一把大剪刀、大剃頭刀，把我的頭髮全部剪光、剃光，跟他一同進靈隱寺出家呢？」她笑著：「當年我要不躲到錦城，他早把我拴在華山五千仞上大石頭邊，跟他一道喝西風嚼星星呢！」

「在華山頂峰成夜抱吻星星，不也美？」

「得了，得了，讓你去找你的華山星星吧！我寧可喝碧綠西湖水，嚼西湖碧綠蓴菜。」

「印先生，您現在對華山怕再不感興緻了吧！」

「不，興緻濃得很，比我此刻正喝的這杯龍井茶濃得多。這片泛溢於磁杯內的綠色，又叫我想起華山的綠林綠草，那裏，每一副人臉，都是綠色的臉，你們相信麼？」

「我可愛的朋友，去，去，快找你的華山綠色人臉去。這會兒就去。現在是上午八點一刻，上滬杭火車，再轉北上快車，後天這時候，你就可以喝華山腳下玉泉院的綠色泉水了。」

「瞿老師，您這麼狠心？」蓓莉笑著問。

「我現在的心，就和這隻紅色葡萄酒瓶一樣硬，你們看，它傾倒出這樣血紅淋漓一大片。」她笑著說。

「我看，縈縈！當眞你這樣硬，狠，明天八點一刻起，所有杭州鐵匠店都要忙煞了。」瞿太太笑著說。

「鐵匠店？」大家全詫異的望著鄭蘊荃女士。

「明天八點一刻，全杭州鐵匠店不都給她包下來，忙著替她製鐵鞋，好讓她『踏破鐵鞋』到處去尋？可不忙煞了？」

大家聽了，都大笑起來。

「還不止此，這些綠室、紫室、白室、藍室，我看也要『面無人色』（『室』、『色』同音）了！我們還得找醫生，給她們看急診呢！」瞿槐秋打趣說。

「你們當眞把我形容得那麼慘！蒂，你這就動身，上華山去，看杭州市鐵匠店忙不忙？看我這些藍室紫室是不是『面不改色』？」瞿縈推推旁邊的丈夫，笑著說。

印蒂站起來，笑著道：「我看，任何人全同意我到華山頂上喝西風，嚼星星，只有一個人不同意？」

「誰？」

印蒂指了指旁邊的彩色手搖車：「我的小海弟！」他笑著道：「這是我的小徒弟，他還沒有學滿師，就捨得放師傅遠走高飛了？」

大家聽了，笑得前仰後合。

蘋芳笑得漲紅臉，上氣不接下氣道：

「不許你們再說笑話了，再說，我這碗麵眞吃不成了。」

蓓莉笑得喘氣道：「都是瞿老師不好，是她引起的，她有心叫我們享受不成這頓豐富早餐——她好節約。這是精明主婦的做法。」

印蒂走向彩色搖籃車，蹲下來，笑著問：「我的海地，媽媽要趕我走了，你同意嗎？是不是『不』？」

看見許多雙眼睛望著他，孩子在搖車中笑了，一面笑，一面搖著小手，嘴裏哼哼唧唧學著爸爸：

「不，不，不，……」

大家全笑了。

「你們看，我的孩子不同意，在搖手，不斷說不。」他熱情的吻吻他的胖胖小小圓臉，親昵的道：「乖孩子，媽媽欺負我，向媽媽抗議，好嗎？」

孩子笑盈盈望父親，用兩隻小手摸他的臉，一面摸，忽然，一面大聲喊：「好！好！好！好！……媽媽！媽媽！媽媽！……」又喊：「好！好！好！爸爸！爸爸！爸爸！……」

大家又笑了。

「好兒子！你投爸一票，爸給你點鷄蛋吃，慰勞你吧！」他從一盤油煎荷包蛋裏，擠出一些蛋黃，放在小白色磁羹匙內餵他。

「當心，別把蛋白給他吃，蛋白是不消化的。海地還沒長牙齒呢。」瞿縈叮囑著。

「你們瞧，我的妻子把我當作小海弟一樣，連蛋白蛋黃都分不清了，人家說『黑白不分』，這叫『黃白不分』。」

大家又笑了。

許蘋芳問：「蛋是你們自己鷄生的麼？」

「是趙媽餵的幾隻蕭山母鷄生的，她怕鄉下鷄蛋補不了海地，特地自己養，要把他補得人肥馬壯的，你看她忠不忠心？」

「這鷄蛋確實是大，我幾乎以爲是鵝蛋呢？」蓓莉說。

「我姨媽是基督教徒，她家的鷄，大約也是信基督教的，所以上帝特別保佑牠，生的蛋特別大。你們看，我的小外甥不也長得特別大？」槐秋笑著說。

「胡說。」瞿縈笑著指指小蝴小蝶：「你們看，這兩隻蛋也不小。像北京天橋賣的鳳凰蛋，是不？」

「好，總而言之，你們家裏，不管什麼蛋，都大！你們禱告時，該替鷄特別祝福才行。」

趙媽在一邊插口道：「我們家裏，現在沒有人吃耶穌教了，我們吃如來佛。」

「瞧！你們家『吃如來佛』！讓我瞧瞧，今早冷盤裏，有沒有『白切佛』！」許蘋芳笑著說，大家都笑了。

「蘋芳，今早你嘴巴很調皮，當心，有一天——」印蒂笑著說，望望槐秋。

蘋芳不開口，臉紅起來。

印蒂岔轉話題，把矛尖指向槐秋。「槐秋，我對你房裏一切佈置，都沒有話說，獨有一樣——」

「什麼？」

「你那隻大鏡子掛得太高了，我想，你每次照鏡子，準得找個梯子，爬上去照？」

大家大笑。瞿槐秋笑著說：

「我兩個姑娘，從小愛玩鏡子，我怕她們把它打破，所以特別掛得高點。」呷了一口酒。

「我照鏡子，彷彿是報名投考，永遠只拍頭像，不拍半身照，也不拍全身像。」

「這樣也好，萬一遭遇不測，官方懸賞通緝，你也可省了些麻煩，那是需要全身照相的。」

印蒂笑著說，大家都笑了。還沒笑完，印蒂又笑著道：

「你們說，天下有布做的鎖麼？」

瞿太太笑得直揉肚子：「蒂兒，你別再逗了，再逗，我這頓早飯吃不成了。」

「我一點不逗，是眞情實事。上星期六下午，我看槐秋房門上，就用一塊布把兩個鐵環拴牢，那不是布鎖麼？」

「那天，我找鎖，沒找到，又怕你家偉大母鷄竄到我書房裏，下偉大的蛋，鬧得遍地黃金，只好用布片把房門繫上。」

「杜撰的笑話沒意思。眞人眞事，才有意思。前天下午，我在街上，就看見一個笑話。」

印蒂飲了口酒，吃了塊火腿。「人們走路，都是用腳直走，有一個女人，偏偏横走，下公共汽車時，一隻腳陷在車門坎縫裏，有一分鐘之久，拔也拔不起，還是賣票的幫她一把，才把她抱出了，你們說怪不？」

「從前徐文長十七字詩，形容一個美女說：『金蓮三寸長，橫量！』和這位橫行的女人可以媲美。」瞿太太笑著說。

「閒話休提，言歸正傳，蒂，我們今天午後遊煙霞洞，好麼？」

「好極了，這個時候，煙霞洞邊的怕癢樹正在抖顫，等待人去胳肢它哩！」

「胡說，那是一株紫薇樹，樹皮雪白，這時不開花。」

「哦，是的，紫薇樹春天開紫薇花，在高高的紅花綠葉下，在那幾盆沒有荷花只有荷葉的綠色大圓葉邊，在幾乎接近高空的謐靜中，喝那麼一杯茶，談那麼一會天（這眞是談天），因爲我們離天那麼近，這眞是煙霞神仙式的享受。」

「煙霞洞素菜最有名。從前，有個佛山和尚，做得一手好菜，我們可以叫一席，在那裏吃晚飯。」瞿槐秋道。

「不，我們還是自己帶菜去吃野餐，再在那裏叫點素麵，就行。一來自己做的菜實惠。二來，我們是享受自然風景，不該斤斤計較吃，更不宜大吃大喝。三來，昨天，我的妻子剛和我訂了新『十誡』，——哦，不，新『八誡』，今天是第一天，不該破誡。」

「什麼新十誡、八誡？」瞿槐秋問。

「這個，現在暫不宣佈，天機不可洩漏，過些時候，你們自會知道。今天這頓早飯，喝了酒，已破誡了。下不爲例。」瞿縈笑著說。

「什麼十戒、八戒、豬八戒？我看你們是豬八戒吃長生果，好歹不知。家裏現放著這樣好菜不吃，還要找什麼佛『三』佛四的。佛『三』的素菜我吃過，天知道，哪裏是什麼素菜，完全用鷄湯肉湯配起來的，許多出家人到那裏開了葷，自己還不知道，眞是阿彌陀佛！」瞿太太笑著說：「不提這個了，我只問一樣，這一頓野餐用完，天已黑了，我這一把老骨頭，怎麼搬下山？是不是你們請我吃完野餐，就把我送到洞裏做野人，餵野獸？」

鄭蘊荃女士的話，引得大家笑起來，許蘋芳笑著道：「瞿老伯母，您放心，我揹你下山好了！」

蓓莉笑著道：「我看，要雅，爽性就雅到底，我們索性不用電筒，也不要老伯母坐轎子，帶幾只彩色燈籠去，乘著秋天星光，提燈下山好了。」

「好極！美極！好極！美極！」大家拍手贊成。

四

這一個禮拜日上午，他們不是度過去的，是笑過去的。笑聲像霍洛維茨手指下的鋼琴聲，不斷琮琮琤琤響，有時又像麗蓮彭斯的女高音，流星樣劃過高空，有時也似低音歌王夏里亞濱的聲音，那個聖誕夜，他玩弄馬車主時的狂笑聲，——印蒂最高興時，也就是這樣笑的。

印蒂曾向大家開玩笑，說要把這座園子名爲「笑園」，他的樓舍稱「笑樓」，他是「一笑樓主」。在這個世界上，沒有多少角落，能湧現這麼多笑聲。笑聲的裝飾，是超於一切的聲音裝飾。無論飲酒、品茗、賞花、聽鳥、談天，他們總不斷在笑。在紫室，瞿縈或蘋芳彈伴奏，他們跳舞時，都微笑著，到園子內散步，也淺笑。圍在金魚池畔，把一些折碎的掛麵拋向池中，觀金魚們搶食時，也笑。特別是，一起擠到廚房搶著炒菜時，更笑個不止。不過，今天的笑，有個特點，大部分的瀑流或雨點，都灑到槐秋和蘋芳身上。當槐秋炒他拿手傑作油爆蝦時，蘋芳替他用扇子搧煤爐，使油鍋特旺。印蒂笑他大手大腳的：

「喂，你這樣炒法，恨不把我們都扔到鍋裏，當油爆蝦炒哪！」

「蒂，你弄錯了，他還不是炒給我們看，是向蘋芳表演呢！」瞿縈笑著道。

「天知道，哪個有福的馬丹享受這樣美的油爆蝦。」蓓莉咕咕笑。

「我不搧扇子，我要走了，你們都欺負我。」蘋芳扔下扇子。

「現在是秋天，這叫『秋扇見捐』。」印蒂笑著道。

「不，杭州話叫『攢鑼錘』，這叫攢扇子。」蓓莉笑著說。

「還是讓我來吧！」瞿太太說：「我看你這不是油爆蝦，是蝦爆油。這麼多蝦子，這點點油。再瞧你張牙舞爪的，這股忙勁兒，簡直是『油爆人』，你恨不連人都跳到油鍋裏……

你們到園子裏玩兒吧，廚房是我和趙媽的事。瞧，蘋芳跑走了。」她從兒子手裏搶過鐵鏟子。

「眞不錯，這眞是未完成的傑作。」瞿槐秋笑著道。

「這是舒伯特的『未完成的交響曲』。」瞿縈說。「等等把蘋芳抓回來，再續寫你的第三、第四樂章吧！」

他們都跑到園子裏，不一會，又聚集紫室，唱起歌來，由女主人彈伴奏，唱『甜蜜的家』、『我的老坎特基的家』，與一些愉快的名歌。唱不幾支歌，印蒂一個笑話，又叫大家笑成一片。

這樣一個週末，眞是一顆璨璋的彗星，以無比強烈的亮度，滲透時辰每一分、每一秒。早晨是這顆異星的明亮的頭部，有那光華萬千的髮和核，夜晚是它燦爛的尾。正像這顆巨星的核有時比地球直徑大三、四十倍，這樣一個火曜日，有時也比平時拜日光輝幾十倍。他們無量數的快樂與笑聲，正是無量數奇異光輝的化身。只有那最絢爛的彗星式的光亮，才能形容最高的歡樂。只有偉大的自由，才能形成這片彗星光明。此刻，他們就生活於這片偉大的彗星自由裏，光明中。生活於這片瑰艷空間，每個人都敞開靈魂深處最後一扇窗子，用自己窗口新鮮的風，對流另外人的窗口，流瀉新鮮的風，用自己窗台畔的花，輝映另一座窗台邊的花。在花與風中，洋溢深沉的人類愛，溫情與智慧。沒有一個人，不想把自己心靈徹底獻給另外人，也沒有一個人不相信，自己內心的光明能換取另外心靈的光明。即使太陽邊緣偉大的鈣燄和它噴出的火泉，都不能淹沒這片純潔心靈的光明，人類愛的光燄。當然，太陽光譜內也有暗黑線，偉大的白晃也有各式各樣狀態，愛也有暗黑線與各式各樣狀態，可是，核心處仍像太陽球面峻立的熱氣雲峰，這是無窮的熱情高峰和智慧高峰。

午餐在園子裏進行。太陽光擁抱每一個人。印蒂爲大家斟滿一杯酒，笑著問道：

「喝完這杯酒，我要問你們一個小問題。」

大家乾了一杯，望著他。他臉上充滿感動的神色：

「你們能不能用幾個字、一句話，或最多三、四句話，向我形容幸福？我想聽聽你們的描畫。」接著，他又補充：「自然，對這幾個字，一句話，如果需要解釋，你也可以詳細解釋。」

聽了印蒂的話，許蘋芳毫不躊躇的立刻道：

「在我看來，幸福就是這一刻。」

「爲什麼？」瞿縈故意笑著問。

「因爲，這一刻，我感覺到一種天堂的美，純粹的美的飽和。這裏的一花一樹、一葉一石、一魚一鳥，我都感到極致的美。特別是，這裏的每個人性格，沒有一個不叫我的情感奇異飽和。也許，這不只是今天上午的感覺，每一個星期天，我走進來，全有這種感覺。」她聲音中帶點興奮。

「你眞覺得生活在這裏就是一種幸福？」瞿縈笑著問。

她笑著點點頭。

「那麼，我代表我們全家，歡迎你留下來，永遠留在這兒。」她又加了兩句：「你願意留在我家裏麼？」

許蘋芳低下頭，臉孔緋紅了。她有點羞怯，輕輕的道：「我不知道。」停了一會，她望著瞿縈，笑著抗議：「瞿老師，我們是在談哲學和美學，你不該佔我便宜。否則，我會以為你們故意佈置圈套，『請君入甕』呢！」

「好，縈，現在不談這個，等等再說。槐秋，你呢？」

「我只有兩個字答覆你。來，我們大家先喝一杯。」瞿槐秋敬了大家一杯酒。他飲了一大口，吃了點菜，笑著道：「在我看來，幸福就是非一。」

「什麼非一？」

「我說的是幸福的形式，不是內涵。後者，幸福是一，前者，是非一。沒有造型，不能成畫，同樣，幸福至少也有一半造型意義，所以，我說它是非一。這是說，一個人，一朵花，一棵樹，一尾魚，一件樂器，絕不能形成幸福。幸福是花枝花叢，是豐茂樹林，是群魚唼喋，是眾樂器的和聲，特別是——一個人以上。多少年來，我體驗到，孤獨的幸福是怎麼一回事，又怎樣不可能，所以我說：幸福是非一。」他說完了，誠懇的望望旁邊許蘋芳。

「好了，大哥，你乾脆明說，幸福就是早點結婚好了，故弄什麼玄虛，什麼『非一』不

『非一』的。」瞿縈笑著道。轉頭對許蘋芳。「蘋芳，你看，我大哥的答覆，是一個迴聲，正和你的答案共鳴。」

「不來了。不來了。你們又在作弄我。這個酒我喝不下去了。」

「蘋芳，你別誤會，這是偶合，絕不是作弄你，我們繼續談下去。」印蒂喝了一杯酒，又替槐秋、蘋芳斟滿酒。「來，我為你們的答案巧合乾一杯。」

「我覺得，幸福是一種光與色，一種空靈的透視。」蓓莉笑著道。

「這兩者怎麼結合起來呢？」槐秋問。

「這個宇宙所以如此美麗，是由於巨大的色彩，這是一個有色的宇宙。假如它是一個無色的宇宙，或單純的灰色宇宙，像狗眼睛裏所見一樣，多可怕。可是，沒有光，就沒有色彩，光與色不可分。然而，幸福還不只是光色，更是對它的空靈透視。許多人生活在美裏、幸福裏，他們不知道，就因為沒有這種空靈的透視。這種透視，是一種幻術、靈法，有了它，即使是最簡單的光色，也會形成最複雜的幸福反應。像印先生在華山五千仞上，雖然有美麗風景，生活卻是單調的，但他那時仍感到幸福，就因為有這種空靈透視。」

「哦，不，這種高空幸福，我現在已經大大修正了。」印蒂笑著說。

「怎麼，蓓莉，你為預防蘋芳的覆轍，故意拿華山五千仞上的空靈透視做擋箭牌嗎？」

瞿縈笑道：「不過，請注意，你已經極度讚美豐富色彩了。只有在畫板上，才具有這些無比燦爛的色彩，你是不是在預言，將來你願歸宿於畫板？」

蓓莉臉漲紅了：「瞿老師，你眞會開玩笑。」她笑著望她。「談談你自己吧！」

「我不需要談了。」

「爲什麼？」

「這裏的每一個人都知道，爲什麼我不需要再替『幸福』這兩字下答案，作註解了。正像每一尾魚不需要回答『什麼是水？』一樣。」

「你也可談談你的幸福哲學，不一定是談你有沒有幸福。」瞿槐秋道。

「我從沒有哲學，只有我這位寶貝丈夫，才有那麼多哲學。這些哲學，叫他變成這個地球上最怪的怪人。」她笑起來：「一定要我用幾個字說明幸福，我只有兩句話：幸福是代數學上的X、Y、Z，各人會用各人的數字塡進去。」

「你這個答案，倒很像十幾年前我的答案。」印蒂笑著道。

「不，有點不同，那時候，你並未找到答案，那些X、Y、Z，還沒有堅定的數字塡進去，我卻有了答案，有了自己的數字。」

「這些數字現在是什麼？」蓓莉故意笑著問。

她笑著輪流望望大家，用手指一個個指著。「就是你！你！你！你！當然——」最後，她望印蒂與附近搖籃中曬太陽的孩子，笑著：「最偉大的數字是這個怪人，和我的海地。」

「我的妻子很調皮，她不肯正面談這問題，現在，問問我的母親吧！」

「我麼，說出來你們不嫌忌諱麼？」瞿太太笑著說。

「不。」大家說。

「我的幸福只是一口漆五道福建漆的楠木棺材。」

大家都笑了。印蒂笑著道：「每一個老年人都這樣想。」

「印先生，談談你自己吧！」許蘋芳道。

「我不想賣弄字眼的新奇。這種炫奇的時間，對我早已過去了。我只想平平實實回答這個問題。」他喝了一口酒，眼睛裏充滿哲學家的明靜。「對我說來，『幸福』這兩個字的答案，只有六個字：不可能的可能。」他頓了頓。「這裏，這個不可能是一種形容詞，抽象的形容詞，不是一個實際名詞。正像我們說，一朵美麗的紅百合，這個『美麗的』也是個抽象的形容詞。各人眼中的美，程度很不同。『不可能』也是。正因爲不可能，這『可能』才幸福。反過來，正因爲『可能』，這不可能才幸福，像挪威靠北極部分的半年沒有太陽與半年沒有黑夜，正由於這半年黑，那半年紅，才美；也由於這半年日夜是太陽，那半年日夜是永夜，在想像中，才美。這『不可能』，也可變成現在式的動詞，而『可能』寫成未來式的動詞。我們也歡喜從不可能中捕捉可能，從可能中追求不可能。而每一種希望、每一個形體、每一幅不朽畫幅，都是不可能與可能複合成功的。完全抽掉那些不可能的線條與色彩（想像裏的），這幀宇宙畫幅就不再有迷人處了。」他停了一下，望望瞿縈。「這六個字，只是我的哲學概念，形而上的紙幣，如果把它兌成形而下觀念，可以作如下解釋。比如說，我從沒有想過，我現在的妻子、孩子，我的母親與槐弟，我這個園子和我那些紫室藍室綠室，是可能的，它們對我，似乎是一種不可能。然而，現在，畢竟完全可能了，這就是幸福。同樣，你們幾個人的答案，也可以從抽繹成這六個字的哲學纖維，說明你們的幸福底蘊。不過——」他望望天空最深最深處。「我所謂眞正的最完整幸福，（不只指我個人，也指人類全體。）一部分靠一種星際生活來調劑，這在現在是不可能的，在未來是可能的。」

「你可不可以具體的談談這種星球生活麼？」蓓莉問。

「我們現在的空間，是有上下左右的，你可曾想像過，有一天，空間沒有上下麼？」

「……」

「我再問你們一個問題，你們可曾想像過：有一天爲了喝水，你會像撲一隻蝴蝶一樣，撲一朵飄在你頭上的巨大圓形水滴來喝麼？」

「爲什麼？」

「因爲，當你從小瓶裏倒出一杯水時，因爲沒有上下，由於慣性，所有水瓶裏的水會變成巨大圓形水滴，飄浮在空中，像雲彩一樣。你要喝水，就得像蝴蠂一樣，把它捉到杯子裏。」

「將來的星際生活，就是這樣麼？」蘋芳問。

「將來，當我們乘火箭，從地球飛行到另一個星球上時——火星或月亮上，在火箭座艙中喝水，大約就是這樣。在宇宙最深處喝水，大約也是這樣。不過，人們當然會設法，使一杯水不會變成巨大圓形蝴蝶飄在空中，很方便的就喝下去，假如你不想欣賞這種美麗奇跡的話。」他爲大家斟滿酒。「這不過是一個例子。從這，可以看出，未來的星際深處生活，要比現在的地球生活美麗一千倍一萬倍，它實在太詩意了。來，大家乾一杯，祝福我們能在活著的時候，享受這種未來的星際生活吧。」

大家乾了一杯，瞿縈笑著道：「現在我要向你抗議，不許繼續宣傳你的星球哲學了。今天，至少，這個早晨，這個上午和中午，我們暫時只享受地球的幸福，不享受星際的幸福，好麼？上帝保佑，有一天你總會喝一杯水，像捉蝴蝶一樣，捉個半天的！」

她這幾句話，說得大家笑起來了。

午飯後，大家聚在樓下紫室聽音樂，女主人把許蘋芳帶到樓上藍室看一張畫。四十分鐘後，她們雲彩樣飄下來，瞿縈笑著對瞿槐秋道：

「大哥，你該怎樣謝我呢？」

槐秋有點懵懵懂懂望著她，一時弄不明白。

「你知道麼？在你心靈宇宙最深處，那隻由一杯水變成的蘋菓色大蝴蝶，我已經替你撲下來了。」

大家正莫測高深的看著她，瞿縈笑著道：

「蘋芳這隻蝴蝶已答應留下來了，永遠留在我們家裏。特別是——」她笑著望望哥哥：「永遠留在你身邊。」

一霎時，大家豁悟，登時一擁上前，把許蘋芳抱起來，紛紛向她和槐秋祝賀。槐秋眼睛內充滿淚水，像基督望著夢中上帝一樣，凝視這個健壯的少女。

「蘋芳，我將永遠記住今天，因爲你給予我再生的生命，我永遠謝謝你。」轉過頭：「妹妹，我也將永遠感謝你，你已爲我作出最大的努力。我一定好好工作，好好做人，不辜負你們大家期望。」

瞿老太太也滿眼淚水，歡喜得說不出話，只把蘋芳緊緊摟在懷裏，一次又一次，用手撫摸她烏黑的頭髮。一向活潑爽快的她，這時聲音卻顫巍巍的道：「槐秋！你今後該怎樣努力奮鬪，來報答她呵！這眞是你前世修來的啊！……」過了一會，當她稍稍恢復正常時，卻呵呵大笑道：「謝天謝地，我眞是滿足得不能再滿足了。我那口漆五道漆的楠木棺材也不要了，我要好好爲我的蘋芳製點衣服、傢什。」

「縈，今晚，我看我們也得破『八誡』了，還是在煙霞洞請一桌素酒吧，算是慶祝他們這一對將結良緣。再選個日子，正式舉行訂婚儀式，好麼？」

「好極了，煙霞洞本是神仙洞，我祝福哥哥和蘋芳永遠生活在煙霞神仙境界中。」

「蘋芳，我祝你永遠幸福。記住，可不許忘記老朋友呵！」蓓莉笑著道。

五

在生活裏，有幸福與歡樂，也有它們的反面。只有帶詩意的幻想場合，特別是順利的局面，前者才能化爲生命交響樂曲的主旋律，一落到現實利害泥沼，或充滿荊棘的空間，後者必然暫奪取前者，成爲生命樂曲的主旋律。因爲，眞正現實大地上，這一窗口流出古諾的美麗「小夜曲」，可能驚擾另一扇內病人安眠，即使白晝，做夜班的工人，也會厭惡你的名貴唱片播放麗蓮彭斯唱「鈴歌」。這種情形，在公共場所、電車上、火車裏、輪船上，或戲院中，就更明顯了。這些空間，有時候，你想把一隻腳伸得直一點，或歪一些，全可能引起軒然大波。同樣情形，也可見於自然規律。那是另一種嚴苛的生命現實。當大自然嚴苛的落實它無情規律時，人們的幸福，即使不被花一樣的扯碎，也要蒙上重重暗影。

一星期後，印蒂從N大城帶回那隻棕黃牛皮箱子時，他們既被幸福的風吹拂，可也開始從風中呼吸到苦艾蒿的氣息。

他在紫室打開這口箱子時，或多或少，全家又一次重溫上次啓開那口楊江皮箱時的情緒。箱內也是一些紙包，大一包小一包的。還有特別用棉花和舊布包起來的。考古學家贈給印蒂的紀念品，可眞不少。單是印石，就達十五件。有米心青田、醬油青田、青田凍、壽山石、壽山凍、燈光凍、梅根（又稱炭精）、雞血石。這些雞血頗名貴，多是藕粉底子，一片紅，不是蕎麥底子或散紅。當然，最名貴的是鄧石如的三件壽山石篆刻作品。拿黑墨說，乾隆時代御墨，就有兩大碇，浮雕著蟠龍舞鳳，另外還有御製的一套「耕織圖」油煙墨。那方橢圓形的端硯，是端州石巖的「下岩」產品，硯面極嫩，這種硯，只要輕輕磨幾次，便可滲出濃墨。除了印石和「文房四寶」之外，還有幾件漢玉珮與漢鏡，兩頁宋代宣紙，一件琥珀，一隻明代宣德爐，兩件康熙御窯小磁瓶，三把湘妃竹扇骨，四把麋鹿扇骨，比這七把扇骨更珍貴的，是一柄湘妃竹扇骨配上王夢樓寫的小行書扇面，用筆流利、瀟灑，氣韻神妙、生動，算得上這位清代八大書家之一的精品。從新疆帶回來的，是幾塊竹簡。此外，是兩件從中東獲得的巴格達象牙。

這些古董珍玩，呈現於紫瑩燈光下，眞是琳瑯滿目，使觀者驚嘆不置。

「從青年時代起，我一直認爲，杜叔叔是『過去』的化身。可是，抗戰期間，和他接觸時，我發現，這位『過去』，終於變成『現在』了。強大的現實，使他不得不轉化爲『現在』。這個充滿人性的『現在』，不遠千里，毅然到達重慶。」印蒂低低嘆了口氣。「杜老運氣不夠好，這回聽他侄媳婦說，長子在東北仍無音信，看樣子『靠不住』了。媳婦也『靠不住』，是另一種『靠不住』，不是指死亡。女兒又在南洋，一時不會回國。他的老境夠淒涼的。所幸還有幾個老朋友，特別是一位韓國醫生，對他很厚道，一個娘姨曹媽，也還貼身，這才勉強對付了晚景。這回，我請幻華、歐陽、半齋他們三位去看他，想替他解決一些事務問題，可能使他生活減少一些困難。這回他送我這許多古董，主要是紀念他與爸爸的多年友誼，當年他們簡直親如兄弟。」

「杜叔叔送了我們這麼多紀念品，怎麼報答他呢？」瞿縈問。

「明天，我打算再給幻華一封快信，萬一他有三長兩短，全部後事費用，包括築墳，和以後管墳，由我負責。」他嘆了口氣。「說『報答』，我一生應該報答的人，眞有好幾個。首先，對爸媽，我永遠報答不了。現在我才眞明白，一個人在生活裏眞想追求『什麼』，探索『什麼』，不管有無成就，必然要使他的幾個親人蒙受犧牲。這個『什麼』，總是一種理想性的，不能徹底解決個人的『現實』——，特別是家庭『現實』。」轉首望望妻子。「縈，拿你說，我就欠了你多少多少債？不要說這一生，再有十個『來生』，恐怕也還不清。」

聽了這個，瞿縈立刻走到他身邊，溫柔的撫摸他的肩膀，低低道：

「你爲什麼談這個？在這個時候？」她神色顯出點不愉快。「在我們之間，還要談這個？」

「親愛的，這種感覺，我常常有，不過，我從不想讓你知道。今晚，因爲提到杜叔叔與爸媽，我就禁不住聯想起它。」他的聲音帶點沉痛。「嚴格說來，我眞是個罪人。基督教那句名言不全對。有些人並不是罪人，有些人是，——我就是。」

「好了！不許談這個了，杜叔叔這樣鍾愛你，你該高興，今後，對他只要盡你一份心，也可以了。」瞿太太說。

「我們還是把這些東西收起來吧。那兩隻康熙磁瓶，恰巧是藍的，今晚就在你們藍室裏擺設起來。」瞿槐秋笑著說。

「你拿一隻去吧！也給你房裏添點喜氣，明天蘋芳來了，她也高興。」印蒂笑著說。

這場談話三星期後，先是電報，後是快信，黃幻華把杜古泉死耗告訴印蒂，信上說得很詳細。關於這位考古學家的最後形象，下一章，我們將有些篇幅加以描繪，這裏，只先行補敘下一章未提到的事。

黃來信說，他和鄺、歐陽參加了杜的葬禮，另外還有那位韓國醫生柳院長、曹媽，與幾位教授，——其中有兩個是他生前好友。他媳婦接獲電報，總算從昆明趕來了，倒不全為奔喪，一部分是為遺產。按她想像，考古學家身後，可能留下一些古董，她好撈一票，結果大失所望。前幾年，從N大城遠走巴蜀時，死者確實帶了點值錢古董；但早已變賣，化為箱底美鈔，幾年來，大半陸續用掉，剩下的，除預留喪葬費，還有兩千多美金，根據遺囑，一半餽贈曹媽，一半送柳醫生，以答謝他(她)們幾年來的照拂。身邊另一些遺物——包括書籍，則奉贈幾位老友，連新交的黃、鄺、歐陽三個，也分得十幾部書。幾本照片簿和一隻朗金手錶，郵寄南洋女兒，她這次曾滙來一筆喪葬費。惟獨沒有什麼紀念品留給媳婦。她情緒大不快，喉嚨管像呑了顆石塊。火葬（這是杜的遺囑）才結束，她立刻乘飛機回滇，連築墳這樣大事也不過問。後事的眞正負責者是杜的兩位好友教授、柳院長及黃他們三個。好在印蒂也滙來一筆喪費，款子極充裕。根據遺囑，骨灰盒營葬於柳的醫院附近一座公墓中，墓造得頗考究。這位老人總算長眠在一片風景美麗的空間。

她的侄媳婦打了個電報給柳醫生，說路太遠，她不能參加喪事，也滙來一筆錢。柳把喪事餘款買了美金，存入銀行，作以後墳墓維修費。這時，物價不斷高漲，幣制常貶值，只有買美金最保險。

「這位韓國醫生眞是義氣。世界上就有這樣眞正俠氣的人。他的友誼是杜老晚年的最大安慰。當然，杜老也是個了不起的人，從他遺囑裏，我們深刻感覺，他愛憎很分明。」

印蒂把黃幻華的信，交給家人看了。信上最叫他感動的，是下面一件事。他一行讀信，一行沉思道：

「『人之將死，其言也善。』杜老在生命行將消逝之前，他竟然能這樣謙虛的檢查自己一生，眞不容易。他說：『就像我這樣一個幾乎走遍世界的人，活了一生，也等於愚蠢了一生，無知了一生。』他又說：『我這一生，就這樣白白度過了。我什麼也沒有抓住。我不只沒有未來，沒有現在，連眞正的過去也沒有。』像他這樣一個一直迷戀過去的人，說出這樣話，夠沉痛的。……在生命的最後時辰，他能這樣否定自己一生，這是一種眞實的誠懇的懺悔。骨子裏他仍帶了點基督徒血液。」他抬起頭，望望妻子、表弟，和岳母。「像他這類患嚴重『遺產病』的人，在我們這個社會裏，將越來越少了。在歐洲、美洲、澳洲、中東、非洲，還有這種人，在中國大陸，今後可能將很少了。……幻華這封信，等於叫我不得不對我友誼圈裏最後一個『過去』生命宣佈告別。今後，可能不大再有什麼沉重的『過去』纏繞我的記憶或思想了。」

瞿縈低下頭，親了親懷裏小海弟的甜蜜小臉蛋，望著孩子熟睡姿態，低低道：

「凡是『過去』的，我們只得帶點遺憾的告別。等著我們的『未來』夠多哪！」

「然而，這依然是一片相當可愛的『過去』。……我們身上，或多或少，也免不了沾上它的色素。……」

「假如是這樣，那只有洗刷。你們知道，我靈魂裏的這種色素，不知比你們多許多倍，這一年來，我不時在大大洗刷，而且，今後還得洗刷個一乾二淨？」瞿槐秋道。

「你不洗刷，能煥然一新？做新人麼？」他母親笑道。

「不是『新人』，是『新郎』。」他妹妹笑著說。

大家不禁笑起來，連印蒂臉上也從一片沉悶情緒中出現笑容。

國家圖書館出版品預行編目資料

創世紀大菩提 / 卜寧著. -- 初版. -- 臺北市：文史哲,民 88
冊： 公分. -- (文學叢刊；90)（無名氏全集；第七卷）
ISBN 957-549-239-0(一套：平裝)

857.7　　88013493

文學叢刊 ⑩

無名氏全集第七卷

創世紀大菩提（上下冊）

著者：卜寧（無名氏）
出版者：文史哲出版社
登記證字號：行政院新聞局版臺業字五三三七號
發行人：彭正雄
發行所：文史哲出版社
印刷者：文史哲出版社
臺北市羅斯福路一段七十二巷四號
郵政劃撥帳號：一六一八〇一七五
電話 886-2-23511028・傳眞 886-2-23965656

平裝二冊售價新臺幣八〇〇元

中華民國八十八年九月初版

ISBN 957-549-239-0